管他考試升學工作升遷，
這次我只為自己而學！

學以自用

BEGINNERS

THE JOY AND TRANSFORMATIVE POWER OF LIFELONG LEARNING

TOM VANDERBILT
湯姆・范德比爾特——著
劉嘉路——譯

獻給我父親，

他選擇了鋼琴，便一路學習不放棄。

目次

推薦序

重新成為一個初學者

教學暨簡報教練／憲福育創共同創辦人　王永福

人生活了五十一年，第一次開始學鋼琴。

最早是因為讓女兒學琴的緣故，而買了一台電鋼琴放在家裡。然後因為二〇二一年疫情再起，大家都出不了門，所以幫女兒下載了鋼琴練習軟體，讓她們可以在家裡對著軟體練琴。一陣子下來，她們視譜的能力又提升了不少，也開始能彈幾首喜歡的歌曲。

有一天我突然想：自己要不要也來練一下鋼琴啊？

雖然我原本就已經學過薩克斯風，但到現在還不會看五線譜，平常練習都是聽樂曲或是用簡譜。看著女兒的視譜能力，因為練習而愈來愈好，想說如果我來練鋼琴，是不是也能提升看五線譜的能力呢？因此，我也用軟體開了一個帳號，開始了鋼琴自學的第一堂課。

隨著軟體的指示，把右手拇指放在鋼琴中央，然後開始跟著譜彈Do、Re、Mi，手指果然不大受控制，有時明明想彈的是Mi，卻彈錯成Re。這時候最開心的是旁邊的女兒，她們就像個小老師，跟我說：「爸爸你彈錯了啦～我彈給你看！」原本似乎什麼都會的爸爸，瞬間變成比她們還要菜的初學者，這對她們來說是很有趣的體驗。然後女兒也練得更認真了，因為她們說：「要比爸爸練習的進度更快！」

這就是我近期的最新體驗：初學鋼琴。雖然學得跌跌撞撞，甚至有點好笑，但每一陣子學一個新的東西，讓自己重回初學者的樣子，似乎是我長大後人生中不斷發生的事。因此，看到本書作者提到：他跟女兒一起學西洋棋、學習在開放水域游泳、學衝浪，甚至學雜耍技巧，看了都覺得好熟悉，這根本就是在講我自己啊！

在工作之外，這幾年我學了潛水，參加了六場鐵人三項，拿到合氣道黑帶段位，重拾薩克斯風的練習，也學了專業的牛排料理，以及手壓三倍濃縮 Espresso，甚至還回到學校修了一個博士學位。這些不同的興趣跟學習，都讓我重新回到了初學者的樣子，例如我在第一次學潛水時，還重新學習「呼吸」（在水中是用嘴巴呼吸）；在寫學術論文時，也把我的寫作技巧打回原形，嘗到腸枯思竭、一個字都寫不出來的感覺。

這些新學習和新嘗試，雖然跟我的專業工作沒有多大關係，卻讓我的人生變得更豐富，生活變得更精采。也因為有了這些豐富與精采，我才能帶著更大的熱情，去帶領更多專業的教學者和簡報者，以更開放的心，學習更多的新知識和新技巧。「生命精采，教學才會精采」、「生活精采，簡報才會更精采」，這一直都是我對身邊夥伴勉勵的話。

你有多久，沒有重新成為一個初學者呢？當我們在教孩子要「多學習」時，你有沒有更新過自己的學習呢？也許透過這本書，可以讓你重新喚起學習的初衷，讓你有機會不斷更新，重新回到初學者的樣子。當你重新投入，慢慢從不會到會，從會到掌握，從掌握到精通，也許你就會發現：學會一件事，不止有收穫，而且會很快樂。

希望，在人生的路上，我們都是專業領域的精通者，也是不同領域的初學者。話不多說，我要繼續去跟鋼琴奮戰了。你，找好要學的東西了嗎？

接下來，換你囉！

推薦序

再度像孩子一樣思考與學習

退休教師／溫老師備課 Party 創辦人 溫美玉

「你這工作又不會用到英文，而且你都快五十歲了，學英文幹嘛啊？」我的朋友是一位出色的美髮師，我們兩個一起上線上英文課，她身旁朋友好奇她的動機，而且不時對她開玩笑。

不管是好意提醒，還是等著看我們最後放棄，要能再像孩子一樣單純享受學習，有多困難呢？首先，從小不管學什麼，比如上學讀書，我們都帶有強烈的目的性：賺錢養活自己。接下來，如果過程中稍稍不順，周圍的人會要你務實點，沒有天分，那就不要浪費時間，趕緊轉往更重要的事情。最後，如果學一樣東西，尤其長大有工作之後，不能幫助你升官加值，那就是不值得一學。

我以為這樣的魔咒，會隨著年紀淡化，沒想到，卻已經深入骨子裡，總在學習低潮如鬼魅般騷擾我。進退兩難之際，這本《學以自用》就這麼巧的捎來正念與理論。

退休後，為了增進英文能力，我又開始踏上學習之路。之所以如此堅定，跟書中作者一樣，一開始是他讓女兒學習西洋棋，等到女兒踏入比賽，幾乎所有父母等待時間都在滑手機，當他說自己也在學西洋棋，所有人竟不以為然，連那群下西洋棋的小選手，也在笑話學習的大人。

「我們到底為什麼而活，又為什麼而學習？」從我當媽媽後，我就不斷問自己這個問題。我明白工作讓我不得不先做讓步，把年少的夢想擱置一旁。但，退休後我再無後顧之憂，決定為自己而學。

克服了最前面的學習動機，很不幸的，半年前竟開始撞牆。我的窘境來自學習歷程，如何成功轉化挫敗，不僅外在現實，更關鍵的是看待失敗的心理機制。師專時代我念體育科，因為參加游泳校隊，我很明白成為一名優秀游泳選手的歷程，其中一項很有意思，那就是「大無畏」的心理狀態。

作者也舉了嬰兒學走路的案例，讓我們再次從認知的角度，審視嘗試學習，不能忽略沿路上任何有趣的小插曲，甚至可以變成「菜鳥信條」：如果不學習跌倒，你在學習的路上就會跌倒。此外，目標設定也是關鍵。作者舉了人們開口唱歌這件事的消退，其中有個原因是：「我們就是不夠好。」

無法脫離團體的社會，也成了我們學習路上的路障。我們都有這樣的經驗，總有媒體或是專業老師強調：「英文發音很重要喔！」

「哈哈，讓我來模仿一下印度人的英文，很好笑吧！」

「你聽聽，那個歐吉桑說的是英文嗎？我怎麼覺得那是日文？」

科技網路時代，帶來學習的多元與便利，卻也讓嘲諷變成學習的絆腳石。還好作者用自己學習唱歌的親身經歷，提及「想讓聲音優美，得先聽起來難聽」，成功示範了目標的設定與實踐。明白阻礙來自哪裡，作者繼續貢獻真實體驗，並深入淺出把學習技能化為一句「做就對了」。

這是多麼熟悉的一句話啊！

沒錯，教學三十幾年，我在演講場合，面對一群想要讓教學翻轉的老師，我總是用這句話激勵他們向前。然而，在這句話之後，該怎麼拆解細節與步驟，並一一落地呢？

作者用學唱歌這件事，把自己每個實踐的過程中，時而興致高昂，時而懷疑自我的暗黑與幽微情緒，毫不掩飾地細細描繪。比如：「儘管我很享受在合唱團的時刻，卻總覺得自己像是僥倖躲過了什麼一樣。遲早，自己缺乏才能的事實會被人發現，猶如一位人類學家深深迷戀某些怪異的新奇文化，有時候我感覺自己彷彿試著委婉地模仿周遭人的動作，卻不曾真正理解自己到底在唱些什麼。」

多麼熟悉的心理狀態啊！

無數的深夜，我接到老師的訊息：「溫老師，我照著你書中的指導去教，雖然學生學得很嗨，我卻懷疑這真的是教學嗎？這樣考試他們真的會寫嗎？」

書中「資深菜鳥的痛苦和喜悅」篇章，完全道出這些老師的疑惑。已經不是菜鳥，但想要改變過去熟悉的教學方式，難就難在「慣性思維與作為」。

對此，作者再次化身最佳的認知學習教練。他提出了衝浪教練的建議：想要快速進步，不僅要把衝浪看成一項運動，還要擁有所有必要的工具，包括嚴格縝密的技巧發展計畫、影片回饋和分析，以及持續反覆地練習。

書籍最後，「我們是怎麼學做事的」、「我學到了什麼」兩章尤其精采。不管是學雜耍、學畫畫，一連串的「資深菜鳥」經驗，並沒有讓作者成為厲害的選手，卻從中收穫到：想要快樂，不要問自己是否快樂，去做讓你快樂的事情，也不要去擔心你做得好不好。

最後借用書中職業衝浪手愛德華斯（Phil Edwards）的話：「最好的衝浪手，是玩得最開心的那一個。」這真是學習的最佳注解，也是永恆不變的學習真理啊！

前言 精心設計的開局

某個星期天，在紐約市一間人群擁簇的房間裡，我在棋盤前坐下來，心跳怦怦加速，胃則是不斷翻攪著。

照例，我和敵方握了握手。我們各自在記錄用的棋譜上草草寫下名字，除此之外，雙方再無交談。在我把時鐘設定成每人二十五分的時候，對手井然有序地把每顆棋子放到正確的棋格裡。我同樣淡然地把棋子放進棋格裡，彷彿想要順勢表現出自己稍微有點無聊。我還試著把棋子擺得更加整齊、對稱，彷彿擁有多一點點的時間優勢（這種策略是為了要避免自己一時驚慌，把主教和騎士擺錯了位置的錯誤）。等待巡迴賽裁判給出開始訊號的期間，房裡落下了一股預料中的寧靜氣氛。

坐著等待的時候，我試著打量眼前的對手。他懶洋洋地轉動指尖上的鉛筆，視線飄移到鄰近的桌子去。我凝眼看著他，暗中希望自己的神情看起來像是予以冷酷的憐憫。即便是在圖書館的椅子上，我仍努力露出野性的威嚇神情。我想要帶出一種《紐約時報》前專欄作家麥克倫（Dylan Loeb McClain）陳述過的一種氛圍，他在一九九五年一場西洋棋表演賽裡，對上當時的世界冠軍卡斯帕洛夫（Garry Kasparov）。

「我並不覺得他想要擊敗我。」麥克倫說：「我感覺到的是，他想要把身體往前橫越過棋盤，然後勒死我。」他直覺認為縮著肩頭的卡斯帕洛夫，像頭憤怒的熊，散發出「令人不可置信的殘暴心理」，不會只滿足於一點點的地位優勢或是贏得勝利，似乎有某種「更個人、更令人不安」的因素鞭策他前進。

在西洋棋的天地裡，有這種感覺是很普遍的。情緒變化無常的前世界冠軍費雪（Bobby Fischer）就曾經說過[1]：「我很享受擊碎某個人自尊的那一刻。」

我再度打量我的對手。透過策略技巧和無情的威力凝視，真的可以擊碎他的意志嗎？

就在這一刻，有個女人走到他身邊，手裡拿著一小罐巧克力牛奶。她親吻了他的頭，說「祝你好運」，並朝我露出一抹嚴肅的微笑。我的對手萊恩是個八歲的孩子，這個有著出色五官、偶爾抽動鼻子的男孩，在開局後第三十步棋擊敗了我，我向他祝賀。在我走向比賽評審，通知勝負結果時，我看見自尊毫無損傷的他站在走廊上，對著母親開心報告好消息。

我和萊恩都是在這個週日早晨，聚集到紐約市馬歇爾西洋棋俱樂部，參加等級積分公開賽的棋手。馬歇爾西洋棋俱樂部位於格林威治村最繁榮的街區，在一棟歷史久遠的聯排屋建築裡，擁有好幾層樓的空間。過去許多大學西洋棋隊伍跨區在此征戰的足跡，讓這間已經不合時宜的俱樂部仍散發光采，那些輝煌戰績在報紙運動版裡全被記錄了下來。

俱樂部如今還能生存，安穩坐落在全國最昂貴的建築中，其中一個原因，正如同狄更斯最有名的那段開場白。一九三一年，在經濟大蕭條頂峰時期，一群富有的贊助人和西洋棋狂熱份子代表，包含與俱樂部同名的法蘭克．馬歇爾，買下了這棟建築。身為西洋棋大師和美國冠軍的馬歇爾，曾經管理過亞特蘭大市一間臨海的西洋棋商場，在那裡，他偶爾會為了錢和路過的人下棋賭博。馬歇爾幾十年來想了很多方法，要在曼哈頓眾多指標性建築當中，建立一個以自己為名的西洋棋俱樂部，從金恩斯牛排館到雀兒喜酒店，都在他的理想目標清單之內[2]。最後，馬歇爾西洋棋俱樂部總算找到了終身棲所。

現在這地方雖然多少失去了昔日光采，不再有穿著制服的服務生上茶或是咖啡，但是在今日的馬歇爾俱樂部下棋，你仍然可以感覺到自己置身在電玩《權力遊戲》裡某個鍍金時代的聖殿裡。歷史籠罩在你四周，包括著名西洋棋大師的半身雕塑像、團體冠軍隊伍的照片，以及目前世界冠軍卡爾森（Magnus Carlsen）在二〇一六年頭銜保衛戰，揮汗對抗卡爾亞金（Sergey Karjakin）時使用的那張桌子。

雖說如此，馬歇爾俱樂部並不是博物館。在積分賽期間的週末進入此地，就像是走入一間人力操作的資料中心，裡頭有一排又一排的資料處理員，靜默地計算著，指尖用力輕敲著，綳緊的身體因冒汗而散發出揮之不去的濃烈氣味。

這場週日初級積分賽的難度實在很低，是專門給一千兩百分以下或是還沒有獲得任何積分的棋手參加的。多數高段棋手的積分都在兩千五百分以上，我則是菜鳥等級的一百分。

這天我在一開始是充滿希望的。我最初的對手約翰，是個帶著學者沉靜風範的灰髮男士。剛開局的時候，我的「子力」（material，指西洋棋各子的兵力價值）屈居劣勢；隨著棋局展開，敵方試圖擴大自身優勢，但我繼續奮戰，運用別出心裁的策略阻礙他的勝利。他面對每一個阻礙的反應，是發出輕聲的疲倦嘆息。我可以感覺到他的不安，聽著每一聲嘆氣，我的力量似乎也隨之增長。

接著，在我的「國王」幾乎被全面包圍之際，我窺見一個反敗為勝的機會，只需要他沒看見就好。西洋棋圈子裡有一句老話：贏家是犯下倒數第二個錯誤的人。這話一點也沒錯，我的對手在應該防禦的時刻，做出了進攻的決定，把一顆「士兵」往前移到他認為可以讓我斃命的位置。在我沿著棋盤上第一個直排，把「城堡」滑進定位的同時，他的臉上慢慢露出一抹恍然大悟的反胃表情。

我的下一個對手艾瑞克，是從阿富汗休假歸來的軍人，他在阿富汗沒輪值的時候花很多時間玩線上西洋棋。他知道自己回美國本土休假時會到紐約來，因此事先安排了一趟馬歇爾朝聖之旅。他看起來有點像演員伍迪哈里遜（Woody Harrelson），頂著花白的平頭，眼神空洞疏離。我們的棋局持續緊繃、難分難解，直到他用「主教」吃掉了我一個「城堡」為止。在我投降後，他顯得放鬆許多，說我比自己等級顯示的能力還要好得多，這是他第一次開口對我說話。

那天早上的分組，從美國陸軍遊騎兵、美國退休人士協會成員，到躁動不安的小孩等等，都是馬歇爾初級積分賽的典型成員。到馬歇爾這裡下棋的人年齡層一定橫跨了六十年，不過我們在這西洋棋圈子裡全都是菜鳥。

西洋棋積分系統的純淨令人稱妙，像是年齡差異這樣的因素，幾乎與成績毫無關係。西洋棋是少數在技巧純熟的努力下就能發光的競賽，孩子在其中獲得的成績可與成年人旗鼓相當，甚至有過之而無不及[3]。這裡許多十二歲上下的孩子，會以一副天真的姿態把你生吞活剝[4]。

那次的馬歇爾週日積分賽，我對其中一個小孩特別感興趣，那就是我的女兒。我們沒有配對成為彼此的對手（不過那一刻總會到來的），兩人在早晨的際遇也非常不同。她的成績接近頂端，還收下了一張八十四美元的支票，這筆錢立刻被花在街角玩具店裡的豆豆娃和五彩亮粉上頭。

當天稍晚的時候，我聽到她興高采烈地在電話上向爺爺奶奶報告：「爸爸的成績差不多是第四十名。」總共也只有五十一個人。

我到底讓自己捲入了什麼麻煩啊？

「我們可以玩玩看嗎？」她懇求著，我心不在焉地點了點頭。

只不過，有個問題，那就是我不知道怎麼下西洋棋。我依稀記得小時候曾經學過西洋棋基本走法，卻不曾深入其中。這個事實隱隱約約籠罩在我心頭多年，揮之不去。我在旅館大廳裡瞧見閒置的西洋棋盤，或是在週末報紙上看到相關的謎題時，心裡總會感覺一陣刺痛。

我知道關於西洋棋的一般常識，知道費雪和卡斯帕洛夫是誰，也知道這項技能讓許多歷史上赫赫有名的人物深深著迷，像是杜尚（Marcel Duchamp）、納博科夫（Vladimir Nabokov）等人。我知道「棋藝大師往往能預先看到第十二步後的局面」這種陳腔濫調，也知道西洋棋就如同古典音樂在電影中，是天才的代名詞（往往也是各式各樣的壞蛋）。但是我知道西洋棋的程度，就跟我知道日文是一樣的，知道看起來是什麼樣子、聽起來是什麼樣子，或是有什麼元素，卻不曾真正理解。

我決定要讓自己弄懂這項技能，要學會基本的步法招式沒有什麼難處，只要足夠教導我女兒下棋就好。最後，在孩子的生日派對，或是在超市排隊付帳時，我彎腰讀著智慧型手機，花了幾個小時，明白基本的下棋步法招式。

很快地，我開始下棋了，有時候甚至還打贏實力最弱的電腦對手（就是那種充滿嚴重錯誤的程式設計）。然而，時間也很快就證明，我對於更大型戰略技巧的認識實在非常有限。

我根本不想要去教別人自己一知半解的東西，那麼我應該如何學習呢？講述西洋棋的書多到令人心生畏懼。當然，也有像是「傻瓜也會下棋」的入門書，不過除此之外，關於西洋棋的著作數不勝數，內文充滿了各種有如代數樹狀的西洋棋記譜法，這是一種你必須要學會的類語言。

這些書的書名也十分明確，舉例來說，《第三步走 Nc3 對法蘭西防禦的完全指南》（*A Complete Guide to Playing 3 Nc3 Against the French Defence*）。沒錯，整本書講的全是一步棋可能有的各種變化序列。我再補充一下，這步棋早就反覆被棋手下了一整個世紀，然而在過了百年以及許多西洋棋書籍出版之後，還是有人為此寫了一本二百八十八頁的書，試圖找出新東西來討論。

一個剛接觸西洋棋不久的初學者，常會聽到別人說：只要開局三步棋之後，整個棋盤可能產生的變化，比宇宙裡存在的原子數量還要多。在我試圖想把這個複雜程度堪比指數成長的競賽，歸結解釋給一個愛看《好奇猴喬治》卡通的小女孩時，便覺得整個腦袋昏沉無比。

因此，我做了一件任何還有自尊的現代父母會做的事：請一位家教老師。這當中的巧妙之處在於，我希望有個人能同時教導我和我女兒。

在網路上一陣搜尋之後，我找到了賽門，他是住在布魯克林的波蘭移民。他給人一種舊時代的拘謹感，但在嚴厲管教之下仍會有一絲慈愛，讓我覺得，他是完成這差事的適當人選。下棋時，他會以一種誇張到幾近歌劇的姿態移動棋子。賽門是個素食者，個子瘦削，性格相當機警，喜歡屋子裡一派沉靜，只有低聲播放的古典音樂當做背景，桌上則擺了幾盞茶杯，以及我太太剛烤出來的點心。

太太在第一堂課烤了糕點招待賽門，這原本是出於禮貌所產生的招待，卻很快就變成了常態，或者應該說是強化成一項喜劇般的儀式。「我們得要幫賽門做點心喔！」太太在每次要上課的早晨，就會如此急切地宣布。音樂、茶點，以及棋盤和棋子帶來的內在優雅，把我們的屋子轉變成帶著咖啡因的維也納沙龍（我喜歡這麼想像），令人興奮的西洋棋理論瀰漫其中。

”

儘管自己在那時候未曾想到，自己和女兒同時踏上了一趟認知的實驗之旅，成為當中的樣本：兩個菜鳥要來試著學習一項新技能。

我們從相同的點出發，但是彼此卻相隔了四十年的時間。到目前為止，在她稚嫩的眼裡，我已經是個專家，因為我知道很多字的意思，還會騎腳踏車，但是此刻我們站在奇妙的平等立足點，至少從理論來說是如此。我們其中一個會學得比另外一個更好更快嗎？學習方式會相同嗎？各自的強項和弱點是什麼？誰到最後會大放異彩、占到優勢呢？

過沒多久，我就不再參與課程了。其中一個原因是，夾在女兒和老師中間，我出現在課堂上似乎會帶來分心的效果。此外，她剛開始的學習速度非常緩慢。當女兒即將在擁擠的棋盤上，看出某個相當困難的棋步時，我和賽門偶爾會相視微笑，把對方當成共享祕密的好友。

我後來悄悄飄移，融入背景之中。我會定期玩線上西洋棋，吃力地看著 YouTube 影片，分析比賽的種種，也翻閱許多像是《拉爾森最好的棋局》（*Bent Larsen's Best Games*）之類的書籍。之後，我和女兒會分別以自己的一套方式做準備，兩人一起走進廚房，在餐桌擺棋盤，對陣廝殺起來。

一開始，我在棋局上似乎表現得較好，但那只是因為我把這件事情看得更為嚴肅，也因為我集中注意力的時間更長，加上幾十年其他比賽的經驗，更何況還有成年人的自尊。下棋時，女兒的注意力有時會渙散，為了讓她振作精神，我會故意犯下損失慘重的錯誤，暗自希望她能發現。在規模更大的西洋棋世界裡，我只是個棋藝平平的棋手，一個粗心大意的菜鳥；但在我的屋簷下，我覺得自己像是個睿智、慈善的年長政治家。

雖說如此，隨著每星期過去，女兒愈來愈進步。她能夠冷靜地向我解釋隱藏在謎團裡的複雜細節，或是告訴我為什麼我以為自己穩贏的線上西洋棋，最後很可能會變成和局。她已經學到對我來說還很新鮮的戰略和經驗法則，也開始參加各種積分賽，剛開始只是在當地圖書館地下室的小型比賽，慢慢變成全市規模的大型比賽。她陸續贏得了獎盃，積分排名也高居在她這年紀的全國前百名之內。突然間，我必須很努力才能擊敗她，有時候甚至還落敗。

現在回顧起來，其實就是一個相當明顯的理由。我只是在網路上，下著一盤又一盤的西洋棋，希望藉由比賽能有所進步，如果贏了就說是因為自己有天分，輸了就歸咎於運氣不好。與此同時，她接受的是賽鬥的不斷訓練，特別是關於開局時的各種理論，和殘局的戰術應用等等。當她輸掉一盤棋之後，她必須要分析每個令人難過的錯誤細節，找出自己輸的原因。重要的是，這些步驟所花費的時間，往往要比真正的棋局還要更久。

在瑞典心理學家艾瑞克森（Anders Ericsson）眼裡，我女兒參與的是「有知覺地刻意練習」。另一方面，我對自己「不動腦袋地重複」這種方式感到滿意，又在沒有明確目標導引下，一味試著窮舉強攻來讓自己進步。某種程度而言，我試著表現得像是AlphaZero，也就是「深度思考」（DeepMind）公司開發的人工智慧引擎。在僅予以西洋棋基本規則的前提下，AlphaZero經過四百四十萬次的下棋練習後，精通了這項比賽＊。AlphaZero沒有教練的幫助和指導[5]，而是在下棋的同時一路學習技巧[6]，最後成為世界上最難以對付的敵手。

不過我沒有那麼多的時間，也沒有那麼強大的腦力。艾瑞克森說[7]：「如果你想要精進自己的西洋棋技巧，光是下棋還不夠，你需要靜下心一個人研究棋藝大師的比賽。」在我紛亂忙碌的生活中，趁著搭乘地下鐵的空檔，快速下個五分鐘線上西洋棋，才是比較可行的狀況。

總之，我的注意力已經大幅轉向女兒身上。她是個極待培育的小天才，而且還不斷贏得獎盃呢！

她的進步比我進步與否更為重要。我變成了典型的「西洋棋老爸」，耐心等待為時五或六個小時的小學者結束棋賽。

這種經驗就像是在較次等的機場，枯等延遲的班機一樣。你試著找個舒服的地方消磨時間，最後卻得落腳在學校沒有窗戶的地下室裡，坐在即使打過蠟仍滿是棉絮和灰塵的瓷磚地板上。你盡量靠在有電源插座的地方，好讓手機或是筆電可以發揮作用。你嘴裡嚼著從販賣小攤買來的金魚餅乾，呼吸混濁沉悶的空氣。你試著工作，卻又不時無助地感到焦慮和分心。

我等著女兒從一盤棋賽結束回來，擔心比賽結果，每隔幾分鐘就會不由主地望向走廊。我的感官如此協調，可以在百萬分之一秒內，就知道她贏了或是輸了比賽。她出現時的每個場景，不管是跳著、笑容滿面地跑來，或是縮著背、拖著腳步前進（通常伴隨著眼淚），往往都會牽動我的心。

在那些她淚眼汪汪的時刻裡，我有時都會納悶為什麼要把自己的女兒（老實說，還有我自己）推入這種田地。原本只是一場簡單好玩的探險，竟演變成一件有著嚴肅意義的事情。但是到底要發展

＊艾瑞克森躲在如今我們都很熟悉卻往往誤解的「一萬個小時」定律之後。就他的公式來看，假設一盤棋局結束的平均時間為九十分鐘，這將會合理占掉一個人六千六百萬個小時。

到什麼地步呢？我總是把「西洋棋、聰明才智和學業成就之間劃上等號」的社會形象，帶進了整件事情，即使自己理性上知道，這種心態毫無確切證據可證明。一般來說，相關研究多屬於小而美的模式[8]，內容也通常是那些十分清楚自身行為、被人加以觀察研究的積極性西洋棋手，且往往由西洋棋協會組織來執行。這當中有一個「因果導引」的問題[9]：究竟是下西洋棋讓小孩變得更聰明，還是聰明的孩子容易受到西洋棋的吸引？如果西洋棋和聰明才智的關係如此緊密，那人們可能會以為：能力較強的棋手比能力較差的棋手（或是沒有下西洋棋的人）來得更聰明。話說回來，這番理論還沒有得到任何強力的證據支持。

不過，我試著說服自己，這當中有實際的正面意義[10]。我認為，下西洋棋是一種教人思考的方式[11]，如同一位教育家所認為的：西洋棋是學校學習評估中一個頗為有用的代理人，他專注、解決問題，也幫助記憶和應用，只不過裝扮成比賽的模樣出現。

至於那些教人落淚的失敗，我想要如此想像：西洋棋積分賽或許是預習人生其他重大挑戰的好地方，儘管多數結果都是慘痛和無意義的。或許，這些比賽的結果也未必沒有任何意義。就我粗略的估算，我女兒在四次比賽中有三次會對上男孩。先不管棋壇是否有想改變這種情況，性別優勢在西洋棋世界裡是持續存在的。男性棋手積分往往較高一些[12]，有人認為，這或許單純是因為男性棋手數量比女性棋手多，因此產生了統計上的假象。

關於這點，其實仍有可議之處。在一項觀看小學者西洋棋賽的研究中，發現當女性棋手對上男性棋手時，表現結果似乎會不如預期。研究人員寫道[13]：「若從各自原先積分等級高低的做為判斷依據，我們沒有辦法解釋女孩子輸給男孩子比例的情況。」他們假設，這可能是因為「刻板印象威脅」造成的現象：女性棋手要對抗的不僅是男性對手，還包括「她們沒有男生那麼好」的刻板觀點。更甚者，女性棋手表現不如自己的積分等級時，也會預期下年度參賽的次數變少，但這樣的影響就不會在男性棋手身上看到。

我推斷，女性棋手的生活中充滿了各種這類的惡性循環，因此，讓我們現在就迎頭正面對決吧！無疑地，身為西洋棋老爸最驕傲的一刻，就是在大型比賽中無意間聽見一個男孩告訴他的隊友（這些男孩全都穿著紫色 T 恤，上面印有杭特大學附屬小學西洋棋校隊字樣）：「要注意那個穿兔子圖案粉紅色裙子的女生。」

當我女兒第一次參加小學者西洋棋賽時，我會和其他家長聊天。有時候，我會問他們是不是也下西洋棋？但我得到的回應通常都是：父母親略帶歉意地聳聳肩，以及一個微笑。

當我自告奮勇說自己正在學下西洋棋時，他們回答的語氣則帶著快活的調侃意味：我等著看喔！

我當下想：「如果這比賽對孩子有益處，為什麼大人卻選擇無視呢？」當我看見有人玩《憤怒鳥》遊戲的時候，就很想拍他們的肩膀，問：「為什麼你要自己的孩子下西洋棋，自己卻在玩這個？」西洋棋可是比賽之王！西洋棋賽的紀錄可以追溯到十五世紀之遠欸！

在西洋棋賽中，我看到了在孩子活動世界中再熟悉不過的動態：孩子進行著活動，但是像我這樣的大人卻一直盯著自己的手機。沒錯，父母也有工作要做，我們允許自己即使到了週末也得加班，因為工作可以幫孩子繳交他們喜歡（或者說忍受）的課程學費。

但我也好奇，在我們陪伴孩子學習這些課程時，是否正在傳達一項很隱晦的教訓：學習是年輕人的事。

當女兒在進行一場比賽的期間，我信步在走廊上閒晃，無意望進一間教室，看見一群家長跟一位看起來應該像是教練的人，他們在下西洋棋！就在那一刻，彷彿像事先排練一樣，一群孩子經過我身旁，同時瞄進教室裡看見同樣的畫面：「大人為什麼在學下棋啊？」一個孩子語帶嘲弄地問著，想讓其他人感到有趣而發笑。接著，他們跨著大步繼續前進，而我則是站在充滿趣味的布告欄前緩慢死去。

我厭倦了老是坐在旁邊看著，我想要成為當中的一份子。這就是我為什麼申請加入美國西洋棋協會，成為會員的原因。我開始加入我女兒在馬歇爾西洋棋俱樂部的活動，但不是小學者棋賽，因為我在那裡會太過引人矚目。

一開始，即便已經沒有什麼自尊好失去的，我還是感到緊張。如同一位棋藝大師所形容的：「西洋棋高手有時候也會下得很糟糕，但是西洋棋愛好者就沒有這個問題！」我是一個西洋棋愛好者，有著一絲不苟的規矩、脈搏加速的遭遇，以及緊繃的氛圍。為了連續三小時的持續專注以及專注的思考，還把手機關機，感覺上這地方就像是設在大腦裡的健身房。

最讓人感到震撼的是，跟實際真人對打實在相當困難。在家裡玩線上西洋棋時，你充其量就是在移動像素。但在現實生活中的比賽，你坐在一個活生生的人面前，可以感覺到對方每一個充滿人性的部分：雙眼、氣味、肢體語言，以及從他們身體內臟深處發出的奇怪聲響。

這是早期階段要學習的功課，也就是情境上的獨立。想變成線上電玩《閃靈快手》的達人，那就盡可能找時間在線上玩《閃靈快手》；但如果想要在西洋棋比賽獲得優異成績，那就參加西洋棋比賽，跟活生生的人對抗。

你永遠不會知道在任何星期天的比賽裡，坐在你面前的對手會是誰。我曾跟一個戴著藍框眼鏡，神情不安的年輕女孩打成和局，她看我擺放棋子時，還流出「謝謝你把我的國王帶進了殘局啊」的評論神情（或許這是她下意識的習慣動作吧）。有一個比我年紀還大的男子，則是不斷抖動著雙手，他坐下來時把一大杯熱咖啡擺在桌子上，和我比賽時還不時胡亂攪動那足足有二十四盎司的咖啡；這動作引來鄰座下棋者警覺的目光，我也差點因為惱火而故意輸棋，後來勉強變成和局，是因為我的對手被他自己逐漸流逝的時間給弄得惶惶不安。我把一個穿著特許學校制服的認真孩子，送上棋局的毀滅之路，花了比我預期更長的時間，但我覺得自己有義務告訴那位全程都在用手機看電影的父親，他兒子在棋賽的表現相當好。我還在棋賽中將死過一個頭髮稀疏的男子，他看起來就是有股說不出的古怪，我在這裡見過他四處閒晃許多次了，讓我心裡有些不快，納悶著：他待在西洋棋「初級」等級多久了呢？我也被分派跟自己的女兒對陣，她酷炫地用一招底線殺棋（back rank mate）把我將死，把我無助的國王困在最後一排。

我已經將近五十歲，卻不斷輸給孩子。我愛死這感覺了！

第一章
給菜鳥的初學者指南

男人唯有在讓自己出糗的狀況下，才能在所有事情上更為精進*。

——蕭伯納

再出發宣言

本書獻給才剛要起步學某項技能的人，獻給還不確定的人，獻給在擠滿一群看起來知道自己在做什麼的人之間，因此不敢提出問題的人。這是一本獻給別人已經指點了N次的事情（或竅門），自己卻還是摸不著頭緒，只能傻傻跟著做的人。這是一本獻給任何進入競賽當中，卻不確定自己能否完成的人。這也是一本錯誤指南，一本集尷尬困窘之大成的慶祝儀式。如果要為電影《索命條碼》（*Repo*

* 我要對這摘錄中落伍的性別歧視鄭重道歉。你繼續讀下去便會看到，我見過許多無懼向前的菜鳥，絕大多數都是女性。

Man）重新找個說法，可以說這是一本講述如何讓你的生命不去閃避緊繃情況，並如何投入到各種緊繃的情況裡。

這是一本給一無所知者的手冊，一個自尊被輾碎者的急救箱，一部用來應付最辛酸悲慘階段（困窘、不自在卻又令人振奮的菜鳥時期）的求生指南。這不是「教你做……」的書，也不是「為什麼要做……」的書。與其說這是一本「讓你對於做某件事更擅長」的書，倒不如說這是一本「讓你在嘗試學習時，可以感覺比較自在」的書。

本書關於任何年齡階段的人，在生活中「再創造」的諸多小行動，好讓生活看起來更加神奇；本書關於學習新事物，其中之一或許就是學習認識你自己。

”

就我個人來說，這一切都是從下西洋棋的實驗開始。基本上，我得感謝我的女兒，讓我內心某個東西甦醒過來。初為人父，是成為菜鳥最根本的經驗之一。你往前進入了這個過程，和朋友交換想法，或許還讀了些書，因此在第一天時，你就走在了人生的緩坡上。

「或許你認為就算自己沒有孩子，也能知道有了孩子會是什麼情況，因為你可以聽到或是讀到其他過來人的心得[1]。」耶魯大學哲學教授L．A．保羅這麼說：「可惜你錯了。」

她寫道：「這是一種在認知上絕對獨特的經驗。」意思就是，你根本什麼都不懂。你根本不知道要怎麼抱住這個正在呼吸、眨眼的小東西；你費力地猜測、理解他的行為；你沒辦法入睡，躺在那裡思考古怪的決策樹理論（該買正面朝後或是正面朝前的兒童安全座椅）；你努力和摺疊式嬰幼兒推車奮戰著。生活變成盡速奔向網路查看 YouTube 影片（這部分在後面還會仔細詳述）的不變過程，你還發現自己竟然和陌生人交談起來。在此之前，這些父母親只不過是你在街道上擦肩而過的鬼魅人影罷了。你們彼此交換著各種消息，就只因為你想要快速得到某些專家的技能和意見。

就跟任何其他學習過程一樣，優質的父母親需要完善周到的練習。如果真要有主題研究的話，我們絕對可以徵求到許多菜鳥父母參與其中。一份研究指出，菜鳥父母被放入一個有孩子的家庭環境樣本後，沒辦法辨認出半數對孩子有危害的物品[2]。就連跟幼兒說話這種基本的事情，你的執行方式也能決定他們口語能力最終的熟練度[3]。

菜鳥父母親也同時成為了菜鳥老師。由於我們不記得（或者說沒有太多路徑回憶）自己以前是怎麼學習的，因此我們可能也算不上是最好的教育者。我在和女兒玩接球遊戲的時候，不時在心裡掙扎著，要不要告訴她更多有說服力的指示，而不光只是說「把球丟給我喔」的字眼。我可以把一步步的指示順序寫下來嗎？這其實也沒多大用處。第一步：拿起球；第二步：丟球。或許我可以用比喻或是影像的方法來指導她，我們不也常在體育賽事上看出效果嗎？想像你自己正在丟球，丟到我這裡來！

我們必須學習如何教導別人。有時候，我們還必須再度學習自己正在教的東西。我就犯了這個錯誤（我現在非常肯定了）：在我女兒三歲的時候，我把她放在有輔助輪的腳踏車上。一開始她開心地騎著三輪腳踏車在公園裡繞，一直到她快速繞過一個轉角的時候，車子翻倒了。

我沒有教她騎腳踏車需要的真正技巧，輔助輪只不過是給予她錯誤的信心。像這樣「免除錯誤的學習[4]」可能讓學習者的感覺較為良好，但也消除了「從錯誤中學習」的絕大部分過程。就像是游泳時套上的泳圈或浮板，輔助輪剝奪了一個人騎腳踏車時的真正體驗。

因此我拆掉輔助輪、折斷踏板，喀啦一聲，車子就變成了一台兒童平衡車。我女兒騎得搖搖晃晃，但是這些晃動教給她的技巧，比那個看起來非常穩定的輔助輪還要多。幾個星期過後，我只在她剛開始的時候助推一下，她就咻地把腳踏車騎了出去。

跟任何其他父母親一樣，我突然發現自己也置身在學習的過程裡，我幾乎都不記得當時的箇中滋味了！這過程並不光只是下西洋棋而已，還有鋼琴、足球、跆拳道、合唱團、溜滑板、寫程式入門、田徑練習，以及室內攀岩。我並不是說孩子能把這些技能全都「熟記不忘」，不過這似乎已不是重點了。他們是小孩，天生就喜歡探險、摸索，我們應該讓孩子盡可能去嘗試各種事情，這對他們是有益處的。

但是我心裡開始有個想法徘徊不去：在自己成為女兒學習路上的全職輔導者之後，在自己花上許多時間，坐在等候區看她逐日進步的時候，我好奇著，我自己有學到任何新的技能嗎？

當然，我們每個人在細瑣層面上，仍持續無止境地學習新東西。《搖籃裡的科學家》（*The Scientist in the Crib*）作者如此寫道[5]：「身為成年人，有時我們至少會保留自己如孩子般天真的方式來學習。」你才在機場租了一輛車嗎？花點時間學習新式的駕駛座配置吧。你正在走一條平常沒有被冰雪覆蓋的人行道上，或是穿著襪子走下不熟悉的木頭階梯？其實，你此刻也正在微妙地重新校正自己的感覺（也就是在你體內世界的第六感），要不然你可能就會跌倒了呢！你才剛把手機從安卓系統換成 iPhone？那麼，你就得重新訓練如何運用你的手指了。

話雖如此，不過我真的有學習到任何本質上的技能嗎？身為新聞工作者，我持續在學習新資訊。我屬於「永遠的菜鳥」，持續不斷降落在自己幾乎一無所知的世界（例如核廢料、鐘錶製造業），會見各領域的重要人物，吸收各種專門術語，讀古怪的貿易雜誌（你知道貨運棧板圈竟然有兩種主要期刊嗎？），再不然就是做一堆稀奇古怪的事情。每當有人說：「你真是做足了功課。」我仍然會帶著驕傲，哼了哼氣，然後繼續做下一件事情。

我的腦袋充滿了陳述性的知識，或者說略知一二，我知道很多的略知一二。但如果說到程序性的知識呢（或者說知道實際怎麼做）？提到各項事實資料，我可以很快就上手，但是自己近年來到底真正學會了什麼呢？跟自己的女兒相比，我似乎只是繞著自己的專業經歷，沾些醬油敷衍了事，堅定地死守在自己的能力舒適圈之內。

某天，當女兒的學校舉辦「才藝日」時，我才深切體認到這個事實。在才藝日這一天，家長被要求在二十五個一年級新生面前，展示自己知道的技能。我撓著腦袋想呀想的，我擁有什麼技能啊？我不覺得小孩子會對於我在截稿期限壓力下寫出的優雅散文感到佩服。另一方面來說，我口哨吹得相當出色。或者我應該帶他們到外面，看看我在路邊停車所展現出的高手風範？

一個想法開始浮現了：除了西洋棋，我也想要立刻學習其他的技能。與其在女兒學習時坐在一旁枯等，我想要加入她，跟學西洋棋一樣，我有時候可以跟她成為在學習的「同道」。這個想法新奇到有些怪異，如果你在Google輸入「跟你的孩子一起學習」幾個字，你會得到一大堆「如何促進孩子學習」的結果，而你（將會跟著孩子一起學習）的結果也已經注定了。

但是我想要嘗試學習什麼呢？為了尋求靈感，我在網路上貼文詢問：「我這隻老狗還應該學習什麼新把戲呢？」

第一則回應很快就出現了：「你有試過寫作課嗎？」

嗯，宇宙是想要告訴我什麼訊息嗎？

”

在自己逐步獲取各種技巧的探索過程中，我心裡其實訂了一些粗略的基準。首先，我必須在該活動中是完全的菜鳥。有些事情我以前已經涉獵了一些，當然也不會介意把做這些事情（烤披薩、修理腳踏車）的技能更上一層樓，不過我也想要真正的新鮮感。

再來，這些活動必須是我在紐約市裡就可以學到的。我朋友建議到義大利的「義式冰淇淋大學」上一學期的課，這建議被我否決了（要做這決定可不容易），連帶被刪除的選擇也包括了去阿拉斯加學習爬山課程*。幸運的是，在一座有九百萬人口的城市裡，只要你能想得出來的活動，就一定會有人在教授這類的課程。

這些技能不應該要太過困難或是太耗費時間。學習中文或是學習如何開一架飛機都不在考慮之列。最後一點，這些技能應該要是我真心想要學習的，而不是我覺得自己應該要學的。

許多人都建議我去上寫程式的課程。寫程式是一項很不錯的事業，但是我想要把花在螢幕上的時間降低，而不是增加。我沒有在尋找可以持續職業生涯發展的技能，或是需要竭盡心力的技能。我已經有了一份工作，也沒打算找另外的工作，或是任何讓我感覺很像是工作的事情。與其說，我想要讓自己在職場雇主眼中看起來很有價值，倒不如說我想要讓自己在自己的眼裡看起來有價值。

*你當然可以在紐約學做義式冰淇淋，或是在室內健身房攀岩，但是這樣子聽起來就是沒那麼讓人起勁。

我希望這些技能有很顯著的影響和價值。外頭有一大堆的微技能，包括生火、駕駛手動變速器的車輛，這些都很有價值，我們所有人也不斷學著應對。我個人非常支持這種「微精通」[6]（micromastery）的技能，因為人們總認為：學習小東西可以增加你去學習大東西的勇氣。但是大多數這類的技能都很容易達成，我想要的技能是永遠都不會有學完的一天。

此外，我想要只專注在幾項技能就好。網路上有各式各樣的人，踏上「自我報告式」的任務旅程，每個月學習一項新技能，有些人則是每個星期，有些甚至每天。有個傢伙學了一個月的西洋棋之後，練出菜鳥的自大感，想要挑戰卡爾森（Magnus Carlsen）。我說的是世界冠軍卡爾森喔！他可是不斷擊敗那些五歲之後終其一生每天都下西洋棋的人喔！毫無意外地，這名自以為是的挑戰者，三兩下就被清潔溜溜了*。

我為這類奮進之輩逞強的勇氣鼓掌，也認為自己絕對可以從他們身上學到一些事情，不過我也沒有冀求什麼最後願望清單，好讓自己一一實現。對於可以在短時間內把一樣技能學上手（很有《矽谷群瞎傳》的風格吧），好讓自己可以在社群媒體上吹噓一番，再進行下一個技能的這種事，自己完全不感興趣。我想要嘗試的技能，是那種可以在學習中逐漸喜歡上的，花時間去欣賞該項技能，以及這項技能該如何習得，並衡量這件事在我的生活中的影響。你可能想問：為什麼不專心挑一個技能就好？我擔心自己會挑到不是真心喜歡的技能。因為我通常對於學習新事物的開始階段很感興趣，同時間應付多項技能意味著，我就可以時常當菜鳥。

到後來，我把選擇縮小到一組自己真心想要學習的技能。除了西洋棋，我還選擇了唱歌、衝浪、素描以及製作結婚戒指（假想情況是，如果我在衝浪時遺失了結婚戒指，就可以再打造出另一枚結婚戒指）。噢，還有雜耍！不只是技能本身好玩，根據相關的大腦研究，技能在學習上提供了一扇迷人的窗景。各種吸引人的事情不勝枚舉，像是自由潛水、即興劇院等，我寫出了未來自己可能的待學技能清單。

我不覺得自己一定要精通這些技能。我並沒有奢侈的一萬個小時（要在一個領域達到大師境界所建議的最基本練習時數）可以空出來做任何一樣事情，我若是能擠出一百個小時來練習任何一樣技能，就算是很幸運的了。與其成為大師，我則是希望自己的能力是屬於平均分散的。

為了支持我的「生命履歷[7]，我在某些方面嘗試著回到過去，學習那些在過往曾經吸引我的事物。我們常讓我的孩子，做為自己在這些事情上的代替物。在「符號自我完成理論[8]」的論據下，父

＊艾米斯（Martin Amis）對於西洋棋有這番主張：「沒有其他哪一項運動，或者說在人類任何的活動當中，菜鳥和大師之間的差別如此巨大。」

母親時常被認為想要從自己孩子的成就中，來達到自己未曾征服的夙願。

但是我想要用自己的成就來「補償」過去（榮格用了這詞彙），補償自己以前沒能做到的事情。有時候，這些成就又如此碰巧，跟我女兒擅長的領域剛好相符。對於要以女兒的自我為代價，好試著為自己創造出「迷你版的我」（這是一個心理學家稱為糾纏關係的過程），這一點，我是相當謹慎的，或者說是會有罪惡感的。我想要讓我們兩人擁有可以分享的學習經驗，而不是讓彼此的經驗相互重疊。例如，她會催我去學很受歡迎的電玩遊戲《魔法風雲會：競技場》（Magic: The Gathering）。我以前對於《龍與地下城》（Dungeons & Dragons）可是如痴如狂，也覺得這《魔法風雲會：競技場》看起來挺好玩的，但是我瞎編了一個自己不想學的理由，我想要讓她擁有自己的領域，而我在那當中只不過是個毫無頭緒的大人。

我也感覺到自己在為未來做準備。身為一個已有些年紀的父親，我想要確定自己有所準備（無論生理或心理），我希望能在未來許多年裡，和女兒分享許許多多的人生探險。我希望，一起攀登生活裡小小的學習曲線，不僅會讓我們關係更為親近，也能持續讓我感覺自己年輕了許多。

我知道自己會很辛苦，也會顛簸失足。不過我感覺這對自己是有好處的。我會有菜鳥學習的心態，會有菜鳥的體魄，我的腦袋和肌肉會鍛造出新路徑。

我感覺這對我女兒也將會有所助益。在一項關於不同嬰幼兒物件的有趣實驗中，研究人員示範給不同的嬰幼兒看，如何從一個箱子裡取回一樣玩具[9]。一個成年人示範者在這過程中頻頻出錯，而另一個成年人很快就完成任務。當輪到那些看見某個大人頻頻出錯的嬰幼兒，試著取出玩具時，他們會更努力嘗試。而那些看見某個大人沒費什麼力氣，便完成任務的嬰幼兒，則不太願意多做努力。

透過跟孩子一起學習東西，以菜鳥的身分一起挑戰、成功克服某件事、分享犯下的錯誤和小小的勝利，我們能夠真正教導他們最有價值的一堂課：你無法馬上就精通一件事情，但不表示你永遠都不會成功征服這件事。

起步的快樂和痛苦

沒有人生下來就能精通某件事情。我們在不同的時間點上全都是菜鳥。

當菜鳥很辛苦。想到自己在某一件事情上很拿手，比起自己在這件事情上很糟糕，感覺還是好上很多。各領域的人都會給該行業的菜鳥一些特別（卻稱不上恭維）的暱稱。就衝浪來說，可能叫做「瞎咖」（kook）；在騎自行車方面，就叫做「業餘弗來德」（fred）；在西洋棋圈子裡，就叫做「菜雞」（patzer）；在軍隊裡，你會被稱為「新靴子」（boot，據說這是因為你的靴子還很閃亮的關係*），

*也有人說，這個詞其實是「某人旅行的開始」（beginning of one's tour）縮寫。

或者直接明瞭一點，像是「狗屎」（noob）、「弱雞」（rookie）或「綠角」（greehorn）。至於「初學者」（novice），也被解釋成「見習僧」（Beginner monk）。

新手開口詢問的基本問題都一樣，在自己誤解的觀念想法裡掙扎，也犯同樣的錯誤。每個領域都有緊張兮兮的新手。初學射箭的新手通常會抓弓抓得太過用力，目標距離也設定過遠[10]；初學修車的新手常常會把油噴灑出來，弄壞十字槽螺絲帽的螺紋[11]；新手航海員常會跑過救生筏的尼龍線，把自己的頭髮和首飾纏上三角片羊角樁，還會忘記「深水和淺水的深度看起來其實都一樣[12]」的道理。

在西洋棋圈子裡，新手就像托爾斯泰筆下形容的「幸福家庭」，每一個人都相同：不斷移動著兵，過早擺出王后，以棋換棋的戰術太過頻繁*，移動棋子時似乎都不會考慮對手挪動上一步棋的用意。除了有時候擊敗其他的菜鳥以外，他們總是輸棋，這多半還是屬於新手純粹的好運而已喔！

菜鳥選手容易跌倒、滑跤及受傷。在十公里的跑步競賽中，新手會覺得頭暈目眩，有脫水現象[13]。在單板滑雪運動中，受傷的多半是新手[14]。在騎術運動中，新手受傷的機率是專業騎師的八倍之多[15]。跳傘運動裡，在隱藏失誤高風險後果的奮力一躍中，新手受傷機率比那些至少跳過一次的人高出十二倍之多[16]。

儘管有這麼多的烏青、腫塊、糗態和錯誤，我在這本書裡想要讓給你們看的，是身為一個新手可以是一件很美妙的事情。我希望展現一件自己已經很確信的事情：在任何事情的早期階段中，有種神奇的魔力存在著。

在一段戀愛關係剛形成的時候，我們正處在「極端神經生物狀態[17]」：大腦浸淫在攝取咖啡因過多的巨量能量飲料裡，當中充滿多巴胺和壓力荷爾蒙（好的那種）。我們的語言時常反轉回到像是孩子咿咿呀呀的脆弱狀態[18]，彷彿我們再次出生了一樣。不過，這狀況終究還是會和緩下來。

學習新技能也會產生類似的奇妙效果。你的大腦處在超級覺察的狀態，浸淫在新鮮感當中，在試著明白你剛才投出心裡以為完美無比的三分球，事實上卻是麵包球的時候（這種時刻被稱為「可預測的錯誤[19]」），也幾乎被震懾住。

當你全心投入學習某一種藝術或是技能時，你周遭的世界看起來變得新奇許多，充滿了無限的可能和範圍。在你試探性地踏出前幾步，慢慢地推進探索的範圍時，每一天也就充實了。你會犯錯，但是即使如此仍能增加自己的自主權，因為這些是你以前不曾犯過的錯誤。

＊在席爾瓦（David Silver）等人合寫的論文〈不使用人類知識制霸圍棋〉中提到，DeepMind 公司開發了人工智慧程式 AlphaGo Zero，使其能夠自我學習西洋棋。在其早期的學習過程中，團隊發現 AlphaGo Zero 會專注在「貪心地捕捉棋子，就像是一個初學的人類」。

你無須再因為自己在某個領域並沒有別人想像得厲害，而產生「冒名頂替症候群」的焦慮，因為沒有人期盼你變得非常厲害。你從眾人的期望和過往的重負中解脫了。從佛教禪宗的說法來看，這種狀態就稱為初心，也就是初學者的心。你的心準備好接受一切事情，對任何事情保持開放的心態。禪學大師鈴木俊隆寫道[20]：「在初心的狀態下，充滿許多的可能性；但在專家的心態裡，就不是如此了。」

這樣的狀態並不會十分舒適。如同一趟禪宗的朝聖之旅，身為初學者意味著你進行的是一趟未知的旅程[21]。你不只不知道很多事情，甚至也不知道「自己不知道的是什麼事情」。你會覺得大家似乎都在看著你，等著你犯錯，就像那些在路上大聲宣告自己是「新手駕駛」的人一樣。

然而，在你學習新事物時，你學到了更多關於自己的事。你似乎迅速地有了進展，你可以精準感覺到自己是如何的進步。小說家拉許（Roman Rush）曾描述「愛」就像是進入一連串新房間，儘管你之前已經做過類似的事情，但是每一次還是讓你感到驚訝。「你從未打算要從一個房間，繼續走到另一個房間去，事情就是這麼發生了。你注意到一扇門，你穿過去，再度感到歡喜[22]。」這就是學習帶給人的感覺，尤其是在早期開始的階段。

你應該要珍惜這種時刻：早期得到的收穫，將會遠超過後來的收穫。

「陡峭學習曲線[23]」（steep learning curve）的意義，常常被誤解為某件事情困難得令人生畏。要學習一項技能可能（也可能不）會很困難，但是學習曲線的「陡峭」程度，事實上只是以圖形來呈現時間和進步之間的關係罷了。一條陡峭的學習曲線意味著你正快速往上爬升，最陡峭的學習曲線也正迎面而來。

”

幾年前，我帶女兒嘗試用滑板滑雪。我那時將近五十歲，對這項運動完全陌生，她也一樣。在開車上山的路上，我試著用菜鳥的初心來面對整件事。我對這項運動不抱任何期待，我可能會很討厭滑雪，也或許滑雪會成為我最喜歡的活動。我擅不擅長這項運動都沒有關係，我只需要放開心胸擁抱這個經驗就好。除了避免讓自己進醫院之外，我沒有設立目標，我就只想要進入一間新「房間」。我想，這樣的心理跟我女兒是同步的，她關心的是「玩得開心」這件事。

幾個小時後，在經歷好幾次摔倒以及摔在冰冷斜坡上有了擦傷之後，某件事情發生了，我學會了用滑雪板！當然，我的技巧非常糟糕，每個人也都會告訴你滑雪板一開始的時候比較容易，但後面會愈來愈困難（滑雪則剛好相反）。

變化已經產生了，儘管我還沒滑過一座山，但是我從一輩子不曾滑過雪板的人，搖身變成滑過一個大坡的滑雪板菜鳥了！我在學習曲線之間順利前進著，要我再次看到自己踩著滑雪板更進一步地縱身一跳，幾乎是不可能的事了。「堅持這一刻。」我心裡如此想著。

對我們多數人來說，菜鳥新手的階段應該是要盡可能快速通過的，就像是社交上令人尷尬的皮膚病。但是我要建議，就算我們只是正通過這個關卡，也應該要特別留意。一旦闖過了這階段，就不容易再回頭了。

想想看，當你首次參觀一個陌生又遙遠的地方，入眼的景物都毫不熟悉。在初來乍到的當下，你對每樣新奇的事物都會變得很敏感。街上食物的味道！令人好奇的交通標誌！人們祈禱的聲音！你被沖出了自己平常的舒適圈，必須學習新的禮儀及與人溝通的方式，但也因此得到感官上的超能力。你留心注意每一件事情，因為你甚至不知道自己需要什麼才能平安無事。幾天之後，當自己對這地方知道的事情又多了一些，原先看起來奇怪的事物開始變得熟悉了，你不再時刻留神注意。你在自己的認知裡變得安全許多，你的行為也變得更為不加思索，在一開始體驗到的神經活動大爆發也消退了。

身為兼職的旅遊作家，我自有一套策略，那就是第一天時盡可能記下各種心得，這是你看見最多事物的時刻。在學習技能時那種侷促、不安、笨拙的早期階段裡，要記得寫下自己周遭的景物並不容易，但是你終究會迎來進步的。好好沉浸在這一刻，把所有的東西吸納為己有。

菜鳥的優勢

即使你的技能和知識進步了，堅持菜鳥學習的初心仍然有潛在的價值。

在大眾所知的「達克效應」（Dunning-Kruger effect）當中，心理學家鄧寧和克魯格充分展現了，那些在各種認知測試中表現得最糟糕的人，也同時是「極度高估」自己實際表現的人，這些人「既沒技能，也無自知之明[24]」。

這對菜鳥來說肯定是個絆腳石。但之後的其他研究也顯示了，唯一比「幾乎什麼事情都不懂」還要糟糕的，是「略懂皮毛[25]」。這個模式在現實世界裡屢見不鮮，正在學習脊椎手術技巧的醫生承認，犯下最多的錯誤不是在第一或第二次嘗試時，而是在第十五次的時候；同時間，飛行員犯下錯誤的高峰似乎不會是在剛開始的時候，而是大約在累積飛行時間八百個小時上下的時候。

我並不是說，專家要擔憂的東西要比菜鳥還多。「技巧熟練也自覺這一點」的專家，通常在解決問題的過程中要更為有效率，有他們從事的活動也往往進行得較為有效率（舉例來說，最厲害的西洋棋選手，往往也是最傑出的快棋對弈選手[26]）。他們可以倚賴更多的經驗、更多精細鍛鍊過的反射動作。菜鳥棋手會考慮各種可能的走法而浪費時間，大師則會專注在最確切的選項（即使情況是他們接下來要花很多時間計算哪些走法是最好的）。

然而有時候，如鈴木俊隆所稱，「專家的習性」（habits of the expert）也有可能變成一個障礙，尤其是在他們需要新的解決方式時。藉著他們所有的經驗，專家有可能只看見自己期望看見的東西。西洋棋大師也有可能執著於自己記得先前某一場棋局的步法，因而錯過棋盤上另一種或許更有潛力的走法[27]。

或者，讓我們來看一場在倫敦舉行的實驗[28]。實驗對象是一群經常研究路線的計程車司機，他們有著精通路線行進的超級技巧。這些計程車司機才剛拿到一個虛擬城市的布局，接著被要求規劃出一條行進路線。每個人的表現都相當出色，比那些未曾開過計程車的人都還要好。但是當他們被要求在熟悉的倫敦裡面，為某個虛擬區域規劃行進路線時，他們的表現變得很糟糕，他們所認識的倫敦（此刻成為「太過熟悉」的倫敦[29]）便成了阻礙。

這個關於人們對熟悉事物會預設立場的傾向（不去考慮眼前更理想、更新奇的解決方法），就稱為「定勢效應」（Einstellung effect），名稱取自德文「呆板、不變」的意思。

在著名的「蠟燭測試」（candle problem）裡，實現對象被要求僅用一盒火柴和一盒圖釘，把一根燃燒中的蠟燭釘到牆面上，不讓蠟油滴到桌面上。每個人想破腦袋要解決問題，但因為他們緊抓著盒子「功能鎖定」的特性，認為這盒子是裝圖釘的容器，而不是用來放蠟燭的架子。結果顯示，有一組受試者在蠟燭測試的表現相當好，那是一群年僅五歲的小孩。

為什麼會如此呢？發現這結果的研究人員表示，比起年長的孩子或成年人，年幼的孩子對於「功能概念」是比較易變的。他們比較不會執著於什麼東西就應該做為什麼用途，比較能夠簡單認為某樣東西「可以用在很多地方」。因此我們也無須感到訝異，他們能夠不費力地克服各種新科技，因為每一件事情對他們來說都是新奇的。

毫無疑問的，孩子擁有學習者的初心，樂於擁抱各種可能性。會以更清新的眼睛看待這世界，沒有什麼先入為主的觀點或過往的經驗，也不會被太多已知的事實導引[30]。他們較有可能注意到，並撿拾成年人以為不相關而捨棄的細節[31]。也因為他們比較不會去擔心自己是否想錯了，或是會不會顯得愚蠢等事，往往願意開口問一般成年人不會問的問題[32]。

讓我們再來看看《紐約時報》刊出的一篇奇特案例[33]：葬儀社不小心把錯誤的遺體放入了棺材裡。在葬禮上，悲傷的親屬注意到他們這位因為癌症病逝的摯愛親人，看起來跟他們記憶中的模樣反常地不一樣。但是所有人都找了不同的理由來解釋這差異。化療改變了她的頭髮；她依靠人工呼吸裝置的時間太長，因而改變了她看起來的樣子。這些成年人習慣住在理性有序的世界，並沒有考慮到會發生放錯遺體這種巨大錯誤的可能性。每個人用各自的常識和智慧來欺瞞自己，最後是靠一個十歲男孩提出這個荒謬的可能＊，證明了他說的是令人震驚的事實：他們眼前的遺體並不是他們摯愛的家人。沒有人想要當菜鳥，我們都想要變得更好。但是當我們的技能進步了，我們的知識和經驗成長了，而我在這本書裡想要鼓勵大家的是，保存（甚至是滋養）新手的心態：天真的樂觀、伴隨新奇與

＊當然，安徒生著名童話《國王的新衣》片段立刻飄進了我們的心底。

不安而來的高度警覺、不怕當傻子，以及願意開口詢問再明顯不過的問題，這便是沒有牽掛的初心。

西洋棋大師布盧門菲爾德（Benjamin Blumenfeld）在一百年前西洋棋藝上的建議，應用在生活裡也十足受用[34]：「在你走下一步之前，先以菜鳥的眼光重新檢視自己所處的位置。」

年紀不是拒絕學習的藉口

在任何年紀當菜鳥都可能很辛苦，但是隨著年紀增長，你會更感到辛苦。

對小孩來說，當一個新手或菜鳥本來就是他們的工作。他們的大腦和身體是為執行、跌倒和重新來過而建造的，我們為他們做的任何事情拍手鼓掌，因為他們在嘗試。父母親都很清楚「稚齡的小孩想要幫忙」這個現象。這麼說吧，小孩想要幫忙「清理」廚房（這種事情由父母親來做，通常也要徹底做個兩三遍才算完成），但是我們允許他們幫忙，是因為「廚房會額外乾淨」的想法，要比告訴孩子他們還做不到這種事情，感覺上會好上許多。

但是把小孩換成大人，事情就複雜了。「老菜鳥」三個字隱含著同情，強力散發出一定得參加的再訓練研討會，和讓人頗不舒服的椅子意象，也暗示著自己得要學習原本已經應該學到了的東西。

堅持在我們原本就已經擅長的事情，會帶給我們安全感。一位在幾十年後重新打曲棍球的朋友就說：「當你頂著年紀去做一件不是很擅長的事情時，感覺分外辛苦。」當菜鳥的想法可能讓我們備受壓力和感到厭惡，以致於忘了我們曾經一度在各種事情上都當過菜鳥，一直到我們學會了為止。

就連孩子，有時候也寧願待在自己能力範圍的繭裡。當我女兒一個朋友拒絕了我們邀請她去玩滑雪板的提議時，他的父親帶著一絲難為情解釋著：「他比較喜歡做他擅長的事情。」我當時想要大喊：「他怎麼知道自己不擅長？他才去過一次耶！」

成年人菜鳥面臨著自己的「刻板印象威脅」，意思是，當你年紀大了之後，再學習某件事情會是很困難的事情。這是一句很有殺傷力且帶著煽動性的細語：你現在才起步已經太晚了。幹嘛還要辛苦嘗試呢？有一天，我女兒在上游泳課的時候，我看到游著仰式的她在水道盡頭，竟然把身體反轉過來，用腳踢了泳池的磁磚往回游，心裡感到驚訝極了。我自己可做不到這一點呢！「你是怎麼學會那一招的啊？」我問她。「你得當個小孩才能做到。」她實事求是地如此回答。

我在理解這一切的時候，發覺這種想法在西洋棋圈子裡早已根深柢固*。你在多大年紀開始學這項技能，跟你之後在積分賽裡的成就似乎有所關聯。這種想法普遍到，目前的西洋棋世界冠軍卡爾森被視為迷人的異數，有人評論他的成就時，他這麼說[35]：「在五歲這年紀，任何有雄心壯志的西洋棋

* 測量每位棋手技能高下的艾洛積分等級制度（Elo rating），事實上是來自於老人科學期刊上根據年齡和專長的研究結果。

大師都至少開始學習下西洋棋了，但是我在這年紀卻對西洋棋不感興趣。」

當自己坐在年紀比自己小的對手面前時，我試著記住從莫斯（Stephen Moss）的《菜鳥：優遊在西洋棋中的奧德賽》一書中得到的建議，也就是「以你面對其他人時的同樣態度去面對他們」。

這可不容易！年輕人下棋的方法讓我感到困惑且心煩意亂。看到我面帶慍色的猶豫不決，他們會發動快速莽撞的攻勢，有時候有效果，有時候則顯得有勇無謀。英國西洋棋大師和評論員金（Daniel King）這麼告訴我：「小孩子就是會直接衝，那樣子的自信會讓對手感到不安。」

舉例來說，年輕孩子在「或然率序列學習法[36]」的測試中，展現出更快的速度和更精確的決定。過了十二歲之後，這樣的能力開始消退。如同研究人員指出的，人們開始較為倚賴認知和推論的「內在機制」，而不是倚賴他們眼前的所見。換句話說，他們變得過度思考。在西洋棋賽局中，我的成年人對手似乎時常和自己內心看不見的惡魔爭鬥著，孩童對手則似乎急於擺出一連串的下棋步數。

我相信所謂的刻板印象威脅。如果我輸給成年人對手，我會把失敗歸咎於自己犯下的愚蠢錯誤；如果我輸給孩童對手，我會突然想像對方是剛萌芽的天才棋手，自己本來就絕無機會獲勝。我詢問我的西洋棋教練賽門，他教導成年人菜鳥和兒童菜鳥的感覺如何。他想了一會，回答：「成年人需要自我解釋他們為什麼要走這一步，小孩卻不會這麼做。」他也把西洋棋跟語言相互比較：「成年人菜鳥會學習文法規則和發音，用這些來把句子組合起來。孩子則是透過說話來學習語言。」

這種類似性，比我們以為得還要更深入。

事實上，我的女兒學習下棋的方式，跟她學習第一語言的方式相同，而我則是以學習第二語言的方式學下棋。更重要的是，她在年紀還小的時候就在學了。語言屬於需要努力嘗試的類別之一（其他像是音樂，或許還包括西洋棋），學習者似乎要在所謂「敏感時期」學習，才能有蓬勃的發展。正如一位研究人員所形容的[37]：「神經系統能特別回應相關的刺激，受到激勵或刺激時，也更容易受到影響而產生改變。」

相較之下，我是嫻熟英語的成年人了，我的大腦對我的母語已然經過「校正調準[38]」，因此要再學習新的文法，對我來說就顯得較為辛苦。我所知道的一切，變成了阻擋我想要學習事物的障礙。涉獵尚淺的孩子可以自然地學習到更多的東西。認知科學家紐伯特（Elissa Newport）把這稱為「少即是多」假設[39]。

「較為辛苦」並不表示「不可能」。「敏感」時期並非「關鍵」時期，總之，這些事在科學上尚未被確證。舉例來說，要擁有完美語言聲調的技能[40]，不僅難能可貴，長久以來也認為，一旦脫離兒童階段，就已經不可能再學習獲得了。但是根據芝加哥大學的研究顯示，許多成年人還是可以透過訓練而習得，儘管他們的腔調不算非常道地。

兒童較常獲得長足的進步，就因為他們只是孩子，他們生活的絕大層面是圍繞著「學習」建造的，需要負擔的責任不多，還有熱心的父母鼓勵他們前進，他們也有動力去學習。如果你落入一個全新的環境中（就像個嬰幼兒一樣），發現自己沒辦法溝通，你學習的速度或許就會相當快速。

當我和女兒開始在棋盤旁邊坐下來之後，很清楚的，我們兩人腦袋裡在轉動的事情非常不同。我女兒的腦袋就像是一場西洋棋局剛開始的棋盤，仍充滿了無限的可能性，無數個神經突觸「豎立」著。七歲孩子的大腦的發展平均來說幾乎要完整了，但是「神經突觸密度[41]」（synaptic density），或者說連接神經元的「電線」數量，仍然要比一個成年人的大腦突觸密度還要多上三分之一。在某個程度上，她還在了解這個世界，而她這麼做的時候，那些突觸卻閉闔起來。這像是一個人把電腦上較少用到的應用程式刪除掉，好讓電腦達到整體表現的最優化。

相較之下，我大腦裡棋盤裡發生的情況，似乎更像是在棋局比到一半時，小心翼翼防護的戰場，在最後結局迎來之前努力堅持著。之前某個下午，德州德克薩斯大學達拉斯分校生命長壽中心的研究主任派克（Denise Park），和我在她位於達拉斯實驗室裡的會議室坐下來之後，她用了許多令人不安的詞彙，把這整個過程敘述給我聽了。

「當你年紀愈長，你其實是看得見大腦清楚的退化，即使是那些身體健康的人也一樣。」她這麼告訴我：「你的前額葉皮質（front cortex）變小，你的海馬體（儲存記憶的地方）也縮小了。」我的大腦體積每年都在萎縮，我的皮層厚度一年比一年變少[42]。一般人從二十歲之後的日子裡，平均一秒損失約一個神經元[43]。當你們讀完這個句子的時候，又得對兩個神經元說再見了。

難怪在我暗中策劃一步棋要對抗我女兒的時候，我似乎得多花點心思才做得到。派克還補充，年輕人在接受認知測試時，大腦的特定部分會表現活化行為，同時間，年紀再大些的成年人，大腦展現出活化行為的部分較為廣泛。

啊哈！成年人奪下一分！不過，等一等，這個更為廣泛的活化作用未必一定是好事。派克主張，這理由是因為老化的大腦同時透過建立「鷹架」，來連結大腦裡更廣泛的區域，為各種老化帶來的缺點達到了補償作用。透過使用大腦更多區域來獲得同樣的結果，會讓我們的效率降低。這是因為使用大腦更多區域[44]，意味著不同的區域會重疊，這可能會帶來干擾或衝突。簡言之，你正試著學習一樣新技能，但是不同技能的記憶卻擋在中間阻礙你學習。

年輕人也會表現出更多的「調節」能力，意思是當心理上的任務變得很有挑戰性時，他們可以快速加大心理能量，年紀較長的人就幾乎無法做出任何的調整了。派克說：「他們的大腦困在同樣一種速度。」

毫無意外的，整體的火力表現自然也就降低了。心理學家薩爾修斯（Timothy Salthouse）提出的研究表示，在速度、理解和記憶上等認知測驗的結果，顯示了和年齡相關的衰退現象[45]。他的敘述文字包括了「大範圍」、「直線性」，以及最令人擔憂的「在五十歲之前就相當明顯」等字眼。

我們如果要正確看待大腦老化這件事，不妨這樣子考量：一個七十五歲的人在智商測驗上，只要表現得有二十一歲的人一半好，就可以得到同樣的分數。

我在跟不利的情勢對抗。對於我年紀已逾七十的父親來說，情況更不利。他在孫女的鼓勵下（其實是他想要跟孫女聯繫感情），再度上起了西洋棋課（他最後一次下棋已經是幾十年前的事）。在一次家庭競賽中，成績優劣結果早就呼之欲出：她、我、他。

這樣的普遍模式在文獻上也被重製了[46]。佛羅里達州立大學心理學教授查尼斯（Neil Charness）在一項研究當中，要求能力不等的棋手，就某盤棋局中一方面臨「被將軍」的威脅時做出評論。能力愈強的棋手愈能及早看出這威脅，這無足為奇。但是不論棋手擁有什麼技能，他們的年齡愈大，辨識出威脅的速度就愈慢。

如果說，年紀愈大下棋困難度愈高，那麼學下棋的困難度就更高了。查尼斯在另一項研究中，要不同年齡層和有不同經驗的實驗對象，學習一樣新穎的文書處理應用程式。那些已經有相關經驗的人來說，年齡因素不是很要緊。但是對這方面顯得生嫩的實驗對象，就產生了顯著的差異。比起有經驗的人，他們得花更多時間學習，我們可以預料到這一點。菜鳥的年紀愈大，要花的時間就愈多。

當我問查尼斯，關於我、我女兒和西洋棋之間的優劣時，查尼斯說：「如果你要比較兩個菜鳥，你女兒學會的速度可能比你快上一倍。」

”

我反擊回去。我還有很多優勢可以運用啊！我大腦裡的白色物質（就是那些增進學習或是改變學習的神經纖維）在統計上來說已經開始衰退，不過我還擁有可塑性，像是大腦的一種超能力，在面臨新挑戰時能夠快速自行改變。

正如一樣研究聚集一群年紀在四十到六十歲之間的人，要求他們在三十天內學習揮高爾夫球桿[47]。他們的大腦在執行這項任務時更加活躍，也都能揮出漂亮的揮桿，我們並不會失去讓自己變得更好的能力。

我嘗試提升自己的西洋棋腦袋。因此我玩智力遊戲，我去點閱國際象棋大師賽（Chessable）網站上的最後一節比賽，這網站使用了「間隔重複」和其他經過證實有效的學習技巧。我下了九百六十場棋子隨意分布的棋局，讓自己進行震撼訓練；為了幫助自己在三十分鐘的棋局比賽能快速下棋，我也玩時間只有五分鐘的快閃棋局；為了讓自己在快閃棋局的動作更快速，我又玩了好幾回時限只有一分鐘的「子彈棋局」；為了讓自己在子彈棋局更加上手，我嘗試真會讓人嚇壞的「秒速子彈棋局」

（hyper-bullet chess），整個棋局就只有十五秒鐘。那麼，如果我要讓自己在秒速子彈棋局的速度更快呢？我想，我會需要量子纏結了。

我還有其他東西來支持自己。研究老化和大腦的人，喜歡談認知能力的兩種形式[48]：「液態智力」和「晶體智力」。液態智力幫助你隨機應變、反應靈敏，並解決問題。晶體智力則屬於個人已知的事情，包括智慧、記憶和後設認知。液態智力一般來說在年輕人身上常見，其變種（晶體智力）則是年紀增長的獎賞（儘管仍有許多的例外）。

在生活裡兩者彼此獲益，就像是西洋棋比賽中，兩種智力各有扮演的角色。棋手可以倚賴液態智力來快速計算出別出心裁的擺棋位置，晶體智力則可以幫助他避開自己在前一場比賽就已經用過的不良策略。

就跟多數同齡的孩子一樣，我女兒的行事完全就是倚賴液態智力。她並沒有記住她在種種比賽中使用的步法，也不會去多加思考採用進階的策略（嗯……我想我要採用魯賓斯坦變例，來對上法蘭西防禦）。

心理學家霍根（Dianne Horgan）就說明，當孩子下棋時，他們往往倚靠直覺推斷，以及讓自己滿意的決定[49]。他們會選擇一個看起來很華麗的棋步，而不會花時間去細想這步棋到底好不好。剛開始學下棋那時，我女兒就會倉促走棋，我總是問她：「你要不要再花點時間想想？」但她很少會聽勸。

我的女兒有個光速的中央處理器，擁有才剛從架子上取下來的新鮮度。我有的則是從庭院拍賣買來的硬碟，裡面裝滿數十年的老舊檔案。誰擁有優勢呢？查尼斯對我保證，我有的一個優勢是我在「學習」上有很多的經驗，我可以讓整個學習過程更加有效率。

但是擁有一個笨重的大硬碟，也表示要尋找和取得資料的時間也會更久。我已經很缺乏儲存空間了，有些路徑甚至遭到損壞。你們無疑會發現到，當人年紀愈大，有時候要記起一部電影的名稱或是一個人的名字，愈顯得吃力。我們當然會這麼感覺！這是因為我們看過好幾千部的電影和見過一大堆的人啊！試著把五十年的生硬資料植入一個孩子的腦袋裡，再來看看他會怎麼應對。

語言學家拉姆斯卡（Michael Ramscar）提出一個論點，如在實驗室測試結果顯示的認知衰退狀況，事實上只是一種學習作用[50]。請年紀大和年紀輕的測試者去記住許多詞組時，像是「寶寶－哭泣」和「遵守－老鷹」，年紀大的人較不容易記住「遵守－老鷹」這組詞。從測試結果來看，這顯得很糟。

但是他也強調，年紀大的人只是比較常聽見「寶寶」和「哭泣」會在同一個句子當中出現，比較不常聽到「遵守」會密切地和「老鷹」連在一塊。後者似乎顯得較不重要，因此我們的大腦不會費心去把這組詞編入記憶庫。這看起來是個聰明的決定，而不是認知衰退的訊號。把這樣的認知帶回到菜鳥的學習上，我的女兒正走在「不知道」的征途，她還沒把所有東西吸納為己有，而我則是被已知事物所阻礙，對改變產生抗拒，不願意敞開心胸。也因為我所知道的事物，使得我在下西洋棋的學習過程中，比較難以看見所謂的「轉換」[51]。孩子對於自己正在學習的技能或資訊，還沒有發展出固定的想法，因此就更可能把這些技能或資訊擴大來應用。

在我女兒的大腦急切地想組成各種神經新連結的時候，我的大腦或許就只能使用某些新連結。「你不想要修剪，只想要成長。」派克說。我女兒的大腦試著有效率地馴化各種混亂，但派克告訴我：「對於年紀大的人來說，他們已經幾乎沒有什麼足夠的混亂可言。」

我納悶自己對這一點又能做到什麼？

專家也該偶爾當一回菜鳥

現在，你可能正想問：如果我不是為人父母，又如何？如果我年紀沒那麼大，會怎麼樣？如果我已經知道如何唱歌或是如何素描了呢？如果我並沒有置身在中年危機的困境中呢？還有最要緊的，為什麼我要費心去學一堆跟自己職場生涯不相干的東西？在自己忙著跟上隨著職場快速轉變而帶來的各種要求時，為什麼還要再去涉獵什麼興趣嗜好呢？

首先，我可能會這麼建議。即便是在學習歌唱和素描，沒有立即明顯好處的前提之下，「學習像是歌唱和素描等技能，對一個人在工作上半點用處都沒有」的論點，並沒有得到定論。學習被視為是一個可以對工作壓力做出的有效回應，透過擴大對自我的認識，（或許）也提供我們新的潛力，學習變成了一個「壓力緩衝器[52]」。

或許這也就是為什麼倫敦大學學院發現，同時攻讀科學和藝術的學生（這是相對少見的行為）日後很有可能擔負起領導人角色的其中一個原因[53]。當我們拓展自我，就可以看得更多。正如艾波斯坦（David Epstein）在《跨能致勝》（*Range*）書中所寫[54]：「相較於其他科學家，諾貝爾得獎者至少有二十二倍的機會，可能參與像是業餘演員、舞者、魔術師或是其他形式表演的機會。」

我很懷疑他們其中有任何人在某天起床後，心想著：「嗯，我在神經生物學生涯中真正需要的，是學習跳探戈。」但或許，以菜鳥角色學習新嗜好的時候，他們得以再度像孩子一樣思考，掙脫先入為主的成見，卸下期望，也沒有絕對的看法。他們可以探索專業領域以外的事物，超越自我。此外，他們還可以獲得樂趣，絕對不要低估這些讓我們得以學習和探索的媒介。

舉個例子來說，聰穎博學的麻省理工學院博士夏農（Claude Shannon）奠定了我們今日數位世界的基礎，他自己就積極投入各式各樣的嘗試，從玩雜耍到詩歌，再到設計第一個配戴式電腦。幫他寫傳記的作者寫道[55]：「一次又一次，他不斷追求那些可能會讓其他人感到尷尬的事物，處理許多看起來無足輕重甚至無所謂的問題，然後設法從中得出突破性的觀點或進展。」

在這歷史性的一刻，定期走出自己的舒適圈，不過是讓我們感到這屬於一種生命練習。科技改變帶來的快速步伐，在某種程度上把我們所有人都變成「永遠的菜鳥[56]」。我們總是在學習斜坡往上爬，我們持續地需要讓自己的知識升級，就跟我們的手機一樣。很少人能夠把全心專注轉變成一輩子的行業，就算是我們不換工作，需要的技能卻不斷改變。我們愈願意成為勇敢的菜鳥，對自己愈好。如同資訊產業龍頭印孚瑟斯技術公司（Infosys）總裁庫瑪（Ravi Kumar）所形容的[57]：「你必須學習『去學習』，學習『不學習』，以及學習『再學習』。」

再者，這對你來說就是一件好事。我不是指歌唱或素描這些事本身對你就有好處，而是指「學習技能」這件事對你來說是件好事。

學什麼不是重點，你可以學習如何綁航海的海事結，或是燒陶。學習一些新奇和具有挑戰性的事物（尤其是跟團體一起學習）已證明有益於我們的大腦[58]，這個「尋求新奇的機器[59]」。因為「新奇」可以觸發學習[60]，同時間學習不同的新事物可能更好。在一項要求一群年紀在五十八到八十六歲的成年人，同時報名多種課程（包含西班牙文、譜曲到繪畫等不拘）的研究當中[61]，我們發現不過短短幾個月之後，這些測試者不僅在西班牙文或是繪畫上有所進展，就連在一連串的認知測試上也有進步。這些人把大腦裡的里程計往回倒轉了三十年，比那些沒有參加任何課程的控制組實驗組表現要好得多。這些人在其他方面也有所轉變，像是感覺更有自信，對自己的表現感到開心和驚喜，即使在研究結束之後仍然定期相聚等等。

技能學習似乎是個加法，不光只是技能本身。一項觀察參加游泳課幼兒表現的研究發現，這些孩子在游泳之外的獲益也不少[62]。這些小小泳將在其他幾項體能測試上的表現，比沒有參加游泳課的孩子較好，例如像是在握緊或是手眼協調的測試上。即使加入了像是社經地位的考量因素，這些幼兒在閱讀和數學理解測試的表現也較為優異。

許多這類研究或是建議，本來就源自於以兒童為導向的研究。舉例來說，西洋棋被視為一種改善孩子集中力和專注力的方法，來強化他們解決問題的技能，鼓舞他們的創意思考。

但是我也確信，任何倡導對孩子有益處的事情，對大人來說，一定能更獲益不少。這有部分是因為我們假定自己，不再需要某項活動（據說）可以提供的種種益處。

但是想想看，如果我們要終結「智慧手機上癮」這極其普遍的苦惱，有什麼治療方式比得上竭盡兩小時的眼力和腦力，在畫了六十四個方格的棋盤上，試著分析有無限可能的棋步走法和反擊呢？

”

我在這裡說的，不只是標準定型化測試的成績。學到技能本身所帶來的巨大報酬之外，我們有太多理由去學新技能。這當中包括了感受到自我成長，感覺到自己成為全新的一個人，這感覺會讓你忍不住要興奮地跟其他人分享。（我在這裡想到一個老笑話：你要怎麼看出一個人是鐵人三項選手呢？哈！他們會自己告訴你。）在自我學習期間，我遇見了許多在學習新技能的人，他們認為自己在搖搖欲墜的婚姻中再度對自我產生認同感，或是在重大挫折中重新定義自己的生活，這些都很重要。

這種「自我擴張」的感受也可以應用到夫妻之間。研究指出[63]，一起從事新奇和具挑戰性活動的夫妻，能夠重新捕獲些許兩人剛認識時那種初始的興奮，並把兩人共同經歷的正面感受（例如上舞蹈課），轉移到兩人的關係之中。

你也可以在剛認識的人身上，看到一種成長的感覺（你還可能跟其中某些人結為朋友），在人生後期要體驗到這種感覺相對困難許多。你遇見的這些人心中想法跟你相投，他們想要學新東西，也不害怕出糗。就心理學來說，這稱為經驗開放性，屬於五大性格特質之一，其他四種分別為盡責性、外向性、親和性，和情緒不穩定性，這些特質是用來定義我們這個人。經驗開放性跟耐久性的連結關係也日趨增加，我們還無法得知確切的原因，但是心理學家提出一個理論：開放性對於「認知上和行為上的彈性[64]」是必要的，這些對於一個人在處理人生挑戰的時候能夠發揮用處。

學習新技能也會改變你的思路，或是你看待世界的角度。學習唱歌會改變你聽音樂的角度，而學習素描對於人的視覺系統更有驚人的輔導效果。學習焊接在身體和心理上都是屬於強化課程。假設你正在學衝浪，突然之間，你會發現自己對於潮汐表和風暴系統以及海浪的流體動力學產生了興趣。你的世界因此變大，因為事實上的確是如此。

最後一點，如果人們渴望新奇，而新奇又能幫助我們學習，那麼，學習最能幫到我們的，就是如何在未來更能駕馭新奇感。「比起其他任何動物，人類更加倚賴用自身能力去學習[65]。」高普尼克（Alison Gopnik）如此觀察說道：「我們的大腦和強大的學習能力持續進化，最重要的，是能夠應付改變。」我們總是持續在能力不夠和精通之間的時刻來回反覆。有時候，我們謹慎地試著要如何成功讓自己做些不同的事情；有時候，我們會讀一本書或是找一段教學影片；有時候，我們就只是必須積極投入。

精通某項技能的限制

在我眼前有這麼多令人眼花撩亂的選擇，有這麼多技能可以試著學會，我知道自己有被貼上「半吊子」（dilettante）標籤的危險。

事實上，這正是我自己想要成為的樣子。「半吊子」這個詞在今天，幾乎就是一種貶義，被認為是無可藥救的膚淺。這個字源自於義大利文的「dilettare」，意思是「感到歡喜」。如同歷史學家瑞福（Bruce Redford）所寫的[66]：表示一個人展現出歡喜的「半吊子」一詞，是一群在十八世紀愛慕歐洲大陸藝術和文化的英國人遊歷歸來之後，組成業餘愛好者協會而產生出來的英文詞彙。瑞福寫道，隨著習得知識的過程逐漸變得更加專門化，這個詞彙的意思也就有所轉變。等到艾略特在一八七〇年初期寫下《米德鎮的春天》（*Middlemarch*），這個詞已經成為一種貶義詞。

一道鴻溝漸自形成。除非你是個專家，否則你就只是個半吊子，或者說「業餘玩家」（amateur）。這個有誘導性的「業餘玩家」字眼，原本又意味著什麼呢？這源自法文的「aimer」，意思是「去愛」。隨著知識專業化的增加以及日常生活的個人化，當我們突然因為某件事物而歡喜或喜愛某件事物，就會被人視為稍嫌不夠體面或不夠恰當。

我們生活在一個高度表現的世代，每個人在這當中都應該要持續把潛力發揮到最大，過著自認為「最完滿富足的生活」。社群媒體把求婚到今天早餐吃什麼等所有事物，弄成一種必須經過精細編排設計的競爭性儀式。所謂的工作倫理遍及在我們的休閒娛樂中，或如一位學者所形容的：「工作的黑手無所不及[67]。」甚至演變成，我們懷疑自己到底還有沒有任何休閒可言的程度。

每一件事情都必須要有目的。我告訴某個人，我要騎上八十英里的腳踏車，他會問：「你如此訓練是為了什麼？」我想回答：「我不知道……就是生活啊？」心理學家契克森米哈伊（Mihaly Csikszentmihalyi）如此寫道[68]：「人們讚賞的是成功、成就、表現品質，而不是體驗的品質。」

但是，如果我們不想成為音樂巨匠或知名藝術家呢？如果我們只想稍微涉獵就好，看看這麼做，會不會改變我們對世界的看法？或是在嘗試學習時就能有所改變？如果我們只是想要享受做這些事的感覺呢[69]？

對於講究單一頂尖表現的世代來說，追求自己不擅長事物的想法，似乎顯得任性且不正當。李歐納（George Leonard）在他的著作《精進之道》（*Mastery*）中對「半吊子」警告道[70]：「那些喜歡把儀式規矩帶進來的人，蔚為一股勢力。」他說：「半吊子必須把自己想成是冒險家，是新奇事物的鑑賞家，但是他也可能更接近榮格稱呼的永恆少年。」罪如其判，驗證無誤！

心理學家在過去好幾十年來已指出，在過於嚴苛的自我評估和必須持續表現自己最好一面的社會壓力下，自我報告完美主義（self-reported perfectionism）蓬勃興起[71]。他們也認為，在社會變得更加個人主義和競爭時，這旁支分流很有可能帶來傷害。正如一位心理醫生這麼形容[72]：「我們過分重視表現，而低估了自我。」我們害怕自己只是個沒有特殊長才的平凡人[73]。

這是一種陷阱。法學家吳修銘（Tim Wu）寫道：「只允許自己做自己擅長的事情，將會把自己困在由自我評斷（而非鐵條）做成的籠子裡。」

英國作家歐威爾看待自由的方式，提醒了我們，所謂的自由是擁有「在空閒時間做你喜歡的事情[74]」的權利。他認為，你應該能夠選擇想要的休閒方式，而「不是讓他人幫你選擇」。讓其他人對於「表現」的想法，阻礙你自己去嘗試某些事情，就意味著交出了你的自由。

這種追求專業技能和表現的信仰動搖了我們的信心，以致於當我們意識不到自己在某方面會是專家的時候，便幾乎會期望自己可以把這件事，交給某個是專家的人來做。像是西洋棋這件事，有這樣的想法或許還不算糟。但是即使是面對我們可能知道怎麼做，或是可以輕鬆自學而成的事情，這種想法還是會出現。有段期間，我的電子郵件收件匣充滿了針對我女兒為目標的各種課程推銷。這當中包括了「學習如何騎腳踏車」的訓練營，課程當中「富有經驗的教練」會教小孩子如何騎腳踏車。我的疑問當下湧了上來：我自己的方法（幫她從後面一推，大喊：「踩踏板！」）還不夠格嗎？某間百貨公司有一則「綁鞋帶診所」，針對小孩為目標的廣告鼓吹著：「交給專家達人來做吧。」我是專家指導的死忠信仰者，但是這裡談的是綁鞋帶耶！可惜，即使是在這件事情上頭，不安全感還是得以偷偷潛進來。同樣的，網路就是要來打擊我們的權威。「你這一輩子綁鞋帶的方式都錯了。」某篇典型的文章如此宣稱著。

我沒有要抵制高超的技能。誰會不想置身在專家達人當中？但是技能精通也有可能成為一個閉鎖的系統。約莫十年前，我參加了公路自行車競賽。我那時候的生活很需要像這樣的事情，能帶給我健康、冒險感，以及一個和工作無關的新穎社交圈。

你或許覺得，大人要學騎自行車會有一個學習曲線，但是接下來，你發現自己夾在一大車隊當中，每次只能以幾英寸的速度前進，以免頂到前面車手的後車輪；或是以時速五十英里的速度踩著塑膠製自行車蹦跳著騎下山坡，身上的衣服只比睡衣多一些。我犯過各式各樣菜鳥會犯的錯誤，也很幸運地沒有受到嚴重的傷害。

但是這些錯誤都開始消失了。我的技術變得更好，騎得也更快了。我開始參加比賽，能力也升級了。我試著表現出「專家」的姿態，這些感覺都棒極了！騎自行車成為我生活中「錦上添花」的那朵花，騎在自行車上近五千個小時，自己獲得了不少精湛的技能。

然而，我放在騎自行車這件事上的時間愈多，需要些什麼的情勢似乎也愈加頻繁，包括更多的訓練時間、更辛苦的努力、更多的昂貴裝備。本來是讓我的生活更豐富多彩的事情，變成了最耗費時間的事情。騎在自行車上頭，我感覺的樂趣不再那麼多了。同行車隊的速度只是愈來愈快，他們吸納近乎受虐狂的快樂，不會停下來喝咖啡、吃點心。談的話題多半都是各種關於簡樸、流行的養生法。我盯著自行車手把上碼錶的時間，似乎也和瀏覽周遭風景的時間一樣多。這一切突然讓我感覺到自己像是在工作，表現檢討、同儕壓力、期限，以及全心專注在結果上頭。我開始覺得自己有點被困在一種認同，和一連串的期待之中。

當我開始擴展自己新追求的目標時，突然有種自由感（我要說明，自己仍然喜愛騎自行車，我只是覺得我們需要開始認識不同的人）。賈伯斯在被蘋果解雇之後寫道[75]：「功成名就的沉重感被再度成為菜鳥的輕盈感取代，對於一切事情少了一種確定感。」他很快便沉浸在創意強烈爆發的時期。

我並不是建議你辭去工作。我要說的，是即使是你喜愛的事情也可能會開始約束、局限你。

我也不是因為對工作缺乏成就感，或是為了要在工作上讓自己重新充電，才想要學習新東西，這兩種目標才是「閒暇時間」應該達成的功能。事實上我熱愛我的工作，喜歡到從來不曾覺得自己在工作之外，還需要做些什麼的程度。

正如同邱吉爾在他那本討喜的小書《畫以遣心》（*Painting as a Pastime*）中寫下的一樣[76]：「那些樂在工作之輩，可能最需要不時找到讓心靈驅逐這些想法的辦法出來。」我們深信，這種全心全意的專注是件好事。「我跟隨讓我熱血澎湃的所在。」有誰說過我們只能擁有一種熱情[77]？外頭可能還有哪些新奇的熱情，等著你去發現呢？

”

我們年輕的時候，通常都有自由可以嘗試各種事情，無須擔心自己是不是擅長這些事情。我們會被邀請加入學校合唱團唱歌、畫畫，嘗試各式各樣令人吃驚的運動項目。隨著時間過去（在現代，這時間似乎來得更早），專門化一詞潛了進來，突然之間，一個小孩變成了「藝術小子」、「戲劇小子」或「數學小子」，走在成為一名藝術家、演員或是數學家的道路上。

我們想要相信天才、神童。如同一位針對成功畫家所做的研究，其發起人所提出的，我們其實根本無需在意這種論調，這些未來的專家大師絕大多數都是漸進成長茁壯的。「要去預測一位畫家未來會達成何種成就，是不可能的事情[78]。」研究的發起人指出，學習者需要時間和空間，去珍惜「成長的微小訊息」，嘗試去摸索、接觸這技能，而不是一開始就關心自己做得對不對。如果這些畫家（或是他們的父母）從一開始就追求完美，他們後來就不太可能達到目前的成功境界。

我們在年輕的時候，就開始不斷被告知（我們也開始告訴自己）「沒辦法」做什麼。舉例來說，孩子參與各類運動的比率據說是逐年下降[79]。許多孩子說，他們不認為自己好到可以從事運動，其他孩子則是舉出過度嚴格的練習時間表，或是競爭壓力過大等例子，來說這件事一點都不有趣，偏偏這就是他們一開始被吸引的主要理由。就像是在泥濘行路上的腳印，當印記變得堅實之後，要再改變方向就變得相當困難了。

但是我猜想，我們早期嘗試的事物，即便到後來沒有進一步的發展，卻始終不曾真正離開我們，就跟幻肢疼痛（phantom limbs）一樣。就算歌喉很差，多數人或許每天在洗澡或是開車的時候，多少都會哼唱著一些歌。如果有人要求我的話，我可能還是有辦法在一張紙上重現包含了坦克車、碉堡和整個突擊小隊的複雜戰爭場景，我小時候在線圈裝訂的筆記本上，素描了許許多多這樣的場景。我們的渴望還在那裡，當中甚至還隱含了些許能力。

不過我們的程度很可能也就僅止於此了。當然，我們可以學習如何唱歌或是素描，但是誰有這時間呢？為什麼要冒著困窘和客氣屈就的冒險呢？我們不是應該在那些我們知道自己很擅長的事物上精益求精嗎？我們會問自己那些實用主義的父母，聽到自己的小孩在大學時選擇就讀「具有藝術氣息」的科系時會問的問題：「你以後要拿這學位做什麼用？」

重點就在這裡了：我們還不知道啊！我們本來也就「不應該」知道。

當菜鳥不必看時機

如果說我們生活在一個學習的黃金時代之中，應算是合理。我們每個人透過指尖，即可進入儲藏龐大無比的資料、檔案或訊息的天地。網際網路的興起也使各種學習機會大量出現。像是「可汗學院」線上機構就提出了「你可以學習到幾乎所有的事情，這些全是免費」的保證。線上開放課程機構Coursera的智慧手機應用程式給了我們一個管道，讓我們「在通勤、午茶休息或是一天中其他安靜的時刻，都能輕鬆學習」。「技能分享」（Skillshare）線上學習網站承諾我們，「你可以從任何地方學習，明日就在你的手掌中」。

同時間，受到對於全新理解有效學習方法的鼓舞，各種像是「多鄰國」（Duolingo）這種免費語言學習平台也承諾，把一學期分量的語言課程，濃縮成三十四個小時的線上課程。就西洋棋而言，棋手的等級積分普遍都有提升[80]，這是因為他們能透過和更好的對手下棋而學到更多，無論是真人對手或是虛擬對手、在線上平台或是跟隨國際大師進行Skype課程對戰。

YouTube上面的各種教導指南影片多如宇宙辰星（根據某個人檢視，這些影片數量至少有一億三千五百萬則），從如何自製刀具，到如何烹煮海豹肉無所不有。你可以學習如何煮開水，或是更換衛生紙捲（想出這個的人，臉皮也未免太厚了一些）。很多人會喜歡講述一大堆關於某某人（很多時候都是小孩子）在哪些方面達到不可多得的成就故事，從唱歌劇、跳迴響貝斯電子音樂舞，到奧林匹克運動競賽都有，而這些故事多半都是他們直接複製自己在 YouTube 看到的影片內容而來。正如某個因為執行違法美容手術而被逮捕的傢伙說的[81]：「你想要學的任何東西，幾乎都可以在 YouTube 上免費學到。」

YouTube 的教學影片橫掃千軍，實際上也幫助創造出像是魔術方塊競賽（Rubik's）等領域。在這當中，透過傳播技術廣泛散播的大幅幫助，解出答案需要的次數大幅降低了[82]。這在歷史上可說是絕無僅有的時刻，也保證了在世界任何角落的每一個人都有希望學到任何想學的事物，無須花費大筆金錢或千里跋涉，也不需要擔心自己可能在眾人面前失敗而尷尬。

不過，面對面學習也有大幅增長的趨勢。如「課程驛馬」（CourseHorse）和「派司課程」（ClassPass）等網站就提供了各種課程學習的市場，這等於是長期貼在咖啡店布告板上，關於吉他或西班牙文課程廣告的線上版本。像是波特蘭的 ADX 和芝加哥的「失傳藝術」（Lost Arts）等創作空間，提供人們空間和工具，讓他們自由摸索各種重大機械，還可以尋求左鄰右舍的建議和幫助。在開設「失傳藝術」之前，也是群眾募資網站 Kickstarter 共同創辦人的艾德勒（Charles Adler）告訴我，「失傳藝術」的名稱不是要人往後回顧，而是要抓住「在自我發現當中忘卻自己」的機會。

艾德勒是從試著打造家具來放置他的 DJ 裝備的經驗中，得到了動力。他有點子，卻又像許多菜鳥一樣苦苦思考掙扎著，要如何走到下一步。他說：「我那時需要的，是知道工具如何使用的臨時入門知識，以及一位指引我的導師。」

他找不到自己所需要的，便乾脆自行創造出來。在我住家的社區裡，就有許多像是「布魯克林來燒腦」（Brooklyn Brainery）的地方，提供價格實惠、由有技能的群眾開課讓人學習，課程從蠟染入門到生物科技速成課都有。英格蘭的「指南學院」（How To Academy）也提供類似的課程：「無論你是不是想要花一個早上的時間打造出一輛腳踏車、利用週末拍出一部電影，或是開始自己的線上生意，我們都有專家來幫助你讓點子成真。」

你們或許在想：不是每個人都有閒錢（或有閒暇）來學習新東西。沒錯，教練和課程費用都可能很昂貴；另一方面，這有時候卻只需花不到一頓飯的費用。還有，許多線上課程都是免費的。這或許不是最有效益的學習方法，但是就費用來看，絕對物超所值。

說到時間，只要你把花在「網飛」（Netflix）追劇的時間，移到任何你感興趣的技能上，我願意打賭絕對都會有所精進的。儘管我們不斷宣稱自己愈來愈忙，時間使用的數據卻顯示[83]，大部分的人目前有的休閒時間跟以往沒有多大不同。舉一點來說，我們的智慧型手機吃掉了一天當中的很多小時，而讓我們感覺到自己變忙了。

行程安排眾多的父母親可能會抗議，自己忙著照顧小孩，哪來的時間學新事物。那麼，親子為何不一起學東西呢？有很多技能（像是彈吉他、做麵包、摺紙）都會讓成年人在剛開始的時候，跟小孩子一樣摸不著頭緒。學習新技能在各種層面上，都能讓親子的關係更加親近，也開啟一扇迷人的窗戶讓父母觀察孩子的成長過程。

這些過程都可能在最令人意想不到的地方發生。當我的女兒開始玩很受歡迎的電動遊戲《要塞英雄》（Fortnite）的時候，我第一個直覺反應是要當立場超然、謹慎的父親，嚴格監管她玩這遊戲的時間。但是接著，受到這遊戲的複雜度和似乎能引發出來的熱情啟發，我開始加入她和她朋友不時組成的凶狠突擊陣營。身為一名要塞英雄的「機器人」（或者說新手，我打扮樸素的化身是如此標記的），我有一大堆要學習的事物。「去搶那把傳說中的突擊步槍！」她的朋友會透過耳機這麼嚷著：「朝嘖嘖沼澤前進！」

再清楚不過的刺激感很能震撼人心，難怪會有人說動作類電動遊戲可以增加你的感知能力[84]。我就被震撼得不知所措，在我請求隊友對我多點耐心的時候，我突然明白到我們的角色被轉換了過來。通常，我是那個要一步一步帶著女兒做完數學練習題，在她陷入某些困難時（雖然在我看來，是再明白不過的題目），試著要她不要感到沮喪。當某個十來歲的小孩懷疑地質問我，怎麼沒像個戰鬥狂一樣建造防護牆的時候，換成我陷入她之前的情況……呃，因為我不知道怎麼做啊！

你的孩子有可能短暫地成為你的老師，有些事情要比教導更能讓學習扎實。有時候，我自己在線上下西洋棋、面對棘手的殘局時，我會尋求女兒的建議。她會大步走過來，臉上擺出赫然發現的權威感檢視著棋盤。我告訴她我的想法時，她會斥責說：「你不會想要這麼早就以棋換棋。」然後才告訴我更好的走法。身為孩子，她精明地用這「建議」來換取更多玩「要塞英雄」的時間。

跟你的孩子一起學習，也可以幫助忙碌的父母，解決一個永無休止的問題：照料。我初次告訴妻子，自己寫這本書背後的計畫時，我幾乎可以清楚聽見妻子眨也不眨的眼睛後面在盤算什麼：「呃，當你出去學唱歌和衝浪時，誰要在家當父母，管教小孩呢？」這問題挺公平的。要當玩票性質的行家是一回事，但要當遊手好閒的人又是另一回事了。

但是她很快就開心發現到，我和女兒一起分享著衝浪或是西洋棋等嗜好，意味著我們會整天待在外頭某個海灘上，或是某個西洋棋錦標賽裡。在我們從這類的活動回到家之後，我的妻子會高興地告訴我，她穿著睡衣把一整本書看完了，或是她獨自出去冥想兼散步很久的時間。對忙碌的父母親來說，這些禮物要比任何買得到的東西還要珍貴太多了。

親子共學可以幫助反轉摩擦嫌隙的潛在來源（像是分配休閒時間等），變成雙贏的局面。原本可能是爸爸試著溜出去上一堂快速的衝浪課，突然之間，這變成了讓人珍惜的家庭例行活動。當我女兒參加青少年的田徑俱樂部之後，我自己也開始把原本會是枯坐等她結束的時間拿來跑步。我是這樣想的：如果你必須擊敗他們，就先加入他們。就這樣，我無意間克服了一個從許多研究觀察得出的潛在性有害互動[85]：父親陪伴女兒的時間，通常比陪伴兒子的時間少，尤其是在所謂的「成就時刻」（achievement time），也就是在那些幫助孩子發展「人力資本」的事情上。

”

你們或許正在想：「啊，只怕為時已晚。」胡說！我們終其一生都在持續學習。任何年齡都可以有所進步。即使是那些尋找認知衰退訊息的研究，也提醒我們練習效應的現象可以擺脫這些結果。當實驗目標接受相同的測試兩次時，他們的表現進步了，這就是練習效應發生了作用。對心理學家來說，這可能是方法論的問題，但是對我們其他人來說這是很棒的消息，因為我們變得更好了。

「我仍然堅信只要自己持續，就可以更進步[86]。」歌手東尼班奈特（Tony Bennett）在二〇一六年的九十高齡時這麼說道。他在完成了一個歌手基本上能成就的所有事情之後，最近開始學習彈爵士鋼琴（他在幾十年前就拿起畫筆學繪畫了）。他想要更深入了解爵士鋼琴。就算一開始的時候會很笨拙，但是還有什麼比親自嘗試還能更體會珍惜某件事情呢？

我們一度深信成年人的大腦已經是無可救藥的「固定不變[87]」，但是現在成年人的大腦比以往認為的更有可塑性。同時間，在美國和其他地方的人類壽命增長之際，「有創意的老化[88]」運動嘗試宣導，中高年紀的熟齡族有「產能和創意的潛力」。

當我在達拉斯見到派克的時候，她正在進行一項已經長期努力的「達拉斯市民壽命和大腦功能研究」。這計畫的一部分，是讓一組熟齡市民參加數位攝影或是拼布被的課程，另一組熟齡市民就只是彼此聚會聊天。參加課程的熟齡市民組在各種認知區域中有長足的進步，範圍從事件記憶到處理速度都有。這不是說獨自學習不好，或是單純社交聊天讓心智麻木，而是指有學習的人的大腦裡某些地方，看起來發揮了最佳的效果。

派克說：「在這些人選擇的學習活動中，大腦這些地方幫助了每個人以自己的速度處理，就算你做得很糟也不會明顯。」學習者因為其他人的參與和指導人的挑戰，而顯得更有動力。「他們看見了以前不相信自己能做到的進步。」派克如此說道。

我不能保證這本書能讓你在任何事情上面都很出色，或是能幫助你學好一項專門的技能。但是，除了在終身學習的實驗室裡當隻白老鼠之外，我要讓你們看看一群神經科學家、專業教練和學者，在研究運動技能（以及其他技能）的學習過程所得出的成果，希望讓你們對於自己在學習的某些技能有更多的認識。

你們甚至可以從我自己的努力，以及說不上很罕有的失敗當中，有所收穫。研究指出，比起觀看專家完美無瑕的表現，我們透過觀看其他跟我們同樣程度的人在做同樣的事物時（包括犯的錯和其他事情）可以學到的更多。這是因為專家通常無法解釋他們是怎麼做自己在做的事情，或是記得清楚他們在我們這個學習階段有什麼樣的感覺。

我花時間在錄音室、衝浪營、藝術學校，以及手工藝教室的工作台旁努力學習的時候，我只希望或許你們能從我的奮力摸索和小小的成就當中，看見你們在自己的旅程中經歷的事實，進而產生新的領悟。也或者，你們甚至有可能受到鼓舞，而去學習自己一直以來就想嘗試的事物。

全世界的菜鳥，讓我們團結起來！我們只會愈來愈好。

第二章

學習如何學習

說到當個很棒的新手，
我們可以從嬰幼兒身上學到什麼？

嬰幼兒是學習機器

在我準備好縱身躍入菜鳥的世界時，我覺得自己像一隻菜鳥界的菜鳥，就是跟嬰幼兒起步一樣，這聽來頗有一番道理。

嬰幼兒尖聲哭叫著來到這個充滿了強光、密集以各種聲音和氣味猛烈轟炸，還有嚇死人的重力作用不斷拉扯的世界，但他們可以做任何事情的能力幾乎可說是零。我想，如果連他們都能成功，我也應該可以。一個春日早晨，我前往美國境內一個認識嬰幼兒行為的好場所，也就是紐約大學神經醫學中心四樓的嬰幼兒行動實驗室，很幸運的，只在離我家一趟地鐵的距離之內。

在那裡，我觀看著一個喜歡社交的十五個月大女嬰莉莉，不屈不撓地適應自己的體重才又增加了百分之十五的事實。儘管她純真的小臉一臉困惑，她仍然穩定地緩慢走在一張裝有測量儀錶、對壓力反應靈敏的墊子上，朝著她滿臉笑容一路勸誘著的母親前進，母親的手裡還拿著一把早餐燕麥。你可以說這是科學的一小步，卻也是一個肚子飢餓的嬰幼兒的一大步。

莉莉被穿上了雪衣，雪衣裡面的填充料多數已被事先拿掉、再裝上砝碼。表面上，她看起來像是在進行什麼嬰幼兒體能訓練，事實卻不是如此。實驗室裡的研究員瑞克瓦尼（Jennifer Rachwani）對我解釋，這個目的是要明白當嬰幼兒走路需要「格外費力」的時候，他們會如何回應。這個額外的重量如何影響他們走路的姿勢？這會改變他們朝玩具或母親走過去的意願嗎？

這件「外套」已經調整到童話故事「金髮姑娘」的完美程度：你得要把重量調整到剛好能讓嬰幼兒必須調整行為的程度。舉例來說，當砝碼整個放到他們的腳踝周遭，而不是平均分配到整個外套時，嬰幼兒會直接就坐下來。

在這名稱巧妙的行動實驗室裡（即便這裡看起來像是坐落在學術叢林裡，有軟墊鋪成的牆、防汙功能的地毯，以及少量的玩具），嬰幼兒爬下陡峭的坡道、搖搖晃晃地朝陡峭的斜坡走去、猶豫地走過可調節的走道上的大空隙，還有沒完沒了的蹦跳嬉戲。他們在研究人員留心的注視下進行這一切活動，研究人員在另一間房間坐著，橫過筆記本和桌上的沙拉，小心監看著錄影機的螢幕。

這整個嬰幼兒障礙訓練場（毋須擔心，沒有人受傷）的重點，是要明白嬰幼兒如何獲得一生中最重大的綜合技能之一：移動性。他們在什麼時候學習爬行或是走路？他們是怎麼具體做出來的？以及他們選擇把自己剛發現的技能用在什麼地方？

實驗室負責人阿道夫（Karen Adolph）令人寬心的聲音下，隱藏著一絲幽默感。經過多年的觀察，她學到很多關於嬰幼兒如何四處走動的相關知識。每一個小時，剛學會走路的幼兒（從十二到十九個月）可以走大約八個足球場的距離，大約兩千四百步。這要比美國成年人平均一小時走的步數還要多[1]，而這一小時當中有百分之三十的時間貢獻在移動上。幼兒走路時會分散成一百六十次個別的回合，有幾個回合甚至只走了一兩步[2]。他們會迂迴前進、也會往回走，如阿道夫記下來的，有時候「會用同一隻腳走好幾步」。這些剛學會走路的幼兒常常會抓著某些東西前進，即便這只會讓他們走得更吃力，一個小時裡面就有三十八次[3]。

當然，在幼兒學會走路之前，基本上也很難靜止不動。如阿道夫描述的，他們會「拖、拉、提、推自己的身體」。他們會用各種姿勢爬行[4]。大略地說，他們有五分之一會坐著「用屁股前進」，沒錯，這是個專有名詞。

有一個存在已久的假設是這麼說的，幼兒總是會走向某個事物，例如親切的照顧者、吸引人的玩具。有時候，他們的確是會如此。但是行動實驗室的研究顯示，幼兒走路例子的絕大多數似乎並不真的是朝一個明顯的特定方向前進。幼兒會走到適當的位置，也會莫名其妙地停下來，他們時常跌跌撞撞地意外走到有趣的事物或是目的地。眼動追蹤軟體顯示了，幼兒開始走動的時候，眼睛很少朝著特定的目標看過去[5]。

令人好奇的是，有個實驗顯示，一間空蕩蕩的房間會吸引幼兒在其中走動的機會，與一間到處都是玩具的房間的機率相同。移動性似乎就是幼兒本身的報酬[6]。

根據阿道夫的估計，幼兒在走了大約二千六百萬步（大約六個月的時間）之後，對走路這回事就會很熟悉（他們要一直到五歲到七歲之間，才能走得跟成年人一般流暢[7]）。在這段期間，他們會因為走不穩而倒下來，次數相當頻繁。幼兒大約每小時跌倒七十次[8]。剛學走路的菜鳥則是幾乎每一步都得掙扎著求平衡，步伐搖晃有如科學怪人，步伐的寬度比長度還來得大，平均半小時最高可摔倒三十次。阿道夫有一個實驗目標相當倒楣，這幼兒在一個小時之內撞上了書桌七次。

這些跌跤多數來說，跌得都不錯。幼兒本來就是設計要撞到地面上的。阿道夫說：「他們的肌肉很鬆，身體也圓滾滾的，很有彈性也很柔軟。」就如一輛現代的汽車，他們有防撞緩衝區和氣囊來抵消撞擊的物理學。「我可以讓你看看一些關於嬰幼兒跌倒的優美影片。」她在辦公室裡興奮地這麼告訴我：「他們真的很容易恍惚。當他們跌倒時，就像是一片優雅的葉子。」

在阿道夫眼裡，嬰幼兒屬於終極的菜鳥。他們對於像是坐下等最平凡的事情全然陌生，充滿挑戰性。光是坐下這個動作，就需要好幾個星期的練習和不斷地校正[9]。

他們即使坐著不動，仍會些微地搖晃，就像感恩節遊行花車上的漂浮物，總在尋求完美的平衡。

幸運地，他們處在一個完美的學習環境。阿道夫說：「他們可以說是萬事俱備，有強烈的動機學習新事物，成為世界的一份子。幾乎沒有任何東西可以阻止他們。」跟成年人不一樣的是，他們對自己的錯誤不會接受負面的回饋（真要說的話，他們的錯誤只會造成父母親慷慨的注意力），他們也很少會受傷。

他們可以犯錯的能力以及讓每個人包含這一點，是他們因此可以變好的關鍵部分。嬰幼兒是學習的機器[10]，擁有持續的好奇心，心理上被設計來裝載錯誤。他們一天要走一萬四千步，其中的失敗率足以讓一個成年人菜鳥在學習一樣技能的時候沮喪不已，也有可能變得萬念俱灰。

阿道夫說：「我們沒有彈性、不會恍神也沒有圓嘟嘟的身形；我們的骨頭很易碎，跌倒會帶來很多糟糕的後果。」然而，我們還是會跌倒。根據職場安全健康管理部門的說法，職場跌倒傷害賠償光在美國就花了七百億美元。可以預防員工跌倒的方法之一，是讓工作環境變得更安全。但是我們可以教會人不要跌倒嗎？

我們從嬰幼兒身上學到，學習不要跌倒其實跟跌倒有關。因此你要怎麼安全地做到這一點？UPS等公司使用一個「滑動模擬器」，把受訓者綁上背帶，然後直立站在一個會隨機造成混亂的表面上。員工學習到動力學，而不是坐著聆聽關於職場跌倒的演講，意思也就是他們透過身體來練習如何避免跌倒。已經部署科技裝備來降低員工發生跌倒次數的公司企業，其實真得要把功勞歸功給科技。

跌倒可以帶來危險，因此熟齡族面臨的問題之一，就是我們終其一生都盡可能試著不要讓自己跌倒，也因為如此，我們疏於練習。我們變成了「跌倒菜鳥」，這在年老階段中的風險可說極其之高。

也因此，「成年人跑酷」（adult parkour）極限運動和為銀髮族開設的「學習如何跌倒」課程興起了[11]。這些課堂不僅教人躲開跌倒，也告訴學員跌倒的最好方式是什麼。這讓我們彷彿再度成為了菜鳥，回到最早期的自我，尋求勇氣。

如果嬰幼兒沒有可以承受一次次跌倒的能力，那麼他們還願意學習走路嗎？我們還能夠毅然決然地持續嘗試學習某樣看起來難以捉摸的事物嗎？

走路也是一種學習

新手學走路的高失敗率，帶來了一個很有趣的問題。正如阿道夫所寫的[12]：「為什麼專業級的爬行者會捨棄一個推測上（花了他們好幾個月才精通）想必很穩定的四足姿勢，就只為了以一種不穩定的直立姿勢前進，而這當中還無法避免跌倒呢？」

她還補充：「為什麼孩子會放棄已經發展良好的生存技能，而笨拙地學習新技能？」這大問題的答案，我們還無法得知。或許他們就只是單純地，想要做圍繞在他們身邊這些身形更巨大的人所做的事情吧！

然而，就算他們走得再糟糕，也會有立即的報酬。這是我們成年人菜鳥在仔細思考該不該離開舒適圈，大步邁向學習技能的路上會出現的失敗荊棘時，應該好好思量的。

阿道夫說：「嬰幼兒在開始跌跌撞撞走路的第一個星期時，要比他們在過去二十一個星期的爬行速度還要快速。」嬰幼兒現在走的距離要比以前還要增加了三倍。她說：「突然之間，你的小孩就離開了你的視線之內。還會跑到廚房去，把某樣東西給拉了下來。」

儘管他們這些走路菜鳥還是不時跌倒，後來才發現他們（在調整活動量）跌倒的次數，跟之前爬行時跌倒的次數沒有多少變化。那麼，何不走路呢？這個新技能帶來各種好處。這讓他們的雙手得以自由，這讓他們在視線之內可以看見更多的事物[13]。這幫助他們獲得「社交能力[14]」（social agency），也讓他們對於周遭環境享有一種控制[15]。比起嬰幼兒還在爬行的時候，父母親對學步中的嬰幼兒說話態度甚至也不同，他們開始說「不行」、「不可以」的機率比以前更多了[16]，這或許也不是什麼讓人驚訝的事。

對嬰幼兒來說，移動性不只是一件需要學習的事情。這件事情會自我學習。舉例來說，比起自己爬行或走路的嬰幼兒，被大人抱在懷裡（或背著）的嬰幼兒對周遭環境的認識就較少[17]。阿道夫說[18]：「你無法自動獲得知覺性的訊息，還得做些什麼。」

她也說，走路在技能與經驗的關係要比年齡更加緊密。因為，你走得愈多，自然走得愈好。一個老是四處走動的十一個月大嬰幼兒，要比一個不情願走路的十個月大的嬰幼兒還能走得更穩。什麼時候是重要的里程碑，我們對於這點知道得並不如自己以為得清楚。有些嬰幼兒很早就會走路，有些則是很晚才會走路，有些會跳過爬行的階段，有些在開始走路之後沒過幾天又回復到爬行的狀態。

我自己的女兒一直等到十七個月大的時候才開始走路，把我跟我妻子嚇得上網查詢一番。或許她覺得在我們這間在布魯克林的溫馨公寓裡，爬行是她唯一需要的移動技能吧。雖說如此，身為焦慮的父母親，即便她還尚未準備好，我們早已經準備著了。

走路原本被認為不過是另一個里程碑，這個「神經肌肉適應」的階段就這麼神奇地出現了[19]。但是，嬰幼兒是會學習走路的[20]。我們只是沒有「教導」他們走路，不表示他們沒有在學習。阿道夫告訴我，在托兒所的嬰幼兒容易較早學會走路（如果你不去拿那個玩具，別人就會搶先拿走了）。在某些文化裡，人們很重視走路這件事，也很勤於讓嬰幼兒練習，就像西方父母可能用莫扎特音樂或是常見字彙來轟炸小孩。

畢竟，那股推動力原本就在那裡了。嬰幼兒還沒出生之前，就已經不斷移動著雙腳了。當你把嬰幼兒舉起來，讓他的雙腳碰觸到地板上時，他會開始大步走，那樣子挺滑稽的。新生兒的「踏步反射」（stepping reflex）通常在第八週左右就會消失。這走路的雛形很快就會被嬰幼兒「忘卻」，這是因為正如一個著名理論提出的：嬰幼兒在成長爆發期時，兩條腿變得過於沉重，因此不值得他們這麼做。

在一九七〇年代早期，心理學家澤拉佐（Philiph Zelazo）就很好奇這個動作能不能被保留下來，因此開始每天訓練他那時已好幾個月大的兒子，做出踏步反射的動作。澤拉佐後來公布結果，他的兒子在七個半月大的時候開始走路，比一般的幼兒還要早許多。澤拉佐的兒子長大之後也成為發展心理學家，阿道夫就開玩笑說：「我每次在會議上見到他時，都會多少看看他走路的樣子。」不管是不是天才，他走路時似乎沒有任何明顯的派頭。

在其他文化裡，例如巴拉圭的亞契原住民屬於游牧覓食的社會，時常在濃密危險的森林裡移動，大人需要時常背著孩子前進，因此幼兒傳統上要一直等到二十三到二十五個月大才會開始走路。

延遲走路會傷害到他們嗎？阿道夫說：「『長期來說並不會，那些亞契原住民在八歲的年紀就會使用開山刀、爬棕櫚樹。』多數的科學研究似乎也歸納出，那些在早期就達到運動技能里程碑（轉折點）的孩童，到後來並沒有變得更加厲害[21]，我那很晚才學會走路的女兒，也長成一個相當有運動細胞的青少女。各種年齡層的菜鳥從這裡可以學到一課：我們每一個人根據稍有差異的時程表開始學習了一樣技能，但是隨著時間過去（假設我們投入同樣的時間練習），我們基本上都會跟上彼此的進度。

就如學習任何一樣技能相同，嬰幼兒似乎會「學習如何學習」。這個詞彙是由著名的發展心理學家哈洛（Harry Harlow）創造的，他從在猴子的測試中發現，當他給猴子愈多的測試（或者說學習心向），牠們似乎做得愈好。牠們學習如何處理新資訊的速度也更加快速。

相同地，在行動實驗室裡一系列的實驗裡，嬰幼兒被放置在各種新奇的情況中，例如獲得滑下斜坡的機會。研究人員觀察到一個驚人的模式。嬰幼兒注視著嚇人的三十六度斜坡，他們會跟會意的爬行幼兒一樣主動避開，或至少小心地接近，慢慢地理解出一個自己可能下得去的方法。

然而，剛學會走路的幼兒則會無掛慮地衝下斜坡，或是慢慢走下斜坡，最後的結果，通常是落入受過訓練的實現對象出手相救的懷抱裡。

阿道夫說：「剛學走路的菜鳥會嘗試大斜坡，這些嬰幼兒表現得彷彿不知道自己能力的限制在哪裡一樣。」她也說，倒不是他們看不到這大斜坡，或是這斜坡潛在的危險。「我們做過實驗，母親會告訴他們：『不行！看看那個斜坡！』不過孩子就只是一副『我不知道你為什麼要大吼，看起來很好啊』的樣子。」她接著模仿孩子，把兩手啪地合在一起，說：「啪嗒！」

「嬰幼兒並不是不做考慮，他們就只是不知道。」她補充道。

不過，嬰幼兒在爬行的經驗中不是已經學到斜坡的困難度，以及潛在的危險嗎？還有那些「學習如何學習」的事情又是怎麼回事呢？表面看起來，這顯得令人困惑，即使是阿道夫也不例外。「他們的認知發展還不足以把這當中的關係連結起來嗎？他們有專心學習到他們才剛把斜坡擦乾淨了嗎？」

阿道夫指出，嬰幼兒是在同樣的「問題空間」範圍裡，學習如何學習。爬行是一個問題。走路則完全是另一個問題。他們蒐集資訊的方式也因此不同。舉例來說，他們的視野突然提高了，牽涉到的肌肉也不一樣了，當動作不一樣時，需要的平衡也不同了。還沒有任何證據證明，任何爬行技巧能「轉移」到走路的行為上。

如阿道夫指出的，嬰幼兒現在的身體也不同了。嬰幼兒以連續爆發性的驚人速度成長，據報告他們每次睡醒時幾乎又長高了一英寸[22]。他們的頭圍可以在一夜之間增加將近三分之一英寸。

不管嬰幼兒在爬行時學到什麼技巧，都無法在他們走路時派上用場。阿道夫說：「你得利用現階段的身體，學習移動。」所以他們必須再次重新學習，再次變成菜鳥。如阿道夫注意到的，「這過程不會比第二次或是第三次快上許多[23]」。

不過，把這些好不容易努力學到的知識保存下來，不是會很有用處嗎？阿道夫搖搖頭。她說，嬰幼兒不想要學習「固定的關聯性」，他們也不應該如此做。「為什麼我應該學到一個十五公分高的斜坡是危險的？」阿道夫說：「我到下個星期就會走得更好了，也長高了啊！」那斜坡就不會如此危險了。

換句話說，他們在學習的是今日的世界，不是昨天的世界。這世界持續在改變，因此嬰幼兒也持續改變他們對問題的解決辦法。奇妙的是，他們似乎也往往不會從先前犯的許多錯中，學習到多少教訓。有一個案例是這樣的，參與阿道夫研究的其中一個幼兒在家裡從樓梯跌了下來，被送到了急診室。幾天過後，這幼兒回到實驗室，在斜坡上立刻又俯衝而下。

如果能因此對突如其來的墜落感到害怕，不是一件好事嗎？「你不會想要一個幼兒學到『不要這麼做，你會跌倒』。」阿道夫這麼告訴我：「因為他們總是會跌倒。」所以說，如果他們跌倒了，他們不會去分析，就是直接再站起來。她問我：「如果你是個幼兒，你應該要從這些摔倒當中學到什麼呢？沒有人會想要讓幼兒學到自己停止嘗試的。」

幼兒持續面對新的常態，關於「哪些有用哪些沒用」的規則沒有多大用處。阿道夫說：「對幼兒來說，他們大多數時候嘗試的事情，都是以前沒做過的。」

身為終極菜鳥，他們需要一種學習方式，也就是學習如何學習。這過程當中必須既要靈活、能從探索中得到驅動力，還要能讓他們適應新狀況，容許他們犯下一大堆表面似乎沒有特別原因的錯誤。他們會經歷一次次的跌倒摔跤，慢慢地直到他們的大腦和身體理解出要如何在各種狀況下都不再摔倒為止。

”嬰幼兒活在我們可稱之為「菜鳥信條」當中：如果不學習跌倒，你在學習的路上就會跌倒。

身為菜鳥一族，我們可以從嬰幼兒身上學到其他一些重要的功課，畢竟你我曾經一度也是幼兒。在我們進入「成年人學習新事物」的世界之前，讓我們思考這些事情：

一、**我們都擁有可以開啟的潛能**。在出生八星期左右之後，新生兒即喪失了與生俱來的「踏步」衝動。事實真的是如此嗎？你把嬰幼兒放入水中，他們又開始踩著大步前進了。這能力一直都在，他們只需要決定（或是受到鼓勵）去使用。

二、**技能是需要時間養成的**。嬰幼兒一天大約要花三分之一的時間練習走路，如此持續六個月的時間（這樣還是不會到完美的程度，得等到好幾年之後才會完全純熟）。當你下次苦惱自己每星期花了一個小時，打網球連發球都有問題，或是懷疑自己畫雲朵的能力時，想想這一點吧！大家說像幼兒一樣一步步來，是真有一番道理的。

三、**失敗是學習的核心部分**。我們傾向記住嬰幼兒達到里程碑時的成就（例如第一次開始走路的那一天），以及忘記在那之前許許多多的跌倒。在每一個精采片段後面，是集錯誤大成的補充鏡頭。

四、**改變你的練習**。過去幾十年的學習科學當中有一項關鍵發現，就是現在所知的「變異練習[24]」（variable practice，或稱開放練習）能帶來的好處。

當我們練習不同技能時（不是採取長時間重複訓練同樣技能），我們練習的表現時常會出現更多的錯誤，但是長時間來看，能力是有變好的。這是因為我們必須更加努力，去記住不同的練習和解決的方法，在執行時就會更加出色。不管有意或無意，嬰幼兒在學習走路時，也會採取這種方式。他們不會像受訓般一再重複走長長直直的路徑，而是隨機走動，過程中不時停下來，再開始走，路線的模式不同，姿勢也不同，還會試著走不同的路面和環境。總之，他們走路的模式和姿勢絕不會相同[25]。

這是一件好事。你不會只想教一個幼兒用「一個適當的方式」走路，因為如此一來他就必須步伐一致地不斷重複。說到學習，多樣性才是關鍵[26]。乍看之下顯得笨拙或是隨機的行為，只不過是菜鳥在探索一套可能的解決方法，這在提升學習更快速上似乎有所幫助。

五、你的進步可能不是直線的。學習是在間歇中發生的，各個階段不過是粗略的基準罷了。進展並不會總是一致地昂首闊步朝一個方向前進。幼兒有可能在學著走路，然後短暫地回復到爬行的階段。

進步常常是「U型」的[27]，意思是孩童（和成年人）在變得更好之前，也可能表現得更糟。舉例來說，孩童開始學習英文文法規則的時候，往往會急於「過度應用」他們新學到（卻尚未完整）的知識。他們以前適當稱呼「兩隻腳」（feet）的字眼，現在則說成「腳的複數」（foots）。這麼說吧，他們在身體發育方面會暫時領先心智，不過他們的心智後來會趕上來的。

六、技能很少能被轉移[28]。爬行的幼兒似乎無法把在這時期學到的東西，帶進學走路的時期，這並不罕見。在任何年齡的技能學習傾向明確的目標。你或許會以為，在實驗測試中能夠在搖擺不定的平台上穩穩站立的人，在爬梯子測試裡一樣會表現良好，因為這兩樣技能都牽涉到平衡。但是，超過半世紀的研究發現到，各種技能之間幾乎不存在所謂的關聯性。如果你在某方面的技能很厲害，也不會因此讓你在另一項技能上自動享有優勢[29]。

七、永遠都要超越不可能。阿道夫已經注意到，小小孩似乎在「接近自己現有能力極限」的時候，表現得最好。在「可能發展區」，也就是介於他們目前能做到的和他們嘗試達到的之間，他們會尋求任何自己能獲得的協助。記住：如果你覺得事情很容易，你可能就沒有在學習。

八、學習技能可以幫助我們打開新世界。走路的幼兒如何可以在突然間到更多的地方去，做更多的事情，我們應該終其一生把這門功課謹記在心。

九、有目標是一件很棒的事，但更應該隨時注意機會。幼兒學習走路似乎並不是因為受到某個特定目標的啟發，相反的，他們就是隨處移動，在偶然間碰到了有趣的事情。發展心理學家泰倫（Esther Thelen）覺得家庭主婦的生活實在窮極無聊，因此選讀一門課而意外地發現了自己的事業，也使自己的興趣得以擴展到做果凍和看《芝麻街》之外的世界[30]。她觀察到，我們應該從隨心所欲的幼兒身上獲得啟發，並記住生活的一部分應該是善加利用隨生活而來的各種機會。

在你嘗試學習某樣事情時，不應該忽略了沿路上任何有趣的小插曲。「學習走路」這件事或許沒那麼有目標性，就是單純地揭開「走路」可以讓你領略到的所有好玩的事情和地方。

現在，讓我們來試著學習新東西吧！

第三章

忘掉如何開口唱歌

我不唱歌是因為我很快樂，
我很快樂是因為我唱歌。

——威廉・詹姆士

我們天生就會唱歌

你上一次開口唱歌是什麼時候的事？

如果你跟多數人一樣，那應該會是不久以前的事。我說的不是在卡內基大廳裡獨唱，而是在任何福至心靈的時刻開口唱歌。例如，早上沖澡時的輕唱，俐落走向捷運站時的半呢喃半哼唱，在雜貨店裡的螢光燈天堂輕快唱著，腦海裡揮之不去的霍爾與奧茲樂團歌曲。

我們也不能忘了汽車，因為車裡簡直就是個人音響室*。研究人員推測[1]：「在背景音樂的襯托下

*據報導，人們利用可辨識歌曲的應用程式「音樂神搜」（Shazam）查詢歌名時，絕大多數的時機，都是在車子以每小時三十公里的行進速度下發生的。

開車，可能是人類表現出最普遍的音樂行為了。」

幾乎像是預設程式一樣，汽車成為我們想要唱歌時的最佳場所，尤其是私下或是半私人的情況下。（一份研究報告指出，有好幾個案例顯示，孩子會「強力要求」父母親在車子裡不要跟著音樂唱歌[2]，這聽起來像是摘錄自我個人的真實生活）。大家戲稱的「行動卡拉OK[3]」（Car-aoke），盛行到被研究出可能是一種造成駕駛者開車時分心的來源。

寫出《唱歌的穴居人》（*The Singing Neanderthals*）一書的考古學家米森（Steven Mithen）認為，從演化的觀點來看，我們想要唱歌的渴望似乎「非常奇怪」，但這也確實是我們對音樂更廣義的喜愛。他強調，除了音樂（不是性也不是食物）以外，很少有其他事物會讓人「完全沉醉其中[4]」。

唱歌對我們來說是一件好事[5]，可以促進我們的免疫功能、腦內啡、催產素（所謂的擁抱激素）；可以改善呼吸道功能，降低突發性心臟驟停的風險。透過活化關鍵的纖維束（即迷走神經），唱歌幫助大腦調節心跳率及許多身體功能，也可能反擊抑鬱症[6]。

這麼一件我們頻繁參與，帶給我們莫大喜悅，對我們的身體似乎也有莫大益處的事情，有可能不是經過某種精心設計的嗎？米森認為，人類在音樂上的才能是「嵌入在人類基因之中」。早在人類使用語言之前，我們就會用音高和節奏來胡鬧一番。這在以前是用來和其他人對話、表達情緒和建立社會連結的方法，有趣的是，因唱歌促發的大量催產素，也能幫助我們跟其他人建立關係。米森表示，當語言出現、取代了日常的人際交往溝通的工作量後，歌唱得以聚焦在所有帶來愉悅感的情緒和關係上的事物。

我們唱歌的時候，會唱非常古老的歌曲。當新手父母把嬰幼兒抱在懷裡時，尤其會有這種感覺。你看進孩子的眼睛，不是很確定該拿著這一團還不會說話、不停扭動的喜悅怎麼辦，因此你和諧地發出在此之前不曾表達出的溫柔聲音。也或者，你就是直接開口唱歌了。

畢竟，早在嬰幼兒開口說第一個字之前，這就是他們在做的事情[7]。你可能唱著自己胡謅的歌，或是完全隨機想到的歌（我們就經常演唱牛仔搖籃曲『我的小牛仔』給自己的女兒聽），你就是覺得自己需要這麼做，彷彿某扇最初始的門打了開來，這個久已遺忘的語言，這個（你平常不會在朋友甚至是配偶面前使用的）連結到心底的祕密通道，此刻正閃爍著。

我們無須任何人提醒，就是會自發地用某種特殊的方法（一個我們感到溫暖的本能）唱歌給嬰幼兒聽。在一份關於「嬰幼兒導向的歌唱」研究當中[8]，研究人員請母親先對自己的嬰幼兒唱歌，接著在嬰幼兒不在場的情況下唱同樣的歌。實驗目標會聽著這兩段錄音，就算他們可能不熟悉該首歌的語言，卻仍然能夠分辨出哪一首歌是在嬰幼兒在場的時候錄下來的。

還有一個原因是音頻。父母親唱歌給嬰幼兒時的音頻，會比他們平常唱歌時還要高一些（母親似乎更會刻意地拉高些），嬰幼兒也喜歡他們這麼做（可能是因為這種音高比較不具威脅性）。一個研究顯示，陌生人的聲音只要拉高四度音階，就足以引起嬰幼兒的注意[9]。我們也可以透過微笑拉高自己的音階，這讓我們看起來更加親切[10]。

嬰幼兒不只是欣賞歌唱，他們事實上是在要求聽到歌聲，嬰幼兒喜愛母親唱歌的聲音，勝過說話的聲音[11]。當父親開口唱歌，嬰幼兒也同樣喜歡。在一項研究中，嬰幼兒實際上更偏愛父親的音調[12]。不是因為父親的聲帶比較好，而是因為多數時候都是由母親唱歌給他們聽。嬰幼兒之所以被男性唱歌的聲音所吸引，純粹是因為新奇的緣故*。我算是心有戚戚焉。身為新手父親，我發現自己在許多方面又重回菜鳥身分，倉皇地想要獲得各種奇妙的技能。我知道怎麼唱歌，但是當我想著隱約記得的安眠曲的時候，覺得自己彷彿重拾了一些殘留的技能。

然而，身為菜鳥意味著自己享有某種自由，因為我還沒有背負專業性和他人期望的負擔。一個父親唱歌給他八磅重的女兒聽？多可愛啊！我知不知道全部的歌詞，或是有沒有唱準每一個音，都不要緊。我和我女兒就是兩個業餘人士用這古老的說話，我們的眼睛相互注視著，我們的身體在往上升的荷爾蒙之河裡漂浮著，彼此都是最寬容的聽眾。我用高音頻唱著溫柔的歌，突然間覺得彷彿有個重量從我身上被升舉了起來。我記得那時還納悶著，自己為何不常這麼做呢？

我並不認為自己是天生的聲樂家，或是特別具有音樂細胞。我年輕時候在學校學到的任何音樂理論，多數都已遺忘了。我也沒辦法彈奏任何樂器。撇開以前在朋友的告別單身派對之外（那是在智慧手機出現之前的年代，感謝老天那記憶早已被人忘卻），我不是個天生的表演者，甚至也不曾去唱過卡拉ＯＫ。

我倒是很喜歡在自家屋內、沖澡及開車時唱歌。我的妻子偶爾會告訴我，我有一副「好歌喉」，不過她也謹慎地透露，我有時候會走音。她說，當我不要過分意識到自己在唱歌時，表現就比較好。

可是你怎麼可能對這種完全出於個人自我的行為，不產生自覺呢？這似乎就是在強烈地表達自我啊？我們在長途電話時說的「聽見你的聲音真好」，真正的意思是「聽見你真好」。儘管時間很短暫，父親的身分把我帶回到唱歌的世界裡，不過我也突然想到，自己一直以來其實都會漫無目的地低調唱歌，聽收音機時、在演唱會裡跟著哼唱。如果我試著以更有目標的方法做這件事，又會發生什麼事情呢？

歡迎菜鳥加入

我決定自己需要老師的教導。關於聲帶技巧的書可說多如過江之鯽，很多也頗有洞見，不過這些

＊研究人員也指出，父親的表現通常比母親還要更有自我意識。舉例來說，他們比較會作勢要求用麥克風唱歌，彷彿是為一位孩子以外的聽眾（可能是他們自己）表演。

似乎都是為那些基本上知道自己在做什麼的人所設計的。

網路上也充滿各種教學影片，一海票的人透過如重金屬的吶喊、或是百老匯般飆出胸腔共鳴音，但是毫無疑問地，這些影片的品質有優有劣。跟書本一樣，影片有一個關鍵性的缺點：除了你自己這個外行的以外，沒有人能夠告訴你你做的到底對不對。

「盡情唱吧，猶如無人傾聽。」有句口頭禪是這麼說的。我也很想同意這種精神，但是如果你想要有所成長，有另一副耳朵幫你聽，可說是相當寶貴的。

幸運的，住在紐約市讓我得以接觸到許許多多有音樂天賦的人。網路搜尋顯示，光是在布魯克林一帶似乎就有好幾百名音樂老師。社區內咖啡廳的布告欄上貼滿了聲樂老師的大膽承諾，看起來似乎足可改變你一生：「幫你找到你從不知道自己擁有的金嗓子！」

有一天，我正讀著演員伊森霍克（Ethan Hawke）的簡介，他就住在我住家附近。霍克正在宣傳他的新電影《生為藍調》（*Born to Be Blue*），這是聲名狼藉的著名爵士小喇叭手和聲樂家查特貝克（Chet Baker）的傳記電影。我興味盎然地讀著霍克決定為電影親自錄製的聲樂作品，還請了一位住在布魯克林的聲樂老師幫他上歌唱速成課。

我長久以來就是查特貝克的粉絲，尤其是他的歌聲。在大學時期，我拖著不愛爵士的朋友去看布魯斯韋伯（Bruce Weber）一九八八年拍攝的電影《讓我們一起迷失》（*Let's Get Lost*）。我當我和妻子開始正式約會的時候，她總是被我高聲唱著貝克〈恍如熱戀〉（Like Someone in Love）的歌聲轟炸，自己那時就像是毫無經驗的情人，時常藉由歌曲來興奮示愛。大家甚至會說，我在人生的各個時期中長得還真的有點像貝克。這一切似乎是天命啊！

尤其是，對一個沒有自信卻想成為歌手的人來說，貝克可以說是完美的精神導師，因為他自己在歌唱技巧上就有很多缺陷。他很難不去走音，一首歌得要重唱無數次，他的音色被認為單調沒有情緒，還跟一位自傳作家起了衝突，就因為他稱貝克的「男高音具有雌雄同體的甜美[13]」。即使在貝克權勢和名聲如日中天的時候，媒體評論對他還是相當苛刻。有一個樂評就如此描述[14]：「那沒有活力的聲音，聽起來像是被水煮過的貓頭鷹試著發出力有未逮的高音。」

包括我在內的其他許多人則感覺在那部完美和表面上單調的聲音之下，有股深沉的情緒，不管那真實與否，都讓人留下了無可磨滅的印象。畢竟，有一大堆歌手的技巧精準到位，卻又非常容易遭人遺忘。一位聲音專家這麼告訴我[15]：「唱歌時，有百分之八十的部分是看你怎麼詮釋這首歌，而不在於樂器有多厲害。」

網路上一番調查把我引到霍克的歌唱老師亞美迪歐（Danielle Amedeo）。從她寫著「歡迎菜鳥加入」神奇字眼的網站上，我發現她就住在我們這條街上。

一星期之後，我們在附近一家咖啡館碰了面。三十八歲的亞美迪歐在幾個月內即將迎來第一個孩子，也事先警告我，她的產假會中斷我們的課程。亞美迪歐在紐約大學時攻讀戲劇和歌唱，在商業界待了九年的時間後，開始全職教人唱歌。她有一半學生是音樂劇的學生，百老匯的未來之星。其他一半則匯集各式各樣的人，例如想要改進聲音傳遞技巧的演員、有抱負也想要精進唱歌技巧的歌手，以及像我一樣的菜鳥。

在我緊張地結巴說出自己的期望和害怕時，她張著好奇的明亮雙眼，如演員般的優美坐姿反映出一種表演性的生活，專注聽著我說話，富有同情心地適時點頭。

我會不會太老了？如果我就是沒辦法唱對恰當的音符呢？如果我們發現我就是沒有好歌喉，那又該怎麼辦？

她聽到最後一個問題時露出微笑，彷彿以前就常聽過這問題了。她說，很少數的人在生理上要唱出精準的音符的確很吃力。這些人去找她之前，應該要先去看醫生。幸運的，她在我身上「沒看見」任何需要擔心的理由。

但是，我繼續對她施壓，追問著如果我可以唱出音符，卻不喜歡自己聽到的聲音呢？

她說：「會有人來找我，問我：『這是我的聲音，我這輩子都是用這種聲音說話，可是我一點也不喜歡，這是我唯一能擁有的聲音了嗎？』」但是她卻主張，我們所有人其實只使用到，我們聲音可以做到的一小部分而已。解剖學讓我們可以看見聲帶最初的設定情況，但是模仿、習慣以及意圖才決定了我們的聲音。她說：「人們相信聲音是一種特色，就跟有藍色眼珠一樣是同樣的道理，但是聲音跟我們如何使用和習慣大有關聯，而且這是一個可以學習而得的技能。」

這種學習方式會用到整個身體。唱歌屬於運動技能。最獨特的地方在於，這技能進行的絕大多數時間裡是隱形的，唱歌的人根本看不到整個過程。「當你看著一個技巧純熟的運動員，你可以看到他們在做什麼。」她說：「而唱歌時，發生的一切都被隱藏起來了。」即使你抓著高爾夫球桿的姿勢很差勁，你至少還能看見自己的雙手。但是當你努力唱好〈我的方式〉（My Way）這首歌時，是沒辦法看到自己的環甲肌或是甲杓肌有沒有做錯了動作。

也因為我們沒辦法輕鬆控制精湛歌唱技巧中，需要的個別肌肉和其他結構分子，聲音的教學相當倚賴比喻和想像[16]。唱歌者若要耐心唱出特定的聲音，老師會請他去想像鳥兒棲息在枝椏上，或是被氣流舉高的球的畫面。

不管我的聲音是什麼狀況，亞美迪歐堅持我只用了當中潛力的一小部分。「我們可以打開、擴展，使其更豐厚。」她說。在面臨五十歲的當下，我不會像自己在青少年的時候可以輕鬆地做到某些事情，不過除非是我長時間以來都誤用了自己的聲帶，要不然這不表示我就沒辦法唱好歌了。

她說：「你應該完全敞開胸懷做這件事，想成是一個快樂的經驗。」她想要我只著重在探索，而不是限制。「我們很容易就是這麼開始的，在自己心理投下的限制，結果也變得容易造成生理上的限制。」

讓我改寫一下稍早之前提到的問題：你上一次對某個人唱歌，或是在某人面前唱歌，或是跟其他人一起唱歌是什麼時候的事情？

我想要大膽猜測一下，除非你是音樂家或是在教會裡唱詩歌，要不然你記得自己去年在公開場合唱歌的次數，大概用五根手指就可以數完。

我問妻子這個問題的時候，她愣了一下，然後說：「這個嘛，我們那一次在拉伊市蒂娜的派對上，在鋼琴旁唱了聖誕歌曲啊！」

我提醒她，那是將近十年前的事了。我的妻子屬於那一種聽到鮮為人知的讚美詩，就可以立刻跟著唱的人，這是因為她小時候經常在星期天上教堂的緣故。由於她現在很少唱歌，十年前的事情聳立在她的記憶中，成為近日才發生的事情。

我們很難不去感覺到，唱歌這件事在大眾生活裡已然大幅衰退。幾年前，我跟著 Google Maps 團隊，以記者的身分來到了美國維京群島的聖克魯斯島。某天晚上，我們在當地一間餐廳喝啤酒時，注意到角落擺了一架鋼琴。我那時才知道，原來其中一個團員那時正在學這項樂器。早些時候，他為自己設定了一個非常實際的任務，要學會彈完整的一首歌；如此一來，當聚會中若需要臨時的餘興節目時，他就可以派上用場了。那首歌是「旅程樂團」的〈別停止信念〉（Don't Stop Believin'），如果有哪首歌最能讓眾人開心，肯定就是這首歌了。

我想，你們都知道這首歌。我當然也認為自己非常清楚。但是，好玩的事情發生了：一旦唱完了開場的部分，接下來的情況就開始分崩離析了，大夥笨拙哼唱的同時，拚命看著彼此，看看有誰可以提示一下歌詞。我們都以為自己知道這首歌怎麼唱，但是我們知道的只是如何跟著歌一起唱。當中的差別就在這裡。

另外一件事也發生了：有家人坐在我們附近的桌子旁，當中一個青少女站了起來，開始把我們當下的狀況錄影下來，天知道我們那天出現在哪些人的社群媒體上！原本可能是每一天都會發生的狀況，在如今卻似乎變成一個值得加以記錄的事情，彷彿瞥見了某個罕有動物一樣。

多虧了這世界上似乎隨處隨時可聽到各種唱片、音樂的現象，使得唱歌這件事要比以往更為活躍。但如果把唱歌當成跟其他人共同做的一件正經事情，那麼這情況其實是消退的，你沒辦法精準地估量，但是就是能直覺地感覺到。

在布萊特（Ronald Blythe）《阿肯菲爾德：英國鄉村的肖像》（*Akenfield*）這本小說中（他認為阿肯菲爾德擁有最經典的英國小鎮風情*），一位上了年紀的英國馬術師回憶二十世紀早期的情況，這麼說道：「以前在村落裡，唱歌是稀鬆平常的事情。男孩在田野唱歌，入夜後大夥聚到鐵匠鋪那唱歌，各教堂傳出的歌聲也不曾間斷。第一次世界大戰發生時，大夥唱著歌，不停地唱歌。」

但是正如使用手寫花體字，或是看地圖，大家一起唱歌的這種技能和練習，已經出現了明顯的緩慢衰退現象[17]。

我們為什麼不再唱歌了呢？有一個理由是唱片、廣播電台的興起，緊接而來的電視更意味著，人們獨處時或相處時不再需要自己來製造音樂上的娛樂。音樂從本來的傾身積極進取，變為仰躺放鬆傾聽[18]。

每個人都能在自家客廳裡，接觸到世界上最偉大的音樂人物。當大師巨擘只在你的「一耳」之遙時，何必還要屈就自己跟業餘的混在一起？不幸的，這也暗示了某人自己的歌聲在相對照之下，可能就開始退色了。我們開始發展出全國性的「歌喉不確定」情結，隱在其中的訊息便是：如果你對唱歌真的不在行，何必還要努力呢？

人們開口唱歌這件事的消退也有其他原因，像是上教堂的人數規模大幅減少的事實。不過，在這裡我們也注意到了陰暗險惡的想法：我們就是不夠好。

即使在最欣欣向榮的教堂當中，唱詩班的規模也在縮減當中。為什麼？路德教會牧師如此堅持認為[19]：「這是因為我們的文化要求表演要專業，專長要專業的關係。我們現在不會像以前一樣，在生活中自由唱歌。我成長在一個在家裡、在學校以及每星期上教堂都會唱歌的環境。現在，大家認為自己的嗓音沒有好到可以唱歌。」

唱歌這件事，如今在我們的生活裡占了一個很微妙的位置，變成一種必須偷偷摸摸，甚至是帶點羞愧的活動了，只有很少數的人能夠自信地在其他人面前做這件事。

位在舊金山的加州大學科學家，想要調查我們大腦哪些區域在尷尬的情況下會變得活躍，他們需要一個會讓人感到尷尬、手足無措的活動，因此要求一些人唱「誘惑」樂團的〈我的女孩〉（My Girl）。一位研究人員說，這最主要的目的是要觀察一個人在唱歌時，所引發出的「明顯尷尬反應[20]」。讓人感到驚訝的是，做為我們少數可以公開唱歌的堅強堡壘之一的卡拉OK，也得需要大量酒精和嘲諷的幽默做為燃料，才能引人開口高歌。

另一方面，我們把唱歌這件事提升為一種幾乎是超凡的藝術形式，絕大多數如你我的平凡人都無法觸及。我們說：「唉，我唱歌不行啦！」彷彿這是什麼疾病似的，改變不了。

「我們把唱歌和歌手都神化和浪漫化了[21]。」音樂家索恩（Tracy Thron）說：「似乎把這高舉成，比實際情況更加困難和稀有的技能！」夾在一端是五音不全的一大群人，另一端是聲音特技的菁英階

＊布萊特的書儘管被改編成了小說，但內容仍是建立在廣泛的親身採訪的基礎上。

層當中的空間，無法讓嗓音只是一般爾爾的人立足。

事實上，人們在這方面多半都不是很出類拔萃的。當學術界人士打聽一般人唱歌有多好的時候，得到的結果都無法讓人隨著振奮起來。有篇論文的名稱「不精確的唱歌情況廣布[22]」就已經明白告訴了你，你所需要知道的一切事情。最有試金石味道的歌曲通常是〈生日快樂〉歌。這一點都不令人意外，根據「金氏世界紀錄」，這是英語世界裡最為人熟知的一首歌。

但是，我們對這首歌到底有多熟呢？一組惱怒的研究人員觀察說道[23]：「你如果去聽任何聚在一起唱〈生日快樂〉歌的人，會感到納悶，到底有沒有人認真學過這首歌怎麼唱？」就跟多數大家會唱的歌一樣，人們通常都唱得過於快速[24]，或許他們只是想趕快唱完結束就好。

當你知道這首〈生日快樂〉並不是最容易唱的歌時，或許會感到一絲安慰。西北大學音樂教授德莫雷斯特（Steven Demorest）如此寫道：「你一開始就得要主導整首歌，你得利用許多長度不拘的變化音跳躍，來拉到一個高八音。」意思就是，唱歌的人有好幾次都必須從較低的音符做幾次跳躍，來到較高的音符，再精準地結束，這都是需要練習的。

在這首我們大家都必須唱的歌當中，有股深深的諷刺意味，因為你上一次在某人面前開口唱歌，很可能就是這一首。如德莫雷斯特形容的：「這相當有挑戰性*。」或許，在十九世紀晚期，那兩位肯塔基州學校老師寫出這首小曲時，當時人的歌喉遠比現在還要好許多吧[25]！

為什麼我們會覺得唱歌很難？

為了讓我在臨時湊合的錄音室（那其實是亞美迪歐位於布魯克林高地一間公寓的臥房裡）上第一堂音樂課，亞美迪歐要我準備一首歌帶過去表演。想到自己以前到現在的唱歌經驗，我選了由卡恩和斯泰恩寫的爵士標準曲〈一次又一次〉（Time After Time），由法蘭克辛納屈（Frank Sinatra）在一九四七年演唱的第十六首暢銷單曲。查特貝克在十年之後才錄製這首歌，他的版本屬於簡樸中帶著隱約的留戀、想望意味。

這是我最熟悉不過的版本，幾乎都可以倒唱如流了。上課之前，我不斷聽著這首歌，還跟著一起唱。等到亞美迪歐在鋼琴前坐下來，開始彈奏並唱了幾個音符之後，突然之間這一切在我的耳朵聽起來（就音樂方面來說），心裡想著：「這不是查特啊！」

我只顧著去聯想查特貝克的版本，幾乎沒聽見亞美迪歐在彈什麼。「這聽起來……跟我習慣的……有點不一樣。」我這麼說。在試過幾次應該何時開口唱的時機點之後，亞美迪歐轉過來對我說：「我

* 對美國人來說，法蘭西斯・史考特・基（Francis Scott Key）所寫的國歌〈星條旗〉，應該是另一首大家唱得最普遍的歌（例如在運動賽事之類的場合），但也是出了名的有挑戰性。

還是先來聽聽你直接唱這首歌吧。我只先彈幾個音就好。」

「TIME——」我啞著聲音開始唱著，緊接著則是一連串的咳嗽。如果一個人對唱歌感到焦慮和無助，往往從喉嚨裡就可以一覽無遺。

「喝口水，慢慢來。」她建議說道。

「從頭開始！」我開玩笑說著，接著，我甚至沒意識到她沒有繼續彈著鋼琴了（她稍後告訴我，這是因為我在半途變了調，彈鋼琴只會讓我混淆）。我投入到這首歌裡，一路賣力唱著直到最後高八度音的「壯闊尾音」，這裡是唱歌的人強調自己稍早之前那種誇張、拖長的華麗感：「And TIIIIIIMMMMMEE after time / You'll hear me say that I'm / So lucky to be loving you——」

我以一條蛇在冰上滑行的聲勢，駕馭這行歌詞，來到「lucky」這個字的時候，我的聲音以垂死尖叫的姿態往上長曳。

好幾件事情似乎同時發生著。亞美迪歐拍手鼓掌，大叫著：「你唱完了最後的部分，厲害喔！」我已經唱出了一身的汗。她催著我把臉貼近附近的冷氣機前方。我試著把汗水歸咎於紐約的潮濕天氣，但是正如我之前持續不斷的咳嗽，我很肯定這似乎是我在面對自己必須在一個房間裡，耳朵裡沒有查特貝克的唱片聲音，在一個（相對來說）陌生人面前開口唱歌的壓力情況下，受到心理影響而出現的反應。

這對一個不是菜鳥的人來說，或許聽起來很理所當然，甚至帶點天真。不過在沒有收音機或是其他人一起合唱的狀況下，把你的聲音當做音樂帶進一個空間裡，這聲音是會產生很大的變化的。你聽到的歌曲不只是你以前並未真正聽過的，也聽到了你以前不曾真正聽過的自己的聲音。

當你跟著唱片唱歌時，你獲得各形各色的掩護。研究顯示，人們在跟著唱片唱歌的時候，往往不會唱得很準確，這是因為他們不需要做到這一步[26]，已經有人擔起了這工作。

當你的聲音獨自在空中飄盪，填滿了每一寸空間時，你突然發現到這聲音好陌生[27]：這個住在你身體裡的東西，只有在離開你之後，才真正活了過來。不管你之前有任何技巧上的局限（被你收音機裡的歌聲給遮蓋住了），如今都赤裸裸地呈現在眼前。

但是還有某個更加深奧的事情繼續著。你感覺自己彷彿全身赤裸地站在那裡，情感上相當的脆弱。我以奇異的方式打開自我的同一時刻裡，同樣也展現了我的無能為力，使得這趟經驗的威力，這麼說吧，比我最近首次嘗試滑板滑雪的體會還要更加震撼。

在那裡，我跟其他每一個在斜坡上的菜鳥一樣滑得跌跌撞撞，像是一個被萬有引力和缺乏經驗拉扯的玩偶。在這裡，身為一個不習慣坦率地提供情緒或是自己唱歌聲音的人，我感覺自己彷彿才剛取出了一個重要的器官，在仍滴淌著鮮血的時候，交給了亞美迪歐。

跟多數人一樣，你可能對自己在錄音機裡留下的聲音，感到很驚訝或是不滿意。通常的解釋，是當我們聽到自己的聲音時，聽到的不只是離開我們嘴巴之後的聲音，也聽見了一種內心的聲音，在我們骨頭之間的震動傳輸著，在我們內在的聽覺室裡迴響著。

這款自家製造生產的高傳真音響讓我們深信，自己的聲音聽起來比事實更加低沉和有層次*。但是如麻省理工學院研究學者克萊柏格（Rébecca Kleinberger）指出的，多虧體內和大腦裡各種過濾設計，使我們多半能把「自己」篩選出來。她是這麼描述的[28]：「你聽見了自己的聲音，不過，你的大腦事實上不曾聆聽過你真實的嗓音。」

當我們真的專心聆聽時，會發現這個聲音可能很混亂，這不光是聲音品質的問題[29]。心理學家霍茲曼（Philip Holzman）和羅西（Clyde Rousey）形容，當我們產生「聲音衝突[30]」時，可能才在突然間理解到，我們的聲音透露了多少事情：我們聽見自己在表達一些，關於我們自己不知道正在表達，又或者是不想表達的事情。

畢竟，我們隱形且低調的喉頭，包含了「任何機能系統的肌肉纖維中，最高比率的神經纖維[31]」。我們的聲音，這團洶湧的氣流在腔內四處蹦跳，砰地衝入這個世界，像個夥伴一樣[32]，大量談論我們自己，從健康、生理特徵，到願望等每一件事情。一項研究顯示，光是聽到從我們嘴裡飛奔出來的「哈囉」兩個字[33]，聽者就能夠組成說話者個性給人的一貫印象。想想看，一整首歌可以透露出多少東西啊！

「你的聲音聽起來真的很迷人！」亞美迪歐說道。我後來聽到自己被錄下來的聲音時，我敢說她寧可抱持鼓勵的態度。「你說這是你使用了一輩子的聲音，你也很清楚怎麼使用。」她說：「只是好玩，你可以告訴我，你覺得哪些地方很不錯嗎？」

「嗯……」我帶著些許慌亂結巴說著：「我的聲音有點顫抖。時間上的掌握也有點不對。我覺得自己需要更用力地唱，而不光是消極地發出字來。」

她期待地看著我，問：「你有任何喜歡的部分嗎？」

「高音的部分。」我帶著自責繼續說著。「啊！」

我犯了在菜鳥身上很普遍的錯誤，迷戀地認為「飆出高音」的概念就是垂直地高上去。亞美迪歐則回應：「唱歌的人會在生理上做各種嘗試，以達到那樣的境界，像是把頭抬高、往上看著天空，想像著遠在上方的音符，並試著觸摸。」

＊聲樂指導老師比提（Chris Beatty）指出，我們可以透過一個巧妙的辦法，感覺到自己的聲音是如何傳到外面的世界：把兩個Ｌ型資料夾（或是雜誌）垂直舉高，各自抵在你的耳朵前方。在輪流舉高資料夾及放下資料夾的情況下，開口說話，並聽自己的聲音。

這些事情基本上都沒辦法幫助你唱出高音，都屬於必須捨棄的習慣。

我也試著利用自己的「胸腔聲」（所謂的低音區）來發出聲音，尤其是在演講的時候。之所以稱為「胸腔聲」，是因為我們在這地方感覺到聲音，不過事實上是從我們喉嚨裡的肌肉發出來的。

我推想自己屬於男中音，知道要用這方法達到我們談論的高音，是遠超出我的能力之外，至少現在是如此。為了避免傷害到聲帶的風險，我需要利用較輕盈的「頭聲」來唱出這些音。你們大概也可猜想得知，我們的頭部可以明顯感覺到這些音（所謂的假音，若不是較微弱的頭聲，那就根本不是頭聲，端看你聆聽的對象而論）。另外還有一個「混音區」，這結合了頭聲的輕盈和胸腔聲較為顯著的共鳴性。

音色為男高音的貝克有著似乎毋須費力就可以清楚發出的頭聲，這在男性身上並不常見。聽到亞美迪歐另一個貝克的追隨者霍克，學習這部分的時候有困難的說法時，著實讓我安慰不少。「他真的必須學習使用他聲音的不同部位。」她說。

「你在這部分已經有些接近了，這點相當有趣。」亞美迪歐繼續說著，我的耳朵都豎了起來。「從你說話的聲音聽來，我會猜你是男中音。但是你有些真的很迷人的高音，多數男生可沒辦法立刻擁有這一點。」

我感到自己的臉因為驕傲感而古怪地發紅，彷彿自己突然之間置身在爭取誰有查特貝克的靈魂的競賽一樣。霍克，看招！我要跟上來了。

對聲音沒自信的根源

為什麼我們有這麼多人（包括我自己）似乎在唱歌上顯得平庸普通呢？

在我們討論這一點之前，你們或許會好奇自己的聲音有何能耐。我會鼓勵你們做德莫雷斯特幫忙創立的線上測試*。主要是測試音調的準確度，這在歌唱的品質中是最容易測量也最基本的可變因素。不管你的測試分數是多少，記住一件事情：這都是可以改善的。

德莫雷斯特對於「為什麼我們這麼多人唱歌都唱不好」有個想法，而這跟我們的天賦沒有多大關係。他針對不同年齡群組做了歌唱能力的測試，發現出一個驚人的模式：從幼稚園到小學六年級的孩子表現有明顯的改進。但是在他測試大學生群組的時候，他們的成績基本上跟幼稚園小孩是相等的。他們為什麼會倒退呢？

德莫雷斯特認為，他們多數人就是不再唱歌了。跟所有音樂教育一樣，在六年級以後，唱歌基本

*你可以在「西雅圖歌唱準確協議」中找到，點選連結 ssap.music.northwestern.edu。

上變成了選修課程。孩子在所有音樂的參與程度上降低了，尤其是唱歌這部分。這或許是因為唱歌不像小提琴或鋼琴，父母親不會把這件事和學術成績劃上等號。（我要鄭重聲明，皇家音樂學院做的一項研究，發現主修唱歌的學生，平均智商要比學鋼琴的學生來得更高[34]。）

在人生階段早期的時候，孩子似乎隨時隨地都在唱歌，當孩子甜甜地尖聲唱著〈我還想多留一會〉（I Wanna Linger）時，有哪個父母親不曾在幼兒毯子上開心地落淚呢？學校集會時，孩子也會唱歌，但不是由唱詩班唱歌，而是整個班級的孩子唱歌（父母在這裡又要落淚了）。家裡有幼兒的家庭總是歌聲不斷，一直到今天，每當我聽到歌手妃絲特唱的〈一二三四〉，我直覺就會開始唱起她在《芝麻街》裡唱的版本。我清楚記得自己在三年級的歷史劇裡，戴上一頂藍色的「聯邦軍帽」，大步走過舞台時唱著：「當我們的彈藥車勇往直前！」那是我最後一次使用「彈藥車」這個詞彙，也是記憶中最後一次在舞台上唱歌的模樣。一股微妙卻深遠的轉變會在兒童階段發生，我們開始學到「在音樂上的自我認知」，開始思考自己在這方面有天賦或是沒啥天賦。

這裡的關鍵字是「思考[35]」：如同德莫雷斯特和其他研究人員所發現的，在孩子對於自己的唱歌技能的自我認知和實際的唱歌技能之間，並沒有堅實的連結關係。

大家常說：「裝久了就是真的。」自我認知確實會影響我們未來在音樂上的參與程度。心理學家班度拉（Albert Bandura）寫道[36]：「如果不相信自己有能力，就會創造出自己的行為校驗。」

因此孩子會被分成兩類：有音樂天賦的和沒有音樂天賦的，會唱歌的和不會唱歌的。德莫雷斯特如此評論他的音樂教師同儕：「我的同事也屬於這問題的一部分，他們認為教導一個永遠沒辦法在別人面前把歌唱好的人如何唱歌，等於是給對方錯誤的希望或是浪費他的時間，而不是因為他們想要指導這個人才給予指導。」

當我告訴德莫雷斯特，我當時七歲的女兒通過當地合唱團的甄選時（我可是相當得意的喔），他抽了口涼氣。「我懷疑，我們應不應該徵選那些『想要』唱歌的七歲孩子。」

他回憶，當他自己在管理他女兒小學裡的課後合唱團時，有兩個女孩「唱歌真的不能跟不上拍子」，他還是讓她們留了下來，也試著指導她們一二，不過他不想讓這些女孩感覺到任何不安。他告訴我：「那兩個女孩，後來在初中和高中學校裡都參加了合唱團。」她們變得更好了。

我們時常在人們才剛起步的階段就打斷他們，忘記才能是需要時間培養的。毫無意外的，比起看待自己在運動上的能力，孩子把自己在音樂上的能力更看成是內在天賦的功用[37]。我們說某某人有一副好嗓音，卻不說他們努力地得到（以及維護）這嗓音。

但是我們很多人多半停止了唱歌，接著發現對已成年的自己的唱歌能力一點都不感到驕傲。我們羨慕地聽著技巧熟練的歌手唱歌，突然之間，對彼此在能力上的鴻溝感到驚訝，再以近乎神祕的說法來解釋對方的天賦。我們採納絕對範疇式的解釋，好讓我們對自己明顯的「能力不足」感覺好過一些：我們要嘛有音樂天賦，不然就是沒有[38]。

在生活中，你或許聽過某人（或許就是你自己）說過，他是音痴。事實上正如我們所熟知的，先天性失歌症（或失樂症）是極端罕有的狀況[39]，因此數量遠比那些宣稱自己有這類情況的人還要稀少得多。舉例來說，有一個實驗就顯示了，如果一首很流行的歌曲當中有一個音改變了，我們多數人都會注意到。

皇家音樂學院院長哈欽斯（Sean Hutchins）告訴我，廣為流傳的「音痴」一詞阻礙了真正的問題。談到音調，我們大家都是極端敏感的聆聽者。哈欽斯說，問題在於沒有察覺出正確的音符*，而不在於能否發出這個音符[40]。我們傾向忽視歌唱主要是一項運動技能的事實，當然，唱歌也是表達情緒和令人歡愉喜悅的絕妙傳輸工具。唱歌是關於協調各部位肌肉以達到目標的問題，跟射箭或是投出一顆快速球沒有多大差異。

唱歌也很近似任何其他的音樂技能**。德莫雷斯特指出：「沒有人會期望自小學五年級以後就不再拿起小喇叭的成年人，還能有技巧地吹奏。不過，大家都以為，我們要嘛天生就有好歌喉，不然就是沒有。」

我們發現自己陷入惡性循環：我們不擅長唱歌的原因，在於我們不常這麼做。我們不常這麼做的原因，卻是因為我們以為自己不夠好。

結果變成，我們從童年早期那些神奇的日子裡，和父母親主要透過音樂來溝通，得以觸及到不常使用的聲音（我們唱歌時用到的聲帶範圍，要比說話時寬廣得多），慢慢地轉變為悅耳卻單調乏味的生活：言語穩穩在一側站著，另一側則是歌唱；會唱歌的在一邊，不會唱歌的則在另一邊。

我們失去了自己的聲音[41]。

捨棄學習唱歌

如果要深入探究，學習唱歌就非常像是在亞美迪歐的工作室裡度過的第一個下午。我會唱好幾首歌，我的老師也會仔細聽著並指出問題，然後我會試著再唱一次，而這一次自己會唱得更好些。後來真實發生的情況，其實比自己的想像更簡單也更深奧一些。

我需要的第一件事，是把這樂器的基本調子弄好。這是何其神奇的樂器啊！我們說話或是唱歌

＊這裡有個有趣的例外，便是著名的《美國偶像》參賽者孔慶翔。據說他不僅唱歌時會走音，聲音還很不悅耳。正如許多人觀察到的，他的音調事實上很精確。聽眾聽到的不和諧音，其實是來自音樂曲調之外的問題。

＊＊人們往往會把音樂家和歌手加以區分。舉例來說，美國勞動統計局有個就業類別為「音樂家和歌手」，官網還特地介紹關於「如何成為音樂家或是歌手」的資訊，彷彿這兩件事情是相互排斥似的。

時，我們把氣流往上朝咽喉推去。當這股氣流遇上了「聲襞」（更常見的說法是「聲帶」）便將其推開，衝過大小如硬幣的V型聲門之後，聲門再度合起來。這就像是當你把一顆氣球裡的空氣放出來時，氣球會啪地飛濺一樣。你若把氣球（或是聲帶）拉長，發出的音調就會變高一些。

這件事發生得比眨一下眼睛還要快速：男生平均每秒約一百二十次，女生則是每秒約二百一十次。在一首歌劇的詠嘆調裡，女高音發出的嚇人F6高音時，她的聲帶每秒約莫震動了接近一千四百次[42]。古怪的是，低聲呢喃帶給聲帶的拉力，通常反倒要比正常說話來得大[43]。

如果氣流在聲帶結束，聲音聽起來就會變成嗡嗡聲，像是刺耳的鴨叫聲。我們發聲時的氣流會隨著其洶湧流動，而載送出聲音的個性，進入聲道（也就是咽、喉和嘴）的「共鳴室」。當我們真的發出共鳴聲時，臉部會出現顫動。然而，這股氣流卻不能真正地抵達我們的唇部[44]。優質的歌聲能做到的，便是把氣流送到這地方。

透過這個肌肉複雜的協調，我們變成了「人聲動力室」。管理國家語音和語音中心的語音科學家提茲（Ingo Titze）就指出，人類的兩串「帶子」就可以涵括一架鋼琴需要用上八十八個琴鍵才能達到的音樂範疇。有些人的聲音音域甚至超過鋼琴能發出的音。皇家音樂學院的哈欽斯這麼對我說：「想想看，跟貓或狗比起來，你可以用你的聲音做多少不同的事。」我們可以模仿這兩個動物的聲音，牠們卻沒辦法模仿任何聲音。

令人驚訝的，讓我們可以發出聲音的這個裝置，原本的作用事實上不是用來說話或是唱歌用的，而是要幫助防止食物或是其他東西意外落入氣管。聲帶就像微小的活門，在我們吞嚥的時候啪嗒地關上，防止不對的東西「往下進入錯誤的管子」，而進入肺部裡。

一直到後來，人類的演化讓我們得以利用這同樣的器官來「學習」唱歌。正如一個神經科學家團隊提出的，或許這就是為什麼我們有時候想要發出準確的音符時，會顯得很吃力，因為我們對於自己咽喉的掌控能力，並不像我們掌控自己的嘴巴一般與生俱來的自然。比起唱歌，我們吹口哨時的音調[45]往往更加準確[46]。

在我奮力要準確唱出〈一次又一次〉的當下，我感覺自己就像個音痴。我不光只是學習如何製造出連續的音符而已，還需要鑽研另一個關鍵的唱歌技巧：聆聽。亞美迪歐在鋼琴上彈出一個八度音，從C3到C4，C3當做1，而C4則是8。這是唱名的簡化版本，也就是大家所知道的do-re-mi。

在接下來一個月裡，這八個音符對我來說會變成一種大調音階的舒適圈。她會在鋼琴上彈出簡單的花樣，我則要跟著吟誦出來：「一……五……一……一……五……一……」晚上的時候，我會在女兒的鋼琴上重複這項練習。沖澡時，我會唱出同樣的音符，就像是你對自己重複唸著一個數字，好不至於忘記一樣。我需要內化這八個音符，讓這個「一—一—五—一」成為流暢無礙的本能。

亞美迪歐需要把我整個人瓦解，再重新組合，以斷開我數十年來的慣性行為。如同高威（W. Timothy Gallwey）在其著作《比賽，從心開始》所寫的，跟舊習慣對抗的最好方式，就是「建立新的習慣[47]」。

關於〈一次又一次〉這首歌，克服我困難的最好方法，就是簡單地不再試著去唱。我的八個音符把我穩固在安全的地方之後，我和亞美迪歐開始練習發出孩子般的聲音。這包括了把舌頭放在上下唇當中發出的顫音，以及連續不間斷的顫音所形成的宏亮拉長母音。這些聲音包括像是 las、das 和 mas（當嬰幼兒發出這些聲音時，我們把他們稱為「牙牙學語」，還有曲調簡單輕快的短句，像是「me-may-MA-mo, me-may-MA-mo, moooooo——」此外，還有吶喊、大叫、嘶聲和嘆氣。

在我喜歡的一項練習裡，我接受的指令是要讓我的舌頭懶懶地垂在我的嘴唇前端上，放鬆下顎，然後說：「巴拉巴拉巴拉。」這種像是被塗上局部麻醉藥所發出的咕噥讓人感覺怪異地良好，我想像如果讓這種簡直接近粗魯的說話方式，自由地運用在日常生活裡，會令人感到多麼的滿足暢快啊！

我們的舌頭之所以被稱為「唱歌者最惡劣的敵人[48]」，是因為舌頭老是阻礙我們發出聲音，有時候似乎鐵了心要耗掉我們大把時間。世上除了牙醫師以外，沒有人會小心仔細地檢查我嘴巴裡的東西。不過這一點很重要：往上抬的舌頭把氣流轉移到我們的鼻孔，讓聲音聽起來有鼻音。根據研究，沒有人喜歡聽到這件事[49]。

我在做這些練習時，會想像自己退回到還不會使用文字的嬰幼兒階段，從文字的負荷中掙脫出來。這也是一種重點。即便同樣的器官可以做出兩種行為，我們說話說了一輩子，臨到頭來為唱歌做準備時，可能還是相當糟糕。

「我們每個人說話時，都有自己相當根深柢固的習慣，而這阻礙了我們發出自己想要發出的聲音。」亞美迪歐這麼告訴我。我說話的時候常駝背，下巴會往前突出，喉嚨的肌肉受到壓縮，我的下顎是咬緊的，舌頭則像一根彈簧一樣緊繃。這些行為在應付每日說話時的顫動都還算游刃有餘。但如果我試著把說話的聲音帶進唱歌裡[50]，那就像是徹底檢修一輛習慣在停停走走的交通中，以低檔發出砰砰聲響行進的含鉛汽油老車，希望著能改造成流線型一級方程式賽車般的機械。

我需要快速自在地移動氣流。因此我製造出一大堆的母音：這做起來不困難，把氣流往下衝進打開的聲道，再拿掉子音這個「減速丘」。

一個喜歡賣弄知識的聲音教師寫道：「母音是人的聲音，子音則是聲音當中的障礙物[51]。」在英語的說話環境中，我們發出母音的時間，是發出子音時間的五倍之多[52]。唱歌時，這樣的比率可以提高到二百比一。

我們也應避免歌詞，歌詞會庇護壞習慣。因此亞美迪歐要我唱的歌，都只有簡單幾個母音。有一次，我一個人開車的時候，只用「oohs」和「aahs」唱了查特貝克的《初試啼聲》專輯，這項練習有股宜人的純淨在裡頭。

當我不去深思唱歌這回事時，有趣的事情開始發生了。在一次練習中，亞美迪歐要我跟著她在鋼琴彈出逐漸上升的三個音階時，慢慢說出「no NOT now!」幾個字。

她要我用說的，而不是唱出來，姿態得像是我真心要說出這幾字。

「No NOT now!」

「來吧，我真的想聽。」

「No NOT now!」

「試著想像你在對你的女兒說話。」

「No NOT now!」

「試著把這幾個字送出窗戶外！」

「No NNNOOOTTT now!」

「把話送到對街去！」

我專注在把這幾個字送到對街時，我就能自在地抵達到同樣高度的音符或是更上一層，自己原先在唱這幾個音符時是非常吃力的。這不表示我的嗓音範圍神奇地擴大了，而是因為我停止去想這件事。我那時只想確定其他人聽到了自己說的話。

日常習慣帶來的困擾

沒有多少事情會像我們說話的方式，如此根深柢固。我們每天大概說了一萬六千左右的字[53]，但是話從口出的時候，卻不曾想過自己說話的方式。殊不知，我們的聲音在說話上有可能是辛苦且困難的。似乎有一堆人曾告訴過我，我需要有人幫我解決說話的聲音。如果我連說話都會感到困擾，怎麼能唱歌呢？

和關史蒂芬妮以及約翰梅爾合作過的洛杉磯聲樂教練樂福（Roger Love）就安慰我，說話方式往往會躲在唱歌者的聲音問題之後，我的案例頗具有教育性。樂福說，我說話有時候會陷入給人感覺沒啥活力的嘟噥聲，這也被稱為「氣泡音」。我的聲帶在缺乏足夠的空氣流通下，還要試著發出聲音時，就會砰砰地摩擦著，就像「門上不曾用過潤滑防鏽油的壞鉸鏈」。我說話時「胃部進來的氣流不夠」，因此製造出不調和的氣流，增加了張力。

聲樂教練巴克斯特（Mark Baxter）住在波士頓，他合作過的表演者從史密斯飛船到艾美曼恩（Aimee Mann）都有。我們某一次在電話交談時，他問我：「你曾注意過，你說話的速度很像機關槍嗎？」我說話的時候，咽喉都會緊緊夾住氣流，導致說出來的話不完整。這會導致咽喉膨脹而造成摩擦。他說：「這就跟走在人行道上面的雪沒兩樣，阻力會讓你分外用力。」

此外，我說話時似乎也會「訓練自己維持同樣的語調」。我說話時產生重複性的說話傷害。「你的聲音是不是磨損了很多啊？」巴克斯特問道。事實確實是如此，沒錯。我跟朋友在吃晚餐時或是做完簡報後，聲音都會變得沙啞。他說：「你說話時感覺到自己脆弱無助，又試著讓聽眾留下深刻的印象，這都會用上很多力氣啊！」這也使得所有這些功能失調的行為，變得更加糟糕。

可是我開始懷疑那股在喉頭間的張力。有沒有可能出錯的，不是在技巧方面，而是樂器本身呢？因此，某天我去了哥倫比亞大學歐文醫療中心聲音和吞嚥研究所的院長彼特曼（Michael Pitman）位在曼哈頓的辦公室。他跑著進來，一襲白衣和滿臉的笑容，充滿了活力和企圖心，看起來就像是紐約市忙碌的醫生一樣，長期以來從事音樂表演的演說病理學家坎特（Carly Cantor）很快也加入了我們。

我告訴彼特曼，我近日收到關於自己聲音的評估結果，很糟糕。「你說話聲音不是最理想的狀態，這是肯定的。」他說道。我心裡想著：「我到了四十九歲的年紀才知道這事實？」我注意到，他自己的聲音顯得清脆，沒有一絲氣泡音特有的那種柴油引擎聲音。

我主要的問題很明顯：「人是從喉嚨發出聲音說話的，而不是把足夠的空氣帶到嘴唇，也不是把聲音送到臉部前方就好。」我又詢問了更多關於自己聲音的問題。「聲音就像是一個跑者。你可以跑了五英里之後，感覺仍然還是很好。如果你試著跑馬拉松，或如果你在任何某方面沒效率，你會受傷的。」他有許多客戶是教師。「他們長時間地使用嗓子，卻沒有被真正教導如何使用。」

我說話的習慣很有可能傷害了自己。儘管如此，他還是建議用喉鏡做個檢查。他說：「我們可以從鼻子或是嘴巴進去，透過鼻子進去也很好，你就不會有噎得想吐的問題。」因此呢，一個小小的透明試管，就從我的左鼻孔蛇形蜿蜒而下。

坎特請我讀一段文字，然後再要我唱出一些母音出來。他們兩個人談論著，他們從螢幕上看到的東西。她說：「哼嗯，你的確有些縫隙。」再對彼特曼說：「看看那一側有多麼僵硬。」細管子被取了回來，我們像是運動評論員團隊一樣，看著影片的重播。

如果你從未經歷過這狀況，我得說，從喉鏡往下看著你自己喉嚨的景象，並不適合膽小的人。想像你是個自然學家，身上綁著一條細纜繩，纜繩頂端裝了發光的攝影機，之後進入雨林裡一處黝黑昏暗不清的洞穴。曲折穿過了黑暗之後，你出現在一個單調乏味的空間裡，四面是球狀、有紋理、閃亮的牆面。你突然發現，自己正直視著某個恐怖生物沒有眼睛的臉。這生物有兩顆像斷頭台刀刃的陰森大白牙，開開合合著，牙齒之間有一束詭異閃亮延伸著的黏液，再後面除了布滿斑點的氣管表皮陰森隱現之外，再無一物。這令人厭惡的器官既然能夠製造出世上最美麗的聲音，也該就是無限奇蹟的根源啊！

在我瞪視著自己的聲帶以慢動作般的光榮發出突突突的聲音時，坎特告訴我：「你那裡的確有些萎縮。你閉合聲帶的狀況不像以前那麼好了。」聽起來，我似乎有「聲帶麻痺」的情況（倒也不算罕見）這常是某種疾病產生的結果。當聲帶其中一瓣幾近麻痺時，聲帶要振動時就會發生故障，尤其是要發出高頻率的時候。

這不表示我沒辦法發出曲調（沒有人的聲帶是完美對稱的），但是這的確表示我必須格外努力。她說：「你在技巧上的發揮會更容易變得沒有效率，發出的音必須要比其他人更加精準。」

我面臨到聲音變奏的段落時，會更加困難。人們習慣上會讓肌肉快速發出聲音或是調整呼吸，來彌補聲帶輕度麻痺，不過這可能會造成更大的拉力。我可以動手術，但是較常見的反應是接受聲音治療。在坎特描述一些相關的技術時，我發現這跟我的唱歌課程沒有太大的不同。

這次的診斷讓我彷彿感覺就在自己正要啟航時，一陣風折斷了我的風帆，或者該說是我的聲帶。其實，早在我張開嘴之前，內在就已面臨了柵欄潛伏的危機。

不過，我還是有希望。一件或許可以幫助我的聲音回復到最大強度的事情，便是學習唱歌。

如果唱歌成為一種物理治療，「應該還有其他治療形式」的想法在我心頭揮之不去。我從來沒有真正談論自己在這方面的感受，不過那些一小時之久的唱歌課，似乎碰觸了某根情緒神經。結果顯示，唱歌比說話更能活化大腦更多連結情感的部分[54]。

而且幾乎無可避免的，我會情緒激動得結束課程，在走路回家的整段路程中，隨口哼唱著和聲。

一個簡單的舌頭練習就能讓我發出近乎歇斯底里的瘋狂大笑。例如，像是發出幼稚而無意義的短詞「噢嗚巴拉巴拉巴拉」。有時候，我像個無助的嬰幼兒，躺在鋪著地毯的地板上，感覺一種古怪的脆弱感和赤裸感，彷彿自己讓亞美迪歐看到某部分其他人不曾見過的我。儘管我沒說話，卻似乎像是在告解了。

這些簡單的練習是聲音的柔軟體操，讓我的聲音恢復健康，好進行之後的大量上升。不過，他們也試圖想要讓我降低防衛心。當亞美迪歐告訴我：「讓我們放開心，讓聲音自然出來，不要努力用腦去解讀。」或許在我試著大開嗓音時，自己也打開了各種其他原本被自己阻擋的東西。

聲音就是這麼一回事，你本身就是這一樣樂器。這意思就是：聲音不完全是工程學和物理學的事情，也包括所有潛藏在整個複雜混亂的人裡面的事物。

在亞美迪歐產假期間的某一天，我去上了一堂自己先前在電話裡跟他聊過天的巴克斯特的唱歌課。巴克斯特時常在週末的時候在紐約教人唱歌。他有著一頭如搖滾歌手般飄逸的齊肩頭髮，舉止很熱情。亞美迪歐像是讓人寬心的監護人，而巴克斯特似乎就比較像個嚴厲的父親。

「我稱自己是聲音治療師。」他坐在市中心一間練習錄音室裡的鋼琴後面時，這麼說道。他也是《搖滾歌手生存指南》（*The Rock-n-Roll Singer's Survival Manual*）的作者，說服了很多名聲響亮的表演者，不做某些困難或危險的事情。他告訴我：「我從來沒見過任何歌手對自己的聲音感到滿意，每個人都覺得自己是偽裝者，每一個人也都等待著自己的面具被人揭開來的那一刻。」（例如，U2的波諾就不斷地說，他的聲音讓他自己很不舒服。）

你要進入某個人的聲音，就需要進入這個人內心。「我就是等著某個人走過那扇門，再來看看他當下處在什麼樣的狀況。」一個熟悉的客戶或許正經歷著一起新的生活事件，例如離婚。「人有各式各樣的問題。每件事都會被蒐集起來，變成了你的聲音。」

我好奇，我的聲音裡面有什麼潛藏著？巴克斯特讓我接受一連串的練習之後，我注意到自己練習時的聲音「有些抖」，他也毫無疑問地點著頭。「這最有可能是因為你的動作很輕柔。這跟騎腳踏車一樣。如果你慢慢騎著腳踏車，你的前輪就會搖晃。」

在我們進行著練習的時候，他也逐漸變得惱怒。「你講話的音量還要比你唱歌大上兩倍啊！」他對我的童年很好奇。我的成長環境是不是不鼓勵會製造聲音的行為？其實倒也不是如此，我如此回應，不過話說回來，我是個安靜、害羞、愛看書的小孩。

他要我盡可能把一口氣穩定地慢慢吐出來。我大概吐了約十五秒。「我們要的目標是六十秒！」他大喊著。他提醒我，我是自行車隊的一員，肺活量多的是。問題在於我會恐慌，而不是氧氣的問題。我需要掌控呼吸。「我們還得回去教呼吸還真是諷刺啊。」他說：「這是天生就該會的。」

我的障礙屬於心理層面。我被「泰然自若的氣流」拉住、局限了。在我都幾乎要呼吸不過來狀況下，還怎麼能夠唱歌呢？他打開鋼琴蓋，彈奏了幾個音符。「我彈這琴還是用同樣的力氣，但是有更多的聲音跑了出來。」他說*。我把一個蓋子放到我自己身上，抑制了自己的聲音。

阻礙我的，並非總是不安全感或是壓抑。有時候，是我自己的身體。舉例來說，我就因為下顎緊閉的情況吃足了苦頭，也被普遍認為是唱歌時重大的關鍵問題之一。

我們的下顎非常有力[55]，但是閉緊肌肉的力量，幾乎是我們敞開肌肉力量的四倍之多[56]。也難怪當我們想要讓下顎自由地懸盪，好幫助我們唱歌時，就可能遇上問題。

亞美迪歐時常要我躺在地板上，找出可以讓我專心的某些事情。這一個「建設性休息」的用意，是要降低這一天下來可能累積的緊繃和不安。「我們的聲音是我們身體的一部分。」她這麼說道。緊繃的肌肉會阻礙我們製造出最理想的聲音，實際上真的是把氣流給擠壓出來，並關上了共鳴器。

*當我們唱出不同的母音時，類似的狀況就會發生。如果我們用同樣的力氣，先唱出「food」這個字，然後再唱「father」這個字，我們的嘴需要張得更大些，好順利發出母音，因此 father 聽起來就會比較響亮。

一旦我釋放了之前因為任何義務（責任）而緊繃的大量肌肉，她就會要求我發出一個小聲音，還要盡可能不要花費任何力氣。起初，我發出的聲音輕得幾乎察覺不出來，有如「雪從一片竹葉上落下來」。接著，因為我增加了「企圖心」，聲音逐漸響亮，但同時心裡會想著：「我還能少做什麼、卻還又能發出這個聲音呢？」

幾乎沒有例外的，我愈來愈能輕鬆地發出聲音和正確的音調。這又證明了，要達到「更好」的關鍵就是：少做一些。

一百多年前，一位叫做Ｆ・Ｍ・亞歷山大（F. M. Alexander）的澳洲演員注意到，自己朗誦完莎士比亞之後，聲音逐漸變得沙啞。他說話時，注視著鏡子裡的自己，發現自己「要發出倒抽氣音的時候，習慣會把頭往後拉[57]，壓迫到咽喉，好吸入通過嘴巴的氣」。

亞歷山大在試著改正這項習慣的過程中，發現自己很快就又回復到舊習慣。到後來他才發現，技巧不在於試著做「對的事情」，而是不要再做舊動作。與其專注在終極目標（例如正確地唱歌），他轉而專注在過程，或是被他稱為「回應達到理想目標的方法」。

亞歷山大這一個著名的「技巧」，就等同於在學習時「不要特意學習」，後來也廣為人知。然而，「不要落入」舊習要比「重複」舊習要困難許多。「當你被要求不要做某件事情的時候，你試著讓自己不要去做這件事，而不是要自己做出不要做這件事的決定[58]。」他如此寫道：「不過，這只意味著你決定要做這件事，然後再利用肌肉緊張度不讓你自己這麼做。」

「不去學習」是困難的，因為舊習慣從來就不容易完全捨棄。帶領亞利桑那州立大學感覺和行動實驗室的葛雷（Rob Gray）這麼對我描述，舊習慣會顯露在「小差錯行動[59]」中：你在星期天開車要去雜貨店，但是卻不小心開始把車子開向自己辦公室的路上，小差錯行動尤其會發生在「處於高壓底下」的時刻裡。葛雷舉國家美式足球聯盟的前四分衛提博（Tim Tebow）為例，大家都知道他在比賽中深受老是習慣低手傳球的困擾，這招式在大學橄欖球賽中還能發揮作用，但是在速度更快的職業賽當中就被視為累贅。

回到唱歌，我有大把「不去學習」的時間，尤其是處在高壓下的時刻裡。當我想要嘗試唱出高一階的音，在企圖讓肌肉達到巔峰的同時，我整個身體也跟著緊繃起來，造成我的脖子往上伸，就像是長頸鹿伸長脖子好吃到高處的葉子一樣。這麼做卻只舉高了我的咽喉，更不容易發出我要的音。

與其嘗試壓制這習慣，亞美迪歐有一個簡單優雅的解決方法。《比賽，從心開始》一書裡也提示過了：用另一個習慣取代舊有的習慣。

當我要唱出詞組裡的一個高音時，亞美迪歐會要我做些違反直覺的事情：往下唱。把我的膝蓋稍微彎一下的行為屬於生理上的訊號，讓我的咽喉保持在低位。突然之間，我想的是彎膝蓋而不是唱歌這件事，而這些音符也變得容易唱許多了。

想讓聲音優美，得先聽起來難聽

你有沒有曾經好奇過，在沖澡的時候唱歌為什麼會讓人感到如此滿足呢？

你獨自一人，全身感到溫暖，潮濕的空氣濕潤著你的喉嚨。你全身站得挺直。你立刻就放鬆下來、被水汽愉悅地浸潤著，整個人顯得生氣勃勃。沒有什麼事還能讓你從手邊這簡單的任務中分心，你選定了節奏和音高。磁磚也提供了美妙的共鳴效果。

現在，再來想像你在開車時唱歌。你坐在位子上，被壓緊的安全帶包覆著，這樣的姿勢阻止了氣流自由流動。在沒有任何暖身的前提下，你可能就開始跟著聽見的第一首歌唱了起來。車裡的空氣乾燥了些。為了讓自己保持警醒，你或許也喝著有可能讓身體脫水的咖啡。交通和維持警醒保持安全的壓力，讓你在緋緊的邊緣。儘管你受到周遭環境的因素分心，但還是跟著收音機裡的歌曲一起唱歌，收音機裡的歌聲和周圍車輛的噪音淹沒了你自己的聲音。

我在唱歌練習當中開始慢慢地理解到，我除了應該「全心專注」在自己的聲音之外，為聲音創造合適的環境也相當重要。練習還未達到理想境界的技巧，可能也會導致結果不盡理想。這個論點牴觸了棒球在賽前做打擊練習的傳統[60]：打擊手應盡可能用力揮棒，不管投手投的好球還是壞球，也不論這顆球投得是不是比球員在真正的比賽中看得還要慢太多了。

我開始思考我的目標，應該是不管身在何處，都要永遠創造在沖澡時唱歌的感覺。

溫暖。如同在任何其他音樂活動，暖身是避免讓自己受傷和促進表演成果的關鍵。做幾次的唇顫音或是（如果手邊有吸管的話）朝吸管吹氣練習（普遍的說法是「飲管發聲[61]」）能幫助你的聲帶肌帶來活力。

放鬆心情。躺著靜止不動一會，按摩下顎，讓舌頭伸出來唸幾句「巴拉，巴拉，巴拉」。

激勵。亞美迪歐會要我讓自己的臉「明亮起來」，任何一個這些神經肌肉調整的小動作都能幫助我的聲音「充滿活力」。

共鳴。我若要在嘴裡創造出「空間」，就會做些指定練習，像是打哈欠（但不是張開嘴一路哈欠到底）或是學卡通角色瑜伽熊（Yogi Bear）說話，讓自己的咽喉沉下來。

我喜愛的另一個技巧是透過先呼氣再吸氣來發 K 的音，把我鬆垂柔軟的上顎提起來，好讓我的聲音更豐滿更有共鳴。試試吧！發出喀喀喀的聲音，然後再用吸氣的方式重複相同的練習。當你這麼做的時候，試著想像你的嘴巴深處輕輕地膨脹起來，就如青蛙的嘴巴一樣。

站立。每當我駝背、一隻手插入口袋時，亞美迪歐會持續糾正我的姿勢。她想要知道：如果一個男低音站得歪七扭八的，他還能夠製造出正確的聲音嗎？

亞美迪歐和我已經把上課的地點改到了曼哈頓一間藝術學院，裡面擠滿了戲劇系和音樂系的學生，年紀都還不到我的一半。走廊上隨時隨地充滿了輕狂活力的興奮聲響。透過工作室薄到令人擔憂的牆，我對於聽到自己周遭各種聲音特技感到驚嘆不已，同時擔心自己細薄刺耳的聲音滲入當中。這些人都在朝職業一途前進。我有什麼資格一定要在那裡呢？

為了學習唱歌，我已經學習了不少事情。我學到了運動技能，能把自己的身體擺放到正確的位置。我也學到了如何暖身和更有效率地練習。我也學到了如何留意（和改正）自己的壞習慣。我認識到自己的聲音是什麼樣子、極限和潛力，以及我自己是誰、我的極限和潛力等等。

我也學到了音樂本身。我們現在一起研究歌曲，這又揭開了新一層的複雜度。我很快便理解到，要有意識地唱歌，就要在無意中聽到並了解，以一種沒人做過的方式去傾聽。我以為自己十分清楚的歌曲似乎突然之間都變陌生了，像是胡亂湊成的拼圖。

我們說話的時候，從不擔心要有足夠的空氣，會說完最後一個字，即便有時得屏住氣說話也一樣[62]。我們本能知道如何調整自己的速度。

唱歌的時候，我總是會喘不過氣來，這是因為我時常過早強力唱完一個詞組。這些熟悉的字眼開始讓我犯錯。我在唱R. E. M.搖滾樂團的〈夜泳〉的時候，會想要把「clearer」這個字發得跟我平常說話的時候一樣，變成「clear-er」。但是這樣的唱法相當刺耳和拗口，唱成「clee-ruh」是比較好的選擇。

「r、g和k三個字母對於唱歌者來說相當困難。」亞美迪歐說道。

對我來說，唱歌使得我的母語又成為全新的語言。如同《音樂教育》（*Music Educators Journal*）期刊說的：「唱歌者有兩種語言要精通[63]，包含音樂和文本，而樂器演奏者只需要精通一樣就足夠了。」

我還在努力唱出明顯的變音，也就是讓肌肉群製造出「胸音」的那一刻達到極限，然後再把這項工作交給負責「頭音」的肌肉。亞美迪歐說：「這就像是草率換檔的結果。」這在我聽起來，像是青春期孩子唱的約爾德歌曲。我們試著透過像是Ma-oooo-ahhh的音階練習，把兩種聲音「聯結起來」。我想要不露任何轉音痕跡地唱出這些音，但通常總是聽得出來。亞美迪歐說：「在變得優美之前，這聲音聽起來不會好聽的，不過一定得先聽起來很難聽。」

我們無從確定，我的聲音會處在哪些情況當中。就像一把不曾被仔細照料的古老小提琴一樣，有可能僅因為繁瑣的細節就被扔棄了。我可以體會到歌手博斯崔吉（Ian Bostridge）的悔恨，認為「自己的生命被痰控制住了[64]」。在家的時候，我不僅被自己「難聽的」噪音和對黏液的不滿圍攻，我的妻子更會猛然大喊：「你就不能學打造模型船或之類的事情嗎？」

儘管如此，我還是有了進步。我現在較能夠常唱出對的音符。我能夠唱出更多的音符，也悄悄潛進了男高音的領域。我可以一下子就唱出G4的音階（在葛芬柯（Art Garfunkel）唱到〈惡水上的大橋〉最後部分的「我會讓你安心」一句時，他唱的就是G4）。

我有了新的自信。我會狡猾地提起某些乍看之下不可能的挑戰，像是在啊哈合唱團（A-HA）〈接受我〉（Take On Me）裡面的「在一兩天之內」這句歌詞就是E5的音階。他是怎麼辦到的啊？（YouTub上面有一大堆提供訣竅的影片。）

亞美迪歐這時會向我保證，我將來有一天能唱到這個音階，又不會傷害到自己。更重要的，我開始能夠診斷和改正自己的問題。我可以聽見自己的鼻音，而嘗試「騰出空間」，或是我可以辨別出自己的聲音平淡，而試著讓自己的臉更有生氣。

有一天，她猜測我可能進入了平穩的停滯期。「你的進步相當大。我不斷聽見你的進步。當我們開始掌控自己的進步時，也表示我們不再是處在菜鳥的階段了。」早先的時候，我只是試著跟上練習，或是在家裡時試圖重現自己在錄音室做過的練習，而不知道箇中道理。現在，我對於自己想要達到的進步，以及要做什麼才能到達那境界，有了更深的認識。

我還有很多要達成的部分，也不打算停止課程。但如今排練室已成為舒適圈，我感覺自己離開的時間到了，該踏入另一個世界了。

第四章

做就對了

跟團體一起學習有挑戰性的事物，
有益於我們的大腦。

合唱效應

每個星期一傍晚，我從布魯克林家中出發到曼哈頓下東城去。在那兒，有個街區隔絕了市集般的喧鬧和德蘭西街咆哮四起的交通，我在當中穿梭自如，最後抵達了一棟十九世紀蓋成的新歌德式龐大建築物。

這棟建築一度是一六〇公立學校，但是在過去幾十年來成為「克萊門德．索托．韋雷斯文化教育中心」的所在地。我走上階梯，走過戲劇教室，走過正在上「警覺戰舞卡普耶拉」舞蹈課的學生，然後走進二〇三教室裡，找了位子坐下來。這裡的油漆已經褪色，窗戶也僅夠勉強地把寒意阻隔在外頭，老舊的木地板布滿間隔緊密的凹陷，這是焦躁的學童以往在他們書桌底下，不耐煩地移動著雙腳的結果。

這裡就是「英式搖滾合唱團」（Britpop Choir）的練習場地，你從名稱就可以看出端倪，他們最常表演的是英格蘭近幾年的流行音樂（綠洲、愛黛兒、大衛鮑伊、皇后合唱團，甚至像是「接招」男子樂團）。合唱團大約有五十多位的成員，不過大多數的夜晚則只有三十名左右的人數到這裡來。大夥把椅子圍繞著指揮者亞當斯（Charlie Adams）排列成半圓形。亞當斯是道地的紐約人，不過在倫敦長大，也在利物浦生活過一段時間，十年前回到美國大陸。她總是一派俐落地現身，渾身上下充滿了似乎無止境的熱誠和耐力，等她唱歌以及朝著喧鬧的學生大吼的時候，會很需要用上這兩樣武器。

在接下來的九十分鐘裡面，神奇的事情發生了。人們從黑暗的街道中出現，成群移動到這裡來，他們有些悶悶不樂，肩膀因為一週工作的開始而垂垮著。亞當斯會要每個人站起來做暖身運動。有各種搖擺身體的動作、各式各異的伸展動作，臉部也跟著做出連串的扭動。你可以聽見唇顫音此起彼落，整個空間充滿這種聲音，聽起來就像是變種麻雀發出急遽上升或下降的刺耳聲音。還要練習音階以及一些和聲。然後真正的課就開始了。在每堂課上九十分鐘的短短十堂課裡，這一個人數不斷波動的合唱團成員必須在時間內學習大約六首的新歌（使用現有的曲目），為期末的成果表演做好準備，通常是在某個曼哈頓有現場表演的場地舉行。我們清了清喉嚨，兩手緊抓著歌詞單，在亞當斯的提示之下，我們發出了頭幾個試探音。

在這一個半小時的時間裡，室內的能量完全改變了。原本一開始像是房東協會董事會議作出各種承諾的氣氛，轉變成為歡樂的派對，彷彿某種病毒在這溫暖隱密的空間被釋放出來，感染了所有的住戶一樣。有許多時刻，當每個人的聲音匯聚成浮動的整體時，一種（聲音的、情緒的、甚至是精神上的）超然性似乎就這麼發生了。如同作曲家派克（Alice Parker）描述的[1]：「那就像是我們所有體內的離子被安排好，在同個時間朝同個方向移動一樣。」

有時候，有太多離子嗡嗡喧鬧著，亞當斯就必須朝我們這群像是吵鬧不休的幼稚園學童發出噓聲，才能真正達到些進度。到了九點鐘，我們把摺疊椅擺回角落去，整個室內充滿正能量。大夥發出表示「下課了」的高音，在退回到腳底下的街道時，興奮地喳喳閒談著。這股能量波動在幾個小時之後仍然持續著，這些唱歌者會發現今晚要輕鬆入睡不會是件容易的事了。

這空間在我們離開之後沉入靜默。沒有任何證據顯示剛才進行了什麼事，什麼樣的聲音產物被創造出來（只除了我記起要在 iPhone 上記錄這些課堂）。但是有時候，在我吃力地維持某種和聲或是記住一句歌詞時，我幾乎無法相信我們當下創造出來的聲音。那感覺就像是亞當斯站在極度吵雜聲音的正中央，驅使我們攪動出某個巨大風暴，整個空間得勉力壓制著才至於不爆裂開來。

我們不僅創造了自己的聲音，光是站在其他人身旁，也就幫助其他人的聲音擴散。整個室內變成啪響的「擴散音場」，在每一處發出的聲音壓力是相同的。我們唱歌的時候，自己的聲音在個人的影響上減少了，但是在集體共鳴上卻成長了。我們稱這個現象為合唱效應*。

聲學研究人員騰史東（Sten Ternstrom）寫道[2]：「在認知感覺上，合唱效果可以神奇地把聲音跟來源分隔開來，賦予一個獨立、近乎超凡的存在感。」有些時候，我比較不覺得自己在唱歌，反倒感覺自己彷彿在把自己的氣息餵給一些遍布於空中的隱形超生物體，他們的形體模糊，不時發出突突突聲，而且什麼東西都吃。

當每一個人試圖精確完美唱出音符時，古怪的是，這並不能詮釋他們發出的聲音力量有多大。相反的，這得要感謝人類無可避免的分心傾向（會偏離完美一些些，有時候再稍微多了點），才創造出這種合唱效果，就跟任何合唱團一樣，我們這團體在合唱時，如果每個人唱出同樣完美的音調、完全地同步，結果就會是更多了些。這樣的聲音會更宏亮、更巨大，但也有更多的枯燥單調。

多虧了音調少許的變異（我們稱為顫動和失真），當每一個人彼此之間有一點點的不一樣時，一種迷人的「類隨機」的聲音被創造出來了，這聲音要遠比從單一來源的聲音，來得更加飽滿和豐富。當這個「混合」做對了（這也需要指揮者和合唱班成員的通力合作），沒有哪一個人的聲音可從其他人的聲音分辨出來，聆聽的人愉快地尋思一種似乎來自每個角落、卻也無所不在的聲音。

我發現比這一切更令我驚異的事實，是我的人就在這裡。在加入合唱團之前，我並不真心認為自己是會加入合唱團的人，此外，從我許多朋友或家人聽到我參加了合唱練習時，他們高舉眉毛的反應來看，他們也不這麼認為。

然而，我可以老實地跟大家報告，星期一成為我在一週裡最喜愛的日子。加入合唱團並不只改變了我看待日曆的感受，也改變了我整個生活。

”

我想要獲得更多在聲音課之外的體驗，因為我在這堂課裡只需要唱給一個人聽。我想要提高風險。我想要把這個在實驗室成長的結果，帶入這世界。亞美迪歐建議舉辦某種獨唱會，這想法立刻就讓我心生恐懼。

我這個人整天在孤寂中寫作。儘管自己偶爾會在上百位的聽眾面前演講，在那些罕有的時刻裡，當我真的發現自己置身在擁擠的會議桌旁時，自己得要很努力才能勉強提高音量說話。我習慣把和真實世界的互動交給我較為外向的妻子去參與，因為那些差事會讓我感到相當痛苦。如果我連在雜貨店

＊舉例來說，吉他手可以使用一個有合唱效果的腳踏板，來提高自己發出的聲音，如同「涅槃」合唱團在〈以你本來面目而來〉（Come As You Are）的表現。

服務櫃台和人對話都有困難，又怎麼能夠站到舞台上開口唱歌呢？

我心想，合唱團或許是最理想的妥協。即便如此，坦白說，這個想法仍帶給我些許驚恐。沒錯，我還是得要唱歌，但會是跟其他人一起唱，得以在白熱的聚光燈下得到一些庇護。（在意料之內，研究發現，合唱團成員表示這麼做比獨唱帶來的壓力還要減少許多[3]。）

在那時候，我對於全體唱歌沒有其他更多的想法，像是需要些什麼、這代表什麼意思，就只是記得是「一群人同時唱歌」的事實。我記得自己最後一次觀賞合唱團表演，是某個樂團在大都會藝術博物館演唱韓德爾的《彌賽亞》。他們的演出精采極了，但對我這個菜鳥來說，光是他們飄動的長袍、歌譜、天使般的女高音以及隆隆作響的男低音，他們簡直就是從別的星球來的。

偶然地，我住在西雅圖的朋友凱薩琳是個設計師，也一直在尋找個方法來唱歌。她欣賞人們唱卡拉OK的熱情，卻壓根沒想過自己或許也可以嘗試。她說：「卡拉OK在我看來似乎跟對唱歌的熱愛無關，看起來比較像是對於炫耀表演的喜愛。」

在此期間，她研究過的許多合唱團不是水準過高，就是帶點「書呆子」的味道。朋友告訴她，他們喜歡去的一個當地合唱團是表演流行歌曲的，還有交響樂團伴奏。然而她跟我一樣，感覺自己需要先接受一些訓練，因此她開始上聲音課程。

接著，她某天終於鼓起了勇氣去參加該合唱團的甄選，她把這經驗形容成「極端嚇人」。她原本希望自己可以躲在人群中就不會被注意，卻發現現場只有幾名歌手而已。她不會看譜，這會讓她學習自己的部分更加困難。

她說：「要我這個中年菜鳥馬上轉身走出去，然後無限期地繼續接受歌唱訓練，可能還要更容易許多。」

但是她想要有一個目標。她想要讓自己的聲音課程有個方向可以前進。學習歌曲讓她的注意力得以專注，這種必須適時把自己的部分唱出來的需要，也為她帶來了動力。（她使用一個叫做「顯耀」（Notability）的應用程式，會把她輸入的音符唱出來。）

這合唱團還提供了某樣東西，某樣我個人完全認同的東西。「在家接案工作讓我的生活變得跟外界很絕緣。」凱薩琳說道。她的朋友全是她在早年的生活中結交的，像是跟她一起做事的人，以及一起發揮創意做出東西的人。「他們都是很棒的朋友，但是我懷念跟大夥一起做事的感覺，而不只是跟他們見面吃個飯而已。」

我受到她現在如何深深愛上合唱團的經過的激勵，因此上網輸入像是「紐約市業餘合唱團」的關鍵字。我很快就發現，「業餘」兩個字也可能有許多隱含的意義，而且肯定跟「新手」字眼不是同樣的意思。像紐約這樣的城市，總是聚集著有音樂天賦的人，你可以把這情況解讀成「才幹很傑出卻沒有真正賺到錢」。

網路搜尋的結果，出現的合唱團水準似乎嚇人地遠在我的能力之上。舉例來說，他們還安排了甄選耶。首先，唱歌者被要求唱一首不是英文的歌曲。我自己在唱英文歌的時候，偶爾都還會表現得像是那是我的第二語言一樣，因此這個應該就不在考慮之內了。

「請不要唱詠嘆調。」一個合唱團的甄選指示如此警告著。我真的會這個就好了！唱歌者也被期望是一個「一流的視唱者」，指示以一種讓人安心卻又含蓄的姿態繼續說明，暗示我對這方面的技能應該頗有了解。要我讀譜已經很勉強了，更別說要馬上唱出來。還有喔，甄選？那就是自己得一個人唱歌的意思了，而這正是我極力想避免的事情啊！

我正打算再次輸入關鍵字，像是「紐約市真正很業餘的合唱團」字眼的時候，來自「英式搖滾合唱團」的演出信息吸引了我的注意。

身為綠洲、布勒和果醬等樂團的粉絲，我立刻就產生了好奇心。一行字跳了出來：「不管你是不是專業歌手，或只是在洗澡的時候幻想自己是碧昂絲，不需要甄選就可以加入我們。」我心裡想著，這可能就是我想要的合唱團了。但是我開始分析這句話。等一等，這意思是那裡可能也有專業級的歌手囉？即使在洗澡的時候，我也不曾幻想自己的聲音實力可以跟碧昂絲相比。

當我點開一些範例影片時，看見滿屋子的人看起來像是玩得非常開心，但看起來（和聽起來）也像是超級有自信的樣子。我把每一段影片反覆看了幾次，試著在心理上把自己用修圖軟體加入那群唱歌的人當中。我就是沒辦法跳過自己心理層面的想法。即便如此，受到這本書箴言的鼓勵，我送出申請加入的信息，這讓我後來得以和「城市合唱團計畫」的發起人亞當斯初次碰面。

在電話中，我告訴她自己想要尋找的目標，也承認我沒有任何在合唱團唱歌的經驗。她說：「我們感到自豪的幾件事情當中一樣，也就是我們的品質和可親近性是同樣重要的。」

要明白這種解釋是有些複雜的。亞當斯說：「『業餘』是個怪異的字眼，我們會用『社區合唱團』，這樣的詞彙也有自己的含義。」英式搖滾合唱團沒有使用樂譜。「我們用耳朵學習一切的東西。」她說。對一些人來說，這令他們放了心。對其他人來說，則是一種警訊。她補充：「在開始的時候，我們有碰過兩個人來到這裡，感覺這裡還不到他們在尋找的水準。」

我在找的東西非常明確。我想要一個願意接納像我這樣毫無經驗的菜鳥，不過我也不一定很需要置身在全部都是菜鳥的地方之中。我想要待在一個在自己變得更好的時候，其他人也都變得一樣好的地方。

在社區合唱團主張平等的圈子中（我個人是全心支持，這一個概念看起來甚至相當無害），可能會引起一些爭論。其中一個名為「不會唱歌合唱團」（Can't Sing Choirs）的團體看重包容勝過技能，近幾十年來在英國受到相當的歡迎。當我聯繫那裡的主管，解釋我的計畫、並詢問到那裡拜訪的可能性時，得到的回答相當謹慎。她寫道：「我不確定我們屬於『終身學習』的一環，我們只想給大家唱歌的自由，不需要感覺自己有必須進步的壓力。」我想像自己注定要在電影《修女也瘋狂》（*Sister Act*）裡，在琥碧戈柏到來讓合唱團煥然一新之前，得在那個雜亂不和諧的合唱團落腳的畫面（不用懷疑，這麼想是很不公平），那裡根本就是一個永遠都只會是半吊子的世界。

英式搖滾合唱團似乎給人一個開心媒介的印象。

一方面看來，就如亞當斯告訴我的：「我的工作不是要幫助人成為明星，反倒是比較偏向利用唱歌這件事，把人聚在一起。」在另一方面，她也說：「對任何人來說，如果唱出來的歌很難聽，也算不上真正的開心。」她也暗示，儘管社團本身受限於時間和自信等，並不教授聲樂技巧，大家唱出來的聲音挺不錯的。

她回憶幾年前有個女人加入合唱團。她說：「她真的被嚇到了，她很勉強才能唱好和聲的部分。」如今她差不多已經在領導著自己的小組了。

亞當斯承認，儘管「把人聚集在一起」仍然是合唱團的重點，但是英式搖滾合唱團也一直在進化。他們唱過一則廣告歌曲、和一間舞蹈公司合作，也主動當過一位著名唱片歌手的和聲。她說：「團員都相當不錯，那不是必要條件，不過我們的確發現多數來到這裡的人多少都有了些經驗。」有人曾經在舞台上、或在錄音室裡唱歌。甚至還有一兩位屬於女神級的程度。隨著他們兼差的工作日趨忙碌，這團體轉變成半職業的演出了。

我突然間不是很喜歡這對話被帶往的方向了，原來他們還有一張等待人選名單。亞當斯接著告訴我，她實際上還經營了另一個團體：布魯克林居民合唱團（Brooklynite Choir）。她說：這團體帶著一股「本土味」，我把這句話詮釋成「菜鳥味」。這裡比較接近我的住處，我的水準比較適合這裡。我可以立刻就加入。我感覺她彷彿在警告我遠離英式搖滾：趁你還能逃的時候，快逃！

我還是加入了英式搖滾。命運似乎以任性的方式驅使同樣任性的我加入這團體，即使這讓我看起來像是往一堆岩石衝去，而除了自己以外，我也沒有更好的領袖在前引領了。

”

某個溫暖的春日傍晚，我進入位在里文頓街上的排練教室，我先前在初次排練的影片上，就看過這間教室了。大家彼此擁抱，興奮地敘舊。我偷偷地在這間前身是學校教室的排練室，找了張椅子坐下來，回憶把我帶回自己在八年級時進入一間新學校，周遭一個人也不認識的情景。突然間，我認出了幾張在網站介紹影片的臉孔，自己有些靈魂出竅的感覺：我真的在這裡嗎？

排練室裡的女性占壓倒性的多數。男性的人數用一隻手就可以數完，彷彿其他的全上戰場去了。這情況在合唱團的世界裡相當普遍，至少在美國是如此。但是這情況從以前並非就是如此。歷史學家蓋茲二世（J. Terry Gates）指出，在殖民時期的美國，唱歌是男人的天下。

到了一九三〇年代，一份中學普查發現男性唱歌者和女性唱歌者的人數是相當的。到了近期，一份中學合唱團的分析報告指出[4]，情勢已轉為女性占百分之七十，男性則占百分之三十。造成這文化如此轉變的原因還不十分清楚。

長期注意男性唱歌者情況的亞當斯半開玩笑地告訴我，她可以開始利用「為單身男性製造機會認識女性」的方式來行銷她的合唱團。在我到來之前，就有一些關於「從倫敦來的男生」的無名耳語流傳著，據說對方以前是一個風流成性的合唱團成員。

剛從產假結束回到工作崗位的亞當斯進來，走到教室中央時，整個房間逐漸安靜下來。「我想對今天剛加入我們的成員說，歡迎來到英式搖滾合唱團！」她一邊說一邊看向我的方向。「我是亞當斯，這個合唱團的經營者。」她說到這裡，稍微拉長了語音：「我想是如此，沒錯吧。」可惜她的謙虛掩蓋了她令人驚訝的高效率。她流利說了關於新成員不需要感到緊張的一些話：「除非你們自己願意，否則我不會讓你們獨唱而感到難為情的。」亞當斯讓我想起了學校老師，那種你認為很酷的老師，讓你自己也想成為這樣的人。我的年紀比她還要大上許多，但是在這種學生和老師的關係當中，我不知怎麼地感覺自己要年輕一些。

她很快就把所有人分成不同的聲部。從我們在電話裡的對話中，她已經認定我是男低音。儘管我算不上是傳統認定的男低音，但是在這裡，任何低於男高音的聲音就算是了。說真的，多數男性都屬於低音。

她開玩笑地說著：「湯姆被女士們包圍了呀，漢克，幫忙把他拉出來！」我很快就知道漢克是亞當斯的副手，他是演員、歌手、老師和多聲部的喜鵲，他可以掩蓋合音中較弱的部分（包括我的在內），簡直可說是液態的ＯＫ繃。才不過一會的時間，亞當斯甚至沒有多加介紹歌曲，我們已經就定位開始唱歌了。

我們整個第一堂課時間，全在練習英國「珊瑚樂團」〈夢見你〉（Dreaming of You）這首歌。在暫停的片刻時間中，我試著融入大家，主要是跟男低音部的另外兩個男士交談。（我很快就學到，你在合唱團裡待的聲部，基本上就會成為你的整個世界。）

其中一個有著低沉嗓音的高個子是叫做羅傑的亞裔美國人，當他笑起來的時候，發出的聲音像是高音的咯咯笑聲，卻又不可思議地討人喜歡，他成為我在合唱團裡應對進退的指南。他早在英式搖滾合唱團成立初期就加入了，是這聲部的實際領導人。我感覺得出來他知道自己在做什麼，因此在那堂課（以及之後許多課）中，我很單純地就是試著跟上他的每一個動作。我在這一堂課裡幾乎一直帶著微笑，在亞當斯丟出一個像是「男低音，你們要唱出男生最高音的部分，低八度音」的指令時，頻頻點著頭。因為我一直以來都是自己唱著歌，音樂理論也只懂一點皮毛（最近才從我女兒的鋼琴課一點一點地拿回來），因此在我聽起來，這也很可能是接到要拆卸一把卡拉什尼科夫自動步槍檢修的指令。

我基本上就是試著做直覺告訴我的動作，發出聽起來跟羅傑沒有差異太多的聲音。

”

我那時還沒理解過來，我把自己丟入了一個極其身歷其境的學習環境。如果我們泰半是透過觀察來學習的話，我現在有數十個對象可以觀察。如果學習是透過回饋而進步的話，我可以從周圍那些人的聲音判別出來，自己（或是他們）的歌聲有無走調。如果學習是透過動機來提升，那麼自己屬於一個比「我自己」更重大的團體的感覺激勵了我。

一百多年前，心理學家先驅特里普萊特（Norman Triplett）分析了自行車賽的紀錄，對關於表現心理學的歷史做出了相當深遠的觀察：自行車手若是跟著競爭者（或者又稱為領跑者）競速，騎得速度要比獨自騎著自行車的人還要快。

他把這稱為「社會促進效應[5]」，論證了我們現在覺得理所當然的事：人類在有其他人在的時候，似乎表現得更好。置身在出色的歌手當中，我也被迫使表現得更上一層樓。然而，社會促進效應得要有個前提才會產生：這似乎只會對簡單或是做足夠練習的任務才有作用。有時候，當我還沒學到某部分、或是還沒練習好某個部分來排練時，有其他人在現場反而讓我的表現變差。我猜想這只會提高自己想要盡快學會的動力。

當我現在聆聽我們初次排練時錄下的歌聲，發現最明顯的特點是我幾乎聽不見自己的聲音。我那時幾乎只是做出口型，提供一個不足為道的聲音填補作用。如「社會惰化[6]」（social loafing）這名詞所顯示的，是社會促進作用的另一面：其他人的表現鼓勵（或是允許）了我們不需要太過努力。

我花了一些時間才找到了我自己的聲音。

最早的社交網絡

每週星期一晚上在二〇三號教室進行的例行公事，對全世界來說是相當熟悉的行為。根據一份二〇〇四年的報告，在美國參與合唱團公開表演的美國人人數，要比任何其他藝術形式的人數還要多[7]。事實上，任何其他藝術公開表達的人數要遠落在後面。在英國，合唱團的數量（包含能夠和不能唱多種類歌曲）據說來到了空前的紀錄[8]。一個稱為「高聲唱」（Sing Up）的國家計畫，就是特別設計要讓更多的學童唱歌的計畫。從二〇〇〇到二〇一二年期間，在英國上教堂做禮拜的人數有上升的現象[9]，很大部分要歸功於，教堂的其中一項服務是唱歌，如同自十七世紀中期以來一樣。我們也不該忘記，受大眾歡迎的英國電視實境秀所產生的串連作用，臨危不亂的馬龍（Gareth Malone）把在職場、軍人妻子團體（甚至是整個城鎮）中五音不全的人，轉變為上過潤滑劑的聲音機器。根據報告，在澳洲等待加入合唱團的名單簡直是一長串[10]，而在社會資本屬於高層次的瑞典，加入合唱團裡唱歌屬於一項「全國性的休閒娛樂[11]」。

在這些現象背後存在著一個很好的理由。如同我在前一章討論過的，如果自己一個人唱歌讓你感覺很棒，跟其他人一起唱歌會讓你感覺更加美好。

研究發現，在合唱團裡唱歌，可以增加人對於幸福和身心健康的意識感。（應該先把話說在前頭，我的感覺就是有趣而已。）和別人一起唱歌涵蓋大腦活動的範圍，要比獨自唱歌來得更寬廣[12]。我們也發現，在合唱團裡唱歌可以促進人體催產素的水平、增加一個人對於痛苦的忍耐力。一份研究發現，團體唱歌（有趣的是，不是團體聊天喔）可以降低壓力荷爾蒙皮質醇的水平[13]。在另外一個調查中，蒙受和壓力有關的腸道疾病的人被要求加入合唱團[14]，一年之後，這些人報告自己的痛苦減少了，跟沒有唱歌的對照組相比，這些人跟該疾病有關的荷爾蒙水平也下降了。

團體唱歌也被視為預防性健康照護的一種，而且不光是應用在生理健康上。合唱團也被成功地當做「治療工具」，應用在參與心理健康計畫的人。有專門讓街友參與的合唱團，也有讓親人失蹤的人參與的合唱團；有「投訴合唱團」（Complaints Choir）（很適當地，由兩個芬蘭人在赫爾辛基某年冬天發起，讓滿腹牢騷的人有管道來消化這些抱怨，轉變成正面的態度），也有為囚犯而設的合唱團；有專門撫慰垂危病人的合唱團，也有為自閉症孩童和成年人設立的合唱團；甚至還有一個在卡崔娜颶風之後成立的「颶風合唱團[15]」（Hurricane Choir），設計為一種因應暨恢復機制，來撫慰因為在那災難性的暴風雨之後不得不離鄉背井的人們。

為什麼這些合唱團看起來有所助益呢？一份報告這麼寫著：「唱歌本身的行為和參與其中的行為，就是令人喜悅。」但是更重要的，合唱團似乎是利用音樂的力量，來幫助滿足人們一種更為強大的推動力[16]。簡單來說，唱歌就是一種社交黏著劑，幫助人聚在一起。英式搖滾合唱團的人數上限為五十名，碰巧正好是我們以狩獵採集維生的祖先偏愛的團體人數上限，這或許是社會內聚力最適當的數字吧？

人類學家指出，其他的靈長類動物仰賴一對一梳毛的行為，來形成社會連結力（以及釋放腦內啡），不過人類團體的需求遠大於這種關懷水平，因此我們需要其他的方法，像是一起唱歌，或是一起創作音樂的原始語[17]。從一群研究人員稱之為「破冰效應」（ice-breaker）的研究當中，他們發現相較於其他社會休閒活動，新成立的唱歌團體「體驗到更加快速形成的連結關係[18]」。

這當中一個理由是同步性。在同一個時間以同樣的節奏一起成功地做事，已被發現是一項威力強大的親社會介質。當然了，還有其他的活動可以幫助推動社會的連結，我毫不懷疑走廊底端那群不時注意他人的卡波耶拉（Capoeira）團體，也從他們的活動當中得到類似的效果，其他任何從事團體體育活動的人也有同樣的感覺。但是需要彼此同心合作、同時呼吸，在各方面達到真正的和諧（合唱團成員即便是在心跳方面都會開始同步[19]），一群人和諧地唱歌似乎尤其有效果。

在如今一份著名的研究裡，當社會學家普特南（Robert Putnam）調查為什麼某些義大利地方政府比其他地方政府的運作要順暢許多，你或許期望聽到幾個理由，例如像黨派政治、地方政府富裕程度等，似乎都有關係。然而，真正看起來很重要的，是「公民參與的傳統」，這當中之一便是「合唱團社團的成員*」。

當我在英式搖滾合唱團待上更多的時間之後，我開始把這個團體看成一個參與式民主成功運作的小型典範，每個人都必須投入讓整件事情順利運作，你必須到場排練、記住歌詞、反覆磨練自己的部分。我們在一個稱為「實踐社群」的空間裡共同學習。你必須和其他人共事，參與他們的行動。如果你有某個部分比較弱，某個人可能會拉你一把，你可能在下一首歌當中就回報這個恩惠。

每一個人的聲音都要出現，是製造最佳聲音的關鍵，沒有一個人的嗓音（或是一組嗓音）可以過於強大。嗓音的多重性不是阻礙，反而是所製造出來的聲音最大的優勢。不同年齡、不同種族、不同背景，有著不同經歷的人聚集在一起，共同做一件每個人都不可缺少、卻又比他們任何一個更偉大的事情。這集眾嗓音而成的漲潮，足可舉起一艘大船。似乎也就像是個一星期只花十二美金即可進入的小小烏托邦。

我們製造出來的聲音美妙極了。

也就是大約這時候，我開始在自己的手機裡跟陌生人一起唱歌。

我發現跟其他人一起唱歌所帶來的正電荷幾乎能讓人上癮。我開始好奇在排練當中的空檔，自己能不能找到其他方法，滿足這個需求。有一天，我在網路閒逛時，發現了一個名稱怪異的社交應用軟體 Smule。

這個應用程式很簡單。你只需要把耳機插進手機裡，在資料庫裡面尋找喜歡的歌，就可以開始歡唱了。你錄完一首歌之後，可以利用各種自動調諧、風格、濾鏡和效果，來稍微調整自己的表現。你可以拍攝自己唱歌的樣子，或是單純地錄下聲音。我就錄了幾首自己獨唱的歌曲。這很容易上手，聲音品質也挺不錯。這很有趣，就是有點跟真實的人隔絕了開來。

＊我並不想要假設合唱團像是顆神奇藥丸，可以解決整個世界的問題。舉例來說，有人指出合唱團以前在納粹德國時期是用來建立「社會資本」。這一點可以參考薩蒂亞納特（Shanker Satyanath）、佛格蘭德（Nico Voigtländer）和沃斯（Hans-Joachim Voth）三人共同在《政治經濟學雜誌》（*Journal of Political Economy*）中刊出的文章〈為法西斯主義打保齡球：社會資本和納粹黨的興起〉。

接著我又發現了「二重唱」的選擇，這感覺就像是自己解開了這項服務的神奇之處。現在呢，我會記錄我自己的「原始內容」（大約就是半首歌），再開出合唱的邀請，緊張地等待某個人會加入我。或者，我也能夠加入某個人已經開合唱的邀請，同時暗自希望他們會感到開心。

因此，突然間我似乎在和整個世界一起唱歌。我跟一位披戴頭巾的印尼女性唱了約翰藍儂的〈想像〉。我和一位來自維吉尼亞州的男生唱了R.E.M.樂團的歌，對方的簡介照片秀出他拿著一把突擊步槍開火。我跟一群中年人唱了一九七〇年代的歌曲，也跟青少年和二十歲上下的年輕人唱了現代的流行歌曲。有些人有半職業水準的錄音設備，還有大型麥克風，也有許多人是在停好的汽車裡唱歌的。有些則是在行進中的汽車裡唱歌（我總是會避開這類的人）。有些人的聲音極其宏亮，有些人則近乎呢喃耳語的地步。

我把Smule當成孩子的沙坑使用，這是一個地方我可以開心玩耍，運用不同的聲帶肌肉，克服自由式饒舌歌曲、或是以退化不少的西班牙文唱歌。我的女兒試過這個應用程式之後，說：「我現在明白了，為什麼你會待在房間裡這麼長的時間不出來了。」跟合唱團一樣，也有烏托邦的味道，跟來自不同時區、距離、語言和文化的人一起唱同樣的歌曲。這也跟其他社交應用程式相同，你可以留下評論看法，給別人「讚」和「最愛」，累積粉絲。我對於酸民是頗有疑慮的，但是跟我一起唱歌人總是都很有禮貌。他們給出的讚美，對一個菜鳥歌手來說是會上癮的。我在唱歌時習慣會繞著屋子持續來回地走動，讓我的妻子和女兒覺得很煩。在 Smule 裡，人們是不會覺得有啥可煩心的。他們似乎很開心我出現跟他們一起唱歌。「啊，你唱得很到位喔！」等等評論只讓我愈來愈茁壯。這裡變成了一個祕密支援網絡。

我很好奇這應用程式的起源，後來聯繫上了 Smule 的總裁史密斯（Jeff Smith）。長期身為矽谷企業家和音樂家，他認為像是智慧型手機的科技可以幫助人們製作音樂以及一起共同製作音樂。

「音樂是原始的社交網絡。」他這麼告訴我。起初，Smule 創造出像是智慧型手機鋼琴的東西。但是沒有任何一項樂器可以像所有人都擁有的某樣東西，能夠表達千種情緒。「你的嗓音就代表你這個人。」史密斯說道。這是一種表達的核心形式。「你看著一個藍調吉他手，他的嘴角會抽動著。那就是在模擬聲音出來。」他本身在唱歌上備受挫敗，很想要讓自己唱歌時不那麼丟臉。他理解到，要達成這目標的方法就是跟其他人一起唱歌。他說：「你會比較可能想要跟一個來自世界另一端的陌生人一起唱歌，而不是跟一個站在你面前的熟人一起唱歌。」

音樂古老的連結力量被帶進了社群媒體遊戲化的世界裡，看來也似乎是強大的。唱歌多數時候也就止於唱歌，但是有時候他可以導向更深層的連結。他告訴我，據報告，有超過一百個「Smule 寶寶」誕生呢！這都要感謝那些人在這平台的合唱功能遇見了彼此。

我並沒有在尋找愛情，或甚至是朋友，但是我也開始感覺到自己和某些固定一起唱歌的搭檔之間的連結。我們被時間和距離分隔開來，卻能夠透過這奇妙的方式敞開心胸，鍛造出這個共享的經驗。有一位住在德州的女士長期以來就是歌手，青少年時期跟著合唱團到紐約市參訪，把Smule當成跟歌唱再次連結和下班後放鬆的方式。最常和我一起合唱的夥伴之一，是一個住在英國的男生，他之前是譏諷脫口秀表演演員，還曾經在傳奇人物約翰皮爾（John Peel）的廣播節目演出。他告訴我，Smule網站意外地變成了處理他憂鬱症的工具。「把你的憂鬱唱掉。」他如此告訴我。

我曾經跟一位女生合唱一段時間，我尤其喜歡她的嗓音，但我後來才知道，她因為突發性心臟驟停過世了。我們這群人（我只從線上唱歌認識的人）合唱了一首歌來紀念她。有鑑於我們彼此從來沒有面對面的談話，這合唱似乎也怪異地令人感動。愛、失落、甚至是生命本身：唱歌涵蓋的層面就跟音樂本身能做到的一樣多。不管何種情緒，這感覺似乎就是更有意義，跟另外一個人一起做這件事也更加有趣。

”

同時間，我也更熟悉一些在英式搖滾合唱團裡一起唱歌的人，發現他們除了對歌唱的熱愛之外，同樣也因為許多的原因留在合唱團裡。某晚在酒吧裡，一個女生漫不經心地告訴我，她加入這合唱團本來是帶著開玩笑的性質，但是卻幾乎立刻意會到「這就是我在生活中一直在找尋的東西」。

新開始的轉變或是過度期間似乎總是個主題。我在男高音聲部的夥伴羅傑告訴我，他從小便是合唱團的成員。在他變聲以前，他在紐約郊區一間中文合唱團裡，擔任好幾次獨唱的部分。他在一次分手之後經歷了「自我探索」和重生的時期，幾乎是緊接著回到了歌唱的世界。

他先是在另一個全數為男性、也較為傳統的合唱團待了幾年，之後才在英式搖滾落腳下來。他開玩笑說道：「當你加入一個男性為少數的合唱團，你必須要多好的標準就降低了。」儘管他在生活中也有其他情感宣洩的出口，像是打網球和繪畫，他告訴我合唱團對他已重要到如果有人提供他到別城市去上班的機會，他可能會沒辦法答應。

莎拉是個活力十足外向的女低音，我很快就和她成為朋友，她這輩子都在玩音樂，加入了好幾個合唱團，在紐約不同的卡拉 ＯＫ 吧裡驚艷了很多人，她甚至在一個「技巧分享」的程式裡教同事唱歌。她目前正在向自己的唱歌老師學習「重金屬搖滾的吶喊」。她過去十年裡都是一個她稱為「女力手風琴交響樂團」團體的一份子，她笑著說還記得喜劇演員史都華（Jon Stewart）在一個慈善演唱會介紹她們的團體時，問道：「說起來，你們的噱頭是什麼呢？」但是在這團體的指揮（也有點像是個人導師）幾年前去世之後，團員就不再固定聚在一起表演了。她說：「我以前都不知道自己會多想念固定排練的時候，這對我的大腦來說，真的很有益處。」

我們的合唱團目前感覺像是個社交活動，要和在我們同個聲部成員以外的人碰面，還是得花一番努力。排練的時間相當密集，一旦結束之後，大夥傾向趕緊回家去。大夥有一兩次約了去喝些東西，這在星期一晚上來說是挺不容易的。

我和一個法國女生羅倫絲成了朋友，她的笑容很有感染力，也擁有法國女性似乎常有的那種不費吹灰之力的時髦。我們之所以會開始說上話，是因為我老是在我住家附近和她偶遇，這一帶碰巧住了很多外國僑民（這要拜當地公立學校備受讚譽的法語沉浸式雙語教學系統之賜）。我們的年齡相當，彼此的孩子都在當地學校就讀，兩人開始唱合唱團的時候都是菜鳥。我感覺到她是我在合唱團的靈魂伴侶了。

一天傍晚，我們在社區一家咖啡館喝茶的時候，羅倫絲告訴我，她初次遇見亞當斯的時候是在她幫小孩報名課後的唱歌活動。「因為他們的年齡還很小，我都跟著他們去上每一堂課。」她說：「然後我對亞當斯就有一種煞到了的感覺。光是看她有多少活力就明白了。」

有一天，羅倫絲問亞當斯，她有沒有任何教成年人唱歌的課。「我以前從來沒有唱過歌，甚至不曾去唱過卡拉ＯＫ。」她說：「我就直接去上課了。我不知道自己會不會喜歡或是會不會持續課程。」她參加第一次排練的時候，整個人近乎驚慌。她回想：「我真的相當害怕，我覺得很多人已經有唱歌的經驗，自己並不適合那裡。我擔心得要死。他們可能會想『這個法國女生根本沒嗓音，她在這裡做什麼啊？』」

星期一晚上成為她在家庭生活以外的暫時庇護所。她那時經歷著緊繃的婚姻關係（很快就變成了分居），情緒似乎總是在星期一的時候更加明顯，或許是因為重返工作日的壓力所導致。她在合唱團裡慢慢地感到自在許多，也開始捕捉到合唱帶來每週一次的振奮感覺。此外也有一種面對新鮮事物的新生感覺。「我不斷地想著，感覺自己任何時間開始學一件新事情都不嫌晚的感覺，真的好好。」

突然間，唱歌成為了她的強項，一個身分的島嶼，這引起了她朋友的驚奇。「這時機來得再完美不過了。」她如此說道。在她二十年的婚姻似乎已無法挽回的情勢下，唱歌提供的不僅是活力的提升，更是那種她可以為自己做些什麼的感覺。她說：「當你有了孩子，你會記不得自己需要什麼、想要什麼，你就是一路跟著他們。」或許該值得注意的是，她回憶起儘管自己的先生並沒有阻止她去參加合唱團，但是也沒有去觀賞她任何一場表演。

我們說話時，她突然間記起了某件事情。在她的婚姻末期的時候，她的先生總是抱怨她的聲音。或許因為壓力的關係，他大體上變得「連一點噪音都不能忍受」。不過她的嗓音也成為了焦點。她說：「我的聲音通常都有些宏亮，我也沒辦法控制。當我大聲說話或是大聲笑的時候，是因為我很激動或是很開心。」她甚至開始調查，想要請一位聲音教練。「如果我可以改變自己的聲音，或許就是解決事情的辦法。」可惜這些費用太過高昂，在紐約一個好的聲音教練一小時可以要價一百美金，而英式搖滾合唱團的費用每堂課沒有比電影票貴到哪裡去。遇見亞當斯之後，她認為唱歌可能可以幫助她「調整」自己的聲音。

她和她先生決定分居的那個星期，她記得自己在排練時沒辦法停止哭泣。她告訴我：「我並沒有在大街上大哭，但是唱歌會打動你的心。亞當斯之後過來對我說：『我從來沒見過你這樣子。』」

幾年過去了，羅倫絲如今在亞當斯經營的兩個合唱團都有唱歌，她最近甚至還參加了亞當斯為英式搖滾一群核心歌手安排的非正式徵選，如果有臨時唱歌機會出現時，亞當斯就可以號召這些人。「亞當斯真的很窩心。」羅倫絲說：「她說，她很開心聽到我的聲音，我自己一個人的聲音。」

我們大夥從不同的地方來到這合唱團，有著不同的故事和不同的動機。但是我們全都是菜鳥，試著開始做某個新的事物，試著重新開始。有些人在尋找新的方向，有些在嘗試發現以往的熱情。對有些人來說，這個風險不可說不高。他們在試著把自己的生活拿回來。

一天晚上，排練剛開始沒多久，我驚訝地注意到我們這個小到不行的男低音聲部竟然有一個新成員。他剃過鬍子的臉、愛迪達球鞋，以及弗萊德派瑞（Fred Perry）馬球衫，都讓我感覺是那種你可能會在一場英格蘭足球超級聯賽球賽看台上遇到的人。我們後來才知道，亞德里安是來自北倫敦的足球教練，他來到美國和紐約紅牛學院合作。一星期之後，我開始和他聊天，期望聽聽他喜歡英式搖滾這種類型合唱團的什麼地方。

「我得了腦瘤，我的語言治療師認為唱歌可能對我有好處。」他說道。

後來，當我們約好一起吃早餐的時候，他說他本來並沒打算告訴任何人他的狀況。他不知道自己為什麼會向我吐露這祕密，或許他感覺到我是個專業級的傾聽者。但這樣似乎也減輕了某些重量，因此他繼續告訴我整個故事。

前一年某個燠熱的八月午後，他從自己在曼哈頓格拉梅西公園社區的公寓附近一個泳池回來的時候，出現了癲癇。

他告訴我：「我開始震顫，我以為自己心臟病發作了。」一個碰巧從附近雜貨店走出來的醫生叫了救護車。急診室醫生立刻開始檢視他的心臟，但是找不出任何毛病。他那時感覺自己沒事了，兩分鐘的癲癇已經退成回憶。他被送到另一間醫院做大腦電腦斷層掃描。他等了一個小時又一個小時。一個醫生最後終於走過來告訴他，他必須留在醫院住一晚。他說：「我那時候的感覺是，自己什麼問題都沒有啊。」

隔天早上，他被告知他大腦裡有一個腫塊，那是個腫瘤，必須立即移除。手術就排在那星期。他打電話給他父母的時候，談話當中又發生了輕微的癲癇。他的家人立刻啟程來到紐約，陪伴他動手術。等他醒來之後，醫生告訴他百分之九十的腫瘤已經割除（他也被告知，若是割除全部的腫塊會造成重大的傷害）。他發現自己無法做出回應。「我不能說話。我可以明白所有在病房裡發生的事情，就只是不能說話。」

他罹患了所謂的不流利型失語症（non-fluent aphasia）。西奈山醫院執行這項手術的外科醫師雷蒙・楊醫生向我解釋，他的損傷是在大腦左前額葉的位置，靠近被稱為布若卡氏區（Broca's area）的地方。這裡是大腦的主要「語言中心」之一，另一個稱為韋尼克區的區域則是負責理解語言的意思。

當亞德里安的腫瘤被割除的時候，一些連結大腦其他部分的神經（這就像是裡面有部百萬條電線的光纖電纜），無可避免地受到了損害。亞德里安沒有失去如何說話的知識，但是卻失去了實際開口說話所需要的指令神經，其他的神經功能也差不多被擾亂了。他透過寫出答案，來跟自己的父母親溝通，但是由於他沒辦法移動右手大部分的手指，因此非常吃力。他在距離的測量上也有困難。「我永遠都會是這樣子嗎？」他懷疑著。

有天，他一位朋友到醫院探視他時，播放了他喜愛的「綠洲」樂團。他的咽喉突然劈啪地有了聲音。他說：「我可以大聲跟著唱，我記得所有的歌詞。」他沒辦法出聲做簡單的對話，但是他可以唱歌。這是因為唱歌一般說來是發生在大腦右半球的活動，在面臨語言損傷時，這部分反而時常被保存了下來[20]。他唱綠洲樂團的歌曲，並不是在製造語言能力，而是在恢復之前已經和旋律一起被編碼過的語言。如楊醫生告訴我的，大腦右半球有些區域可以連結和反射左半球，因此可以當成「備份」來吸納。

或許唱歌是一個橋梁。如同薩克斯（Oliver Sacks）在《音樂愛好者：音樂與大腦的故事》（*Musicophilia*）一書指出的[21]，唱歌似乎能以一種良性的循環，同時有效地「控制」新近過分活躍的右半球，和幫助「被抑制的」左半球。亞德里安的大腦藉由應用兩個半球的資源，獲得了補償。巧妙的是，這普遍是要等我們年老了之後才會出現這樣子的情形。

「就像是個救生索。」亞德里安說到他自發性的發聲法時，這麼說道：「突然間，我思考著：好吧，我的聲音有可能回來。」不過，他自己也才剛開始密集的復健療法：認知治療、語言治療、團體治療和物理治療。「那過程實在是無法相信。」他說。

曾經一部如此簡單的事情必須要再重新學習。重新學習的地方不是在認知的層面：在他的腦袋裡，他知道如何做事。但是可以讓必需的大腦－身體相互合作的神經路徑已經被重新接線了。舉例來說，他可以清楚地看見東西，但是他沒辦法讓他的眼睛到大腦指定的地方（神經眼科醫生派給他「讓眼睛做仰臥起坐」的工作）。想像當你看著一座打開的冰箱，卻沒辦法發現某樣就在你眼前的東西的畫面。亞德里安的日子裡就填滿了一大堆這種冰箱時刻。

他是個擁有各種生活經歷的人，卻被困在一個菜鳥軀體當中。一位治療師某天帶他到一間超級市場去，手裡帶著一張購物清單。他的任務很簡單：購買單子上的東西。他被留置在走道間，被各種商品的選擇、堵在狹窄走道上的忙碌購物者、燈光和音樂弄到不知所措。

「這是我生平第一次沒辦法做到這件事。我的協調功能全關閉了，整個人就是一團亂。」

紐約市喧嚷的街道和擠滿人群的地下鐵帶來的十足刺激，令人乏力。他必須蓄意地緩慢穿梭其中，有時候惹得其他行人不耐煩，他們看不出有任何明顯的理由，會讓這個身形矯健的年輕男子不能走得再快一些。他發現自己被分派到的互助團體是屬於中風患者的群組，而他這最年輕的病患要比其他人年輕了數十歲。

幾個星期過後，他的治療師提出唱歌或許有所幫助的建議[22]。別的先不提，唱歌時的節奏和較緩慢的發音似乎能幫助啟動說話的流暢度。因此，就跟我先前一樣，他上網發現了英式搖滾合唱團，便和未來的妻子羅姿一起報名參加。前來支持亞德里安的羅姿自那以後就成為最投入的成員，儘管她開玩笑地堅持說，她根本就不會唱歌。

儘管他化學治療的時間安排相當緊密，還要加上其他一堆的治療，但是亞德里安的人此刻跟著人們一起唱著綠洲合唱團的歌。他的語言能力大部分都恢復了，不過仍可感覺到有些緩慢和機械化，有時候他的臉色也會變得有點茫然，然後突然間停頓下來。他說：「這表示我又無法表達了。」他熱情地告訴腦瘤互助團體裡其他的出席者，關於唱歌的種種好處。「他們所有人都認為我瘋了。」他笑著這麼說。

但是等到夏天來臨時，他復原的程度足以建立「我們也能踢球」（We Can Kick It）組織，這是一個利用足球來幫助飽受癌症折磨的孩子的組織。隨著世界盃近在眼前，亞德里安在線上發起了類似「灑冰桶」的挑戰：接受挑戰的人，必須用兩隻腳連續不停地交互挑著一顆足球十次。

他原本閉著眼睛都能做到這件事，如今卻必須「從頭」開始教自己。撇開自己實在不怎麼會雙腳交互挑足球，我也參加了這項挑戰。為了讓自己在鏡頭前還顯得得體，我練習了好幾個星期。我們兩個人都踢到了十下。

但是把這技巧練好的過程，對我們兩個來說卻各不同。我硬是在大腦裡努力記下自己之前從未曾到過目的地（雙腳交互挑足球的技能）的路徑。他知道腳挑足球的嫻熟技巧，但是不可踰越的阻礙卻阻斷了他大腦裡舊有的路徑，因此他得找出新的神經路線，到達自己以前曾抵達的地方。

就只是一隻菜鳥

儘管我很享受在合唱團的時刻，卻總覺得自己像是僥倖躲過了什麼一樣。遲早，自己缺乏才能的事實會被人發現，猶如一位人類學家深深迷戀某些怪異的新奇文化，有時候我感覺自己彷彿試著委婉地模仿周遭人的動作，卻不曾真正理解自己到底在唱些什麼。

排練的時候，亞當斯都會站在中央的位置，在我們進行著自己的部分時，掃視整個房間。我是那個在課堂上不知道答案的小孩，因此試著避開被監督的目光。這一點不太容易做到，尤其當自己是整個教室裡個子最高的那一個。不過，有時候她那雙被太陽眼鏡鏡面反射而遮蓋的眼睛會專注地瞇起來，視線落到我身上、落到我的嘴巴上，她的臉色卻仍然不動任何聲色。我會暗自驚慌：我是不是哪裡做錯了？我還做過許多惡夢，她在夢裡說：「來吧，湯姆，我們大夥都必須要來聽聽你獨自唱那個部分，好確定你不會無可藥救地破壞我們大家很努力才達到的成果。」

感謝的是，這情況從沒發生過。她溫和的評論僅止於各聲部，因此我們可以躲在責任擴散的防護傘下。即使是這種情況也讓人感覺很恐怖，當亞當斯每花一分鐘的時間檢視低音聲部獨自的狀況時，感覺就像是過了五分鐘（就算是大多數其他人只是看著自己的手機）。

在某堂課中，羅傑注意到我在某一個段落唱得「有點低」，後來有人告訴我，大家都知道羅傑會以自己特有的標準來「嚇跑」新成員。當然了，專業人士會從容不迫地接受指正，再調整音調就好了。但是我脆弱的菜鳥自尊，讓我感覺到彷彿自己整個人存在的理由都讓人質疑了。

不過我很感激他的回饋。在合唱團裡唱歌有一個很明顯的事實：你有時候會幾乎聽不見自己的聲音，當然，這也要依據當下的音質而定。你大可以唱得大聲一些，但是你就得冒著自己的聲音突出於其他每個人聲音之上的風險。此外，也因為「隆巴德效應[23]」（Lombard effect），也就是當我們周遭的聲音很大聲時，會讓我們說話也變得大聲，上揚的聲音很可能也會讓其他人的眉毛都飛揚了起來。這是因為，整個合唱團卯盡全力唱出的聲音可以掃掉很多錯誤，你很可能很滿足地唱著走音的曲調而不自知。

我以為自己的聲樂課程會讓自己在這裡占些優勢，但是真實的情況要複雜多了。聲樂教練的工作是滋養每一個獨特的聲音，發展成獨一無二的情感。合唱團指揮則需要有熱情、稱職的身體，來完成所有人聲的融合。需求和要求是不一樣的，如同一篇文章如此描述[24]：「合唱團指揮是從火星來的，而聲樂老師則是從金星來的。」

跟亞美迪歐上課時，我試著哄騙顫音進到自己的嗓音裡，但是跟亞當斯唱歌時，顫音則變成令人分心的麻煩東西。曾經有一句老話說，在合唱團裡唱歌甚至可能對「用來獨唱的嗓音」有害處[25]。這兩個活動有點相似。唱歌課充滿了重複性的技能，目的是要磨利相互獨立的技能，就像是朝著守門員無止境地踢著罰球。而在合唱團裡唱歌，則像是突然間被扔進真實的足球賽裡，你得判斷賽局，知道自己需要站到哪個位置，預測其他人的行動，而這一切都在觀眾的眼前進行著。

我太晚才理解到，在合唱團唱歌和自己一個人唱歌是非常不一樣的技能。當大夥在努力唱著「小紅莓」樂團的〈逗留〉（Linger），我老是會從自己被分派到的低音聲部溜出去，唱著我在收音機聽來的旋律。老實說，我有時候會忘記自己屬於低音聲部。這個過失接著會滲到羅傑的耳朵裡，他告訴我他沒有厲害到可以整個抗拒其他人的影響。不管你周圍多聲部的和諧是多麼的誘人，能堅守自己的部分才是專業合唱團歌手的特徵。

我不是專家。一隻耳朵旁有男低音羅傑，另一隻耳朵旁是男高音漢克，我有時候都會覺得自己夾在一場聲波拔河賽當中。在半數的時間裡，我或許可以區分出差異。

但是當亞當斯要我們表演不常出現的「即興發揮」時，我就覺得自己表現得很糟糕：大夥都開始唱著一首歌裡的某個部分，然後自由地在房間裡走動，同時間仍然唱著歌，如果我們喜歡的話，要採取即興的方式也無妨。這本來應該要很好玩的，像是一群與誰都融洽的社交愛好者，但是我通常感覺自己很赤裸和不斷地飄移。

後來才知道，像我這樣的菜鳥[26]（這是經過研究的喔）偏愛在固定的位置上唱歌，身邊是固定的人，也要靠近其他人（專業唱歌者偏愛的方式則多半相反）。讓團員的位置混合或交錯聲部，據說可以創造出最好的聲音，但是也容易惹業餘歌手不高興。

即使我們踏出了舒適圈，也仍然需要自己的舒適圈。

”

經過十個星期之後，該是我們在格林威治村一個著名的俱樂部「金魚酒吧」表演的時候了。這就像是場期末考，過去幾個星期以來不斷地逼近著。我倉促著要記住歌詞，吃力地唱出高音。

就連我們當晚要穿的服裝主題（樂團T恤）也變成了一個難題。我在大學時期穿過很多樂團的T恤，但是幾十年之後我的衣櫃裡變得貧乏，一派寂寞。因此我的人站在「城市穿搭服飾」（Urban Outfitters）的地下室裡，翻找著「平克．佛洛伊德」（Pink）和「德瑞博士」（Dr. Dre）的T恤。我也帶著女兒一道來，才不至於引人疑竇，最後我發現了一件符合年齡的「新秩序」（New Order）T恤。

緊接著，表演的時刻到了。由於舞台空間緊密，所有人被安排的位置變成了我站在羅傑後面一排，中間還隔了幾個人，我夾在平常距離自己遙遠的歌手當中。還不光是如此，當我們開始唱第一首歌「臉部特寫」（Talking Heads）的〈通往任何地方〉（Road to Nowhere）的時候，我發現自己面對的是跟平常在合唱團裡時相反的體驗，此刻我感覺到彷彿聽到了自己的聲音，彷彿自己對個整個地方獨唱。可惡的聲學！

更糟的是，我們本來被安排跟「布魯克林人」合唱團一起表演Toto的〈非洲〉（Africa）。兩個團都知道這首歌，但是卻不曾聚在一起練唱。突然之間，我們當中夾雜了陌生的臉和聲音，彷彿我們這小小的狩獵採集者團體突然加入了敵對的宗族。這些人是誰啊？

此時此刻上了中年的我，自小學三年級以後首次站在舞台上開口唱歌。很巧的，我那時七歲的女兒加入了亞當斯的課後活動合唱團，名稱為「百老匯精采高手」（Broadway Showstoppers）。幾個星期之前，我和妻子跟其他父母親觀賞了這團體的小型演出。他們的演出就跟任何小孩的表演一樣，感覺像個奇蹟。光是看見他們站在舞台上，就讓我們有流淚的衝動。大量的錯誤都被原諒了，因為他們是小孩子啊。他們看起來多麼有潛力，他們的嗓音迴盪著純粹真確的喜悅。

現在，在這輪到我表演的夜晚，會場擠滿了朋友和家人，大夥多半都是帶著極大的熱誠前來觀看的。我的女兒滿臉笑容地看著我和合唱團成員，臉上的神情近乎崇拜。

不過，也有無可避免的憐憫意味。我們已經是三十、四十、五十和六十歲的年紀了。我們不再擁有期待不可限量的進步。沒有人在計畫（或甚至是夢想）在歌唱上闖出一番事業。我們的錯誤在於明顯缺乏勝任的能力，而不在於少了他們莽撞的熱誠。親人臉上那抹永遠縱容的微笑，洩漏了較為複雜的態度：他們尊敬我們所做的事，容忍我們的非專業，或許還包含了一絲懷舊意味，這些觀眾可能一度也站在舞台上，做我們此刻在做的事情。

但即使根據觀眾寬容的標準來看，整場表演算是成功達標，我感覺彷彿自己裡面有個東西已無可取消地改變了。我持續地唱著歌。一場秀變成了兩場、三場、四場。我加入了這個小小的「專業」合唱團派別，不時有兼職表演可做。

我們為一場在布朗克斯舉辦的演唱會當伴奏，演唱會有來自荷蘭和波多黎家的音樂人士，我們跟著許多真的灌過唱片和擁有粉絲的團體一塊唱歌。我們在羅斯福島上一間醫院裡為一群銀髮人士唱歌，有許多人還坐著輪椅。我懷疑他們知不知道任何一首我們唱的歌，但是他們面帶著笑容，腳輕輕點著地，我們似乎的確暫時點亮了醫院裡灰暗的氣氛。我們在紐約新航港局客運總站裡的舞台上，為來往的通勤乘客唱歌，為散播節日的歡樂氣氛盡點心力。唯一留下來聽完整場表演的，是站在歐彭潘麵包店（Au Bon Pain）附近，穿著卡其色制服、配帶自動突擊步槍的海軍陸戰隊守衛。他們並沒有突然走出來，或是露出笑容或是用腳輕輕點地，但是我希望他們想要這麼做。

在一個無止境播放罐頭音樂的世界裡，我感覺到生命很確定要我們把自己的氣息填滿整個空間。在一場表演當中，我們和姐妹合唱團「布魯克林人」一起合作，當他們其中一個歌手告訴我，她很「嫉妒」我們這團男低音聲部發出的豐厚聲音時，我臉上發出驕傲的光采。

我變成了固定咖，跟「這些姐妹們」出去喝東西，隨意聊著團體裡各種不同的人：那個看起來不像真正有開口唱歌、卻不曾錯過任何一場排練的女生；那個從來不參加排練、卻總是出席表演，偏偏又準確地知道自己該做什麼的傢伙；那個我們猜測嗓音不太能融入大夥、接著突然失蹤的新成員。即便我們沒辦法常常約出去聚聚，總也有幾次成行。

我逐漸對這團體產生了歸屬感。正如羅傑形容的，當大夥偶爾逃離紐約到其他地方吃晚餐，在餐桌旁自然地談天時，第一件竄上心頭的事情是：我跟大夥夠不夠親近到參加練唱呢？

在自己意會過來之前，英式搖滾合唱團已經滿足了我生活裡各種層面的需要。我只需要走出屋子，加入大夥做著算不上是工作的事情。我每一次結束練唱後，沒有一次不是帶著嗨到不行的心情離開的。還有，自己也得到了高強度的聲帶鍛鍊。儘管我喜愛自己的聲樂課，但是費用並不便宜。但是，加入合唱團是最好的次要選擇。你的音高技巧會提升，你對於時間點的掌控會更加敏銳。你做這些的時候，周遭的氣氛是一派歡樂，至少我們在英式搖滾裡是這樣。

隨著另一場表演的日期逐漸逼近，有一晚大夥喝著東西的時候（大夥這時的排練也到了後期），羅傑轉過頭來看著我，神情嚴肅起來。他說：「唱合唱團並不容易，我們在那裡是去享受這一切，不過音符終歸是個音符，你不會因為出席練唱而得獎。從練唱第一個週期到現在，你進步了很多。你做了自己的功課。我不知道這對你的歌唱生涯有什麼意義，但是你努力做到了。」

進入這團體並不需要沒有甄選，但是自己當下的感覺卻像是終於通過了甄選一樣。我也感覺到自己幾乎已經是業餘合唱團歌手了。

第五章
資深菜鳥的痛苦和喜悅

衝浪店店員：你這年紀的人還想學衝浪，很酷耶！這麼做根本沒啥問題。
強尼·猶他：我二十五歲。
衝浪店店員：沒錯，這就是我說的，永不嫌晚！
——《驚爆點》

在監督下學得開心

學衝浪花掉了我兩枚結婚戒指、好幾百元美金，以及我脊椎骨間幾公釐的距離。結果，自己表現得還是不怎麼樣。

我被吸引學衝浪的理由，就跟大多數中年的菜鳥一樣：衝浪是我長久以來迷戀的長遠目標，一直以來就希望不要到「時機太晚了」，才後悔沒嘗試，所以可能會以新鮮的方式來測試我這個人啊！

我的一九七〇年代成長在看不到任何海洋的中西部內陸，衝浪就跟其他許多事物一樣透過電視慢慢滲入我的意識：按一兩下，就有《運動的狂野世界》。在《脫線家族》特輯的「夏威夷三部曲」當中，葛雷格被一道看起來就頗嚇人的巨浪打到暗礁中。（我仍然可以聽見，當堤基木雕偶像作法時，配上的詭異音樂。）

我一直要到二十多歲，才有機會親眼見過衝浪手。我被雜誌社派到橘郡去，訪問一位著名的衝浪手兼衝浪板製作者高山（Donald Takayama），我猜這項工作肯定超出了我的能力範圍之外。跟著他在衝浪板工作室一整個早上之後，我看著一群孩子在短板上嗡嗡叫著，像是在杭亭頓海灘橋墩下，硬皮柱子周遭那些焦躁不安的水黽。

在接下來幾十年裡，我對於衝浪始終維持著一種低程度的祕密愛戀，有點像是我一度暗戀某個在我就讀的大學城裡嬉皮咖啡店工作的年長女性一樣。就跟她一樣，衝浪似乎被包裹在一層神祕甚至帶點危險的面紗中，顯得遙不可及。

我追求的目標上頭並沒有真的掛上「歡迎菜鳥」的布條。在像是「海灘勇氣」（Beach Grit）的內行人網站上，「脆弱的成年人菜鳥」往往被無情地訕笑，尤其是那些自己在前一個星期初次衝上巨浪時，感受到改變內在生命的喜悅，對衝浪抱持近乎神話般狂熱的人。澳洲衝浪達人林區（Barton Lynch）觀察到，衝浪手「要比世界上任何其他族群的人都還要來得更自大，也喜歡隨意批評[1]」。就算你對衝浪的認識幾乎一無所知，也無疑地曾聽說過憤怒的當地人（肯定都是男性），看到這些「瞎咖」（kooks）遇上夢寐以求的瘋狗浪時，口出威脅詛咒的事蹟。不管你的衝浪技巧程度如何，要進入這圈子的門檻似乎相當高。

就算我移居到了紐約這個被水環繞的城市，就算我聽說這裡有相當不錯的巨浪，我對於衝浪的迷戀仍僅止於純理論的柏拉圖式關係。紐約的生活可以很鄉下的，洛克威海灘也可能等於在另一個國家。我要怎麼到那裡去？我要去哪個點？誰能指點我？我認識的人沒有一個在衝浪的。

因此，我只是沉醉在神話、書本以及電影當中，學習各種令人再三回味的巨浪名稱：半月灣巨浪（Mavericks）、茂宜島巨浪（Jaws）、棧橋巨浪（Trestles）、馬蹄灣巨浪（Horseshoes）和外圍木屋巨浪（Outer Log Cabins）。一位衝浪手堅持說，有最棒海浪的地方，英文名稱最後結尾一定都有s，這個理論很容易就被戳破，不過聽起來倒也挺誘人的。

我試著想像自己是個沉靜如僧侶般的船夫，在黎明前起床，看著浮標動向判讀水象。這個關於衝浪的健康部分，包含全心投入的人生意義、昏暗的儀式、把各種元素辛苦鍛鑄使之完整，比起被驕陽炙曬等的享樂主義部分更加吸引我。

有一天，我會把對自己設想為「衝浪手」的想像化為行動。我把這想望儲藏在我的想像當中，就像是某種夢想庇護所，以抵抗生活的單調無味。在我幻想的心底，自己總是放棄了一切，跑到某個海灘小鎮居住，過著早上衝浪、下午寫作、晚上讀書的日子。然而，這個時間單位「有一天」也可能無可救藥地昂貴。現實不斷闖入我的衝浪夢境裡。或許也因為衝浪終歸是個夢想，自己沒必要將其化為現實。

數十年如此過去了，在某個寒冷的十一月週間午後，我突然發現自己站在洛克威海灘一處荒涼冷風橫掃的海灘上，正要俯臥在一個九英尺長的藍色泡棉板子上。石板灰色的海洋裡，有二到三英尺高的海浪在遠處橫空崩潰。地域觀念很重的吵鬧黑脊鷗，棲息在雜亂的岩石防波堤上。我的頭頂上方，一架穩定行進的大型噴射客機在航線上，朝甘迺迪國際機場漂降而下。

洛克威海灘當地一個組織「在地衝浪學校」的教練迪隆．歐圖爾（Dillon O'Toole）和我會合。他突如其來地出現，就像是穿霧而來，帶來兩個衝浪板和一個沙漠迷彩顏色的後背小包，上面還有一個「伯尼」徽章。迪隆個子高瘦、古銅肌膚、蓄著鬍鬚，大約二十幾歲，有令人安心的低沉嗓音。他就跟多數的當地教練一樣，自小在洛克威長大，還是小孩的時候就有了自己的衝浪板。他的年紀可以當我的兒子了，但是在他的權威之下，我反倒覺得自己很幼稚。

我在衝浪板上蹲下來時，慢慢擺出一個所有從威基基海灘到邦迪海灘的新手都會的破浪姿勢。你可能見過這個畫面：一群穿著黑色防寒衣的人躺在擺在海灘的衝浪板上，雙手朝空中猛划，脖子不自在地往上拱著，看起來像是胡亂擺動的擱淺海豹，被一個鼻子有點染到鋅、滿臉無聊的照顧者盯著猛瞧。這麼做的理論很簡單，因為在你進到海裡之後，衝浪板會變得不穩定、左右搖晃，因此最好先在陸地上體驗一下基本的動力學，例如要站在哪裡、如何轉身就定位。當然了，還有「起乘」（pop-up）這個迅速從定位，變換成做出划水動作、直立蹲伏、膝蓋彎曲、雙臂往外伸展尋求平衡的口令。「假裝你自己是正拉著弓的弓箭手。」迪隆這麼告訴我。

起乘是件很妙的事。對菜鳥來說，這是整個衝浪最關鍵的動作。教練摘櫻桃似地揮手，催促你進入海浪裡，你要做的事情，就是讓自己從板子上站立起來，想辦法撐過那搖晃的過度期，你的工作基本上就算結束了。如果你還能設法不要從對菜鳥很友善的寬大泡棉楔型軟板（就是那個練習板）摔落下來，你已經在衝浪了，至少根據字典的定義是如此。你一點一點地進入了一個神奇世界，作家傑克倫敦（Jack London）在一九〇八年在威基基海灘上，初次見識到一個夏威夷原住民站立在巨浪上的畫面，就被深深迷住了：「他那長了翅膀的雙腳立在白花浪峰上，逕直朝岸邊飛來。」

再等到許久之後，當你做出某件更接近真正的衝浪動作時，你就不會執著在起乘這件事上頭了。這件事很自然地會發生，像是本能一般。你想的會是其他的事情。但是在剛開始的時候，起乘便是一切。我會具體地想像，會在客廳地毯上練習。

用衝浪術語來說，洛克威海灘屬於左跑浪的沙灘浪點，或是木棧浪點。就許多方面看來，這是學習衝浪的完美地點。沙質的底部避開了暗礁、岩石或是其他的危險。這裡又幸運地沒有鯊魚出沒。你不需要得划水划很長的一段距離，才能抵達海浪翻湧的區域。

但是這海灘還是有自己的挑戰。這裡海底獨有的海域地形意味著，海浪的浪頭很容易大角度地崩潰。「當海浪變大和捲得陡峭時，就會像九十度角一樣。」迪隆說道。你起乘的動作得要比在像是馬里布那樣的浪點還要快速許多。也因為沙子能夠幫助創造出浪頭，本身總是持續移動著，就跟沙漠裡的沙一樣，你無從知道自己衝上了什麼浪。

等到我在沙灘上熟練完美地做出了起乘的動作，我們便移到海裡去。「這感覺還不錯。」我這麼告訴迪隆，整個人縮在厚重的冬天防寒衣裡頭。接著一道意料之外的大浪直接擊中了我，形成的水牆感覺像是有一千根微小的針射進了我的臉上。

迪隆抓著我的衝浪板尖端，領著我衝過一波又一波到他脖子高度的浪，他轉向水平面，用手遮蓋著額頭。我看見一道綠色加上暗影的無止境平原打旋著。他看到了某樣喜歡的東西。他說：「好了，準備好喔！」

我拱起背、把腳趾擺放得跟衝浪板垂直，往前方看。「慢慢慢慢慢地划水……」他用緩慢安心的聲音說話。「划水！」我用力地往前划。我感覺腳跟湧起了泡沫，板子輕微地傾斜。「起乘！」他大喊著。突然間，我原本在陸地上的忍者本色消失不復見。我開始酒醉般往下蹲爬，一隻手仍然緊緊抓著衝浪板的內側。當我往旁邊倒下去時，冰涼的海水像個邪惡的洗鼻壺似地衝上我的鼻腔。

第二次嘗試時，我短暫地站立起來，但卻犯了往下注視著雙腳的錯誤。衝浪就跟騎腳踏車或是開著賽車要轉彎一樣，唯一要記住的心經是：「看著你要往前去的方向。」這就得提到在學習技能時的類似現象：菜鳥總是留心著自己。剛學會騎腳踏車的人，總是看著擺在把手上的雙手；剛學會開車的人，會注視著引擎蓋。你的技術愈好的時候，你一開始看向的方向就愈遠。往下注視時，你其實在潛意識地指揮著一連串往下的肌肉運動。大家常說衝浪的時候，如果你往下看，你就會往下掉。

接下來發生的事就真的是如此。我的重量朝板頭挪移，我的板子帶著我一起往前暴衝。這狀況稱為潛浪花，或是俯衝。整件事開始發生的時候，你會更往下看，情況也就變得愈糟。

根據運動心理學家嘉沃夫（Gabriele Wulf）的一項理論，當我們把焦點放在自己身上，而不是放在某個「外在的」目標時，我們在活動裡的表現就愈差。這種說法幾乎在每一項運動當中都可以看見。飛鏢玩家如果專注在標靶上，而不是他們的手臂時，表現就會較佳；高爾夫球選手如果專注在洞口，而不是自己的手肘時，打得也較好。調查也顯示，就連音樂家如果能專注在整體的聲音表現，而不是他們撥弄樂器的手指時，表現似乎也比較好。沃夫說，這些發現也都已經在一百八十項研究中出現過，他認為專注在自己身上會導致「微窒息」效果，阻礙了自發運動，這就是我們談到有技能的行為時談到的東西。

所以說，在洛克威海灘的時候，迪隆要我不要看著衝浪板前端，而是看著岸上一間建築。理論上，當我看著那建築的時候，其他的部分就會自己自然地運作。

可惜，我的起乘在很多地方都失敗了。我試著起身的時候，手臂伸得太遠，我把太多重量放在前面。我起乘的時機太晚，只感覺到海浪經過時的脈衝。我站得太高，再不然就是我的背部過彎，而膝蓋又太直，這兩樣都會破壞我的平衡。有時候，我被一道大浪的動蕩轟隆聲給分了心，本來可以像是騎著一道長長的浪花平底雪橇衝向岸邊的，結果卻根本沒辦法起乘。如果這些事情發生在別的故事裡，這種種的細節本身都會很有趣。但在這裡，這只明顯代表了失敗二字。

感覺上像是我的腦袋裡有一個檢查清單，自己就是瘋狂地試著即時瀏覽過一遍，再快速地把這些全部做到位。正確的上板位置？做到了。眼睛看著海岸？做到了。弓箭手的站姿？做到了。接著，我非常非常專注自己在板上的姿勢，然後就忘了要看向岸邊，但一項規則總是會因為另一項規則的緣故給忽視掉了。

這是典型的菜鳥行為。幾十年前，加州大學的兄弟檔教授史都華與和賀伯・德雷福斯（Stuart and Hubert Dreyfus）代表美國空軍研究實驗室，研究人們是如何學習複雜的技能。他們看著飛行員、學習第二語言的人和西洋棋手，得出了一個至今影響力不衰的「成年人技能習得五階段模型」（也稱為德雷福斯模型）。從不起眼的「新手」，技能學習者進步到「高級新手」階段，然後來到了中間階段的「勝任者」，之後才進一步爬升至「精通者」，最後登上「專家」的頂峰階段。這兩位教授注意到，專家往往和他們的技能合而為一。飛機飛行員不會再想著自己正駕駛著一架飛機，而是想著自己不過就是在飛行。如同在第二章裡提到的幼兒，身為專家級的走路者，我們不再想著自己要怎麼在行人道上移動自己的身體。我們就是走就對了。

在「新手」階段[2]，學習者嚴格地依附著「跟上下文無關的」規則。新手駕駛被叮囑看到紅燈要停下來，西洋棋手菜鳥學習著「一定」要這樣或那樣做（舉例，不要把騎士放到棋盤邊緣）。但是，如果一個新手駕駛來到了十字路口，紅燈號誌卻故障了呢？（這是在自學開車的「新手」階段裡，最典型的問題。）如果你的西洋棋對手採取不一樣的方法，來應對你的教科書路數，你又該如何？德雷福斯兄弟指出，新手會透過自己遵守規則的程度好壞，來判斷評估自己的表現。

在衝浪板上，我試著遵守整套的重要原則，而沒有注意真實世界裡頭發生的事情。這是因為光是觀察這些規則，就已經耗掉了我所有的心智頻寬。我會在一道浪上取得相對上的成功，然後在迪隆把我推向另一道浪時，徹頭徹尾地失敗。他會說：「沒錯，剛才那道浪你起身時需要再傾斜一些。」或是：「那浪有點小了。」

要進步到下階段的「高級新手」，我會需要開始把「情況因素」（或者說環境）融入到我衝浪的時候。我會需要知道，自己得依據情況在「何時」以及「該怎麼」來應用規則。但是讓衝浪之所以如此困難的原因，在於情況總是不斷在改變。

你或許會認為，衝浪跟滑雪板很相似，若以「在一片衝向斜坡的板子上保持平衡」的簡單表達方式看來，這想法沒錯。但是，想像在衝浪板開始下降時，你必須雙腳先跳起來，落在板子上的姿勢還得要正確。再想像你不是從一座多數時刻靜止不動的山上滑衝下來，而是從一大團持續抖動、形狀不斷改變的巨大果凍上滑衝下來。想像一下，你在機會永遠喪失之前，只有一下子的時間做出正確的舉動。再想像如果你掉下去，你的衝浪板有可能成為一個迴力鏢般的致命拋射物。想像你必須奮力划過滿布不斷擊打而來的海浪，和其他衝浪手的「撞擊區」，而不是愜意地乘浪而歸。你或許得把在發生輕微雪崩的雪坡上滑雪板和衝浪比較，才算是比較公允的。海勒（Peter Heller）在《瞎咖》（*Kook*）一書中提到，有一個神人級的衝浪手告訴他，他在一年裡學到的不是哪件事情，而是「生命的路徑[3]」。

我的生命路徑不過才幾步之遠，我知道這並不容易。傑克倫敦第一天在水中待了四小時，就得出這樣的心得：「我決心翌日要站得穩穩地破浪乘風。」

在我下一堂課終於做到這一步的時候，我當天傍晚驕傲地告訴我的妻子和女兒：「我終於會衝浪了！感覺實在棒到驚人！」我那時還沒有完全領會到，自己真正破解的密碼何其稀少，真正的收穫會何其困難，或是在自己的技巧往下回跌時又會多麼沮喪。我希望屆時，自己能再度站起來。

我很快地就開始珍惜自己在洛克威的短途旅行。一週大約有一次，我把女兒載到學校上課之後便開到海灘去（不管通勤的車流逐漸擁擠與否），心裡的工作倫理出聲抗議時，我回應自己是在工作，不過內心其實也不是很相信這說詞。在這四十五分鐘的路程裡，我會排隊放查特貝克的〈初試啼聲〉，試著練習自己的嗓音。

除了期待乘風破浪前進那種豪興，我也同樣期待著單純泡在水裡的時刻。我試著結交衝浪的朋友，不只是為了友誼也為了安全的因素。這些朋友包括了我女兒學校裡一個家長黛安娜，可惜她搬到了夏威夷。來自丹麥的堅忍現代維京人亨利克，是個很不錯的衝浪手（或許太好了一點），不過他也搬到哥本哈根去了，有好幾次我沒辦法加入他一道去衝浪。如果說同步能力很困難，同步的時間行程安排更加不容易。因此我通常都是自己一個人去衝浪，這一點基本上我是很不建議的。儘管如此，我很享受這種只有自己和大海相伴的想法。

當我面對著洛克威海灘的陸地（或者確切地說洛克威的皇后區段），眼前呈現出奇妙的明信片風景，一片國民住宅區塊緊鄰著高檔的新都市宅主義風格開發區，感覺像置身在佛羅里達而不是紐約。一塊誘人的新穎豪華公寓看板上，顯示一個外貌乾淨整潔的男子，穿著西裝、拿著衝浪軟板。有些衝浪手咯咯笑著對我說：「他拿板子的方向錯了啦！」

洛克威海灘有其迷人之處。首先，感覺這裡像是個小鎮。有一次，我跟著亨利克衝過了一輪浪之後，回到我們存放東西的衝浪板店。門上鎖了。我們站在行人道上，身上仍是淌著水的防寒服。突然間，迪隆騎著一輛海灘復古腳踏車過來。「他們把鑰匙寄在對面的藥局。」他說完話就騎走了。我們拿了各自的東西，鎖上店門，歸還了鑰匙。

然而，當你站在衝浪板上面對著海洋，尋找大浪時（遠處暴風雨最終有如流風的蹤跡），你突然間覺得這座城市漸自融化消逝了。甩開了智慧型手機的束縛，你規律地上上下下浮動著，頻率跟你這一天擁擠到不行的工作行程相同，你望進水天合一的無盡海平面，任憑思緒灑進那空蕩蕩的天地。

作家兼衝浪手魏斯貝克（Allan Weisbecker）把這稱為「海療[4]」。我不知道你是否需要科學來說服你，這真的會讓你感覺舒服很多[5]，但是讓我們這麼說吧：沒有任何研究發現，一大群人衝完浪之後的感覺比下水之前還要糟糕。如同合唱團，衝浪也被用來做為給每一個人的治療工具[6]，從有神經疾病的孩童到有戰後創傷壓力症候群的退伍軍人。

我很納悶，自己為什麼不早一點嘗試這技能呢？不到一小時的時間，我就可以從布魯克林的喧囂抵達狂野的蒼天大海，那裡的海豚和海鳥數量還要比人多。這是另外一種的冥想。一項關於衝浪競賽的分析發現[7]，一輪典型的衝浪中只有百分之四的時間，是經歷真正衝過一道又一道活躍浪頭的過程。剩下的時間有一半花在划水上，另一半則花在等待上。我學到另一課：衝浪就跟人生一樣，有耐心的人有福了。

有時候，我在衝一輪浪到後頭時，會遇見某個跟我一樣的人（另一個剛入門的新手），一臉迫不及待的興奮和不確定，就像是一隻小狗崽初次走在雪地上。夏天的時候，衝浪的人數膨脹起來，還有相互較勁的衝浪學校學員在海灘上、海水裡推擠著。四、五個新手同時在同一道海浪上起乘，也不是罕見的事情。在大多數的衝浪點，這是絕對禁止的事情，但是在這樣的氣氛之下，這不僅應該要能容忍，還應該鼓勵一下，真心地喊聲：「衝浪派對！」

「在地人衝浪學校」的創辦人雷哈特（Mike Reinhardt）和寇羅言（Mike Koloyan）對我敘述，這些情形在歷史上都算是近幾年才產生的發展。當雷哈特在一九九〇年代在這裡成長的時候，根本沒有什麼衝浪學校來教一堆菜鳥「上一整天的課」。衝浪的人數在那時還沒有出現定期上揚的顯著趨勢，就跟多數當地小孩一樣，他就是走下沙灘，嘗試自己學衝浪，時常吃了不少苦頭。當這兩個人在二〇一二年初次成立這間學校的時候，雷哈特告訴我：「我們承受了一大堆來自當地粗人的鳥事，他們說：『噢，那些衝浪學校啊！不過就是製造更多的死瞎咖出來，還能做啥？』」

他堅持認為，大多數的學生屬於「衝浪觀光客」，他們不會長時間占著海水不放。「他們或許會跟我們上五堂課的套裝課程，但是光是衝過五次浪通常還不足以讓一個人可以獨自而且安全地衝浪。」

雷哈特還說，跟其他一些運動或是活動不一樣的是，對這些短期衝浪手來說，你不需要很會衝浪才能立即感覺到衝浪的無比樂趣。「如果你正在學習跆拳道，在起先六個月裡，你的屁股就等著被教練不斷踢中吧。你得要到相當厲害的程度，才能得到些成就感。」

迪隆有記錄下一些「典型」的衝浪學生。他說，有些學生像我一樣，屬於冬天出現的人。「這種人充滿了使命感。不管他們的人生發生了什麼事情，他們都想要學習。」還有屬於「想要開心，要確定自己很安全，然後衝上一些了不起的浪頭」的人。他這種人上的這種課程稱為「休閒課程」。再來，則是通常在夏天才會看到（也通常是遊客）的學生，他把他們描述成是來「體驗雲霄飛車般的快感」。他說：「他們並不會真的吸收任何事情。他們就只想站一會，把身體淋濕，就這樣。有很多課程其實是他們要用來在 Instagram 上炫耀的。」

衝浪作家凱羅（Nick Carroll）引用了他跟一些澳洲衝浪學校做的研究，發現只有百分之五的客戶會回來上更多的課。他如此寫道：「大多數人對於自己能夠說，他已經嘗試過這件事，感到開心。」大部分的人幾年之後都從這片海灘上消失了。

”

我可以明白其中的原因，因為這條路要繼續走下去並不容易。這情況在他們的中晚年尤其顯得更為真實。雷哈特告訴我，教小孩衝浪通常是幫助他們克服不理性的恐懼。「他們看到小小的浪就會放聲尖叫，然後突然之間，他們就騎在浪上，笑聲不斷。」

然而，成年人的恐懼就很合理。「他們知道如果手臂扭到了的代價會是什麼，自己不能上班或者必須去醫院處理，還要付帳單。」

雷哈特說，孩子學衝浪當然也是為了好玩，但是成年人比較容易抱著精確的目標而來。對於這一點，他則是小心告誡。「衝浪可以讓人很挫折。」他說：「你不能在這上頭給予太多壓力，因為說到底，如果你不去嘗試得到樂趣，那麼你到底為什麼還要做這件事呢？」他推論，女生的學習力往往比男生還要好。他說：「我想她們對自己比較有耐心，男生就是大男子氣概，一副『我一定要擊碎那道浪』的樣子。」

這就說到了新手面臨的典型問題：設下不切實際的期待。新手在一開始就設定精確的目標、好讓訓練有所精進，這是沒啥道理可言的，因為他根本就不明白訓練包含哪些東西，有什麼需要的條件，或是他自己到底要如何進步。未能獲得滿足的目標能夠摧毀學習動機的程度，就跟此事可以驅使學習動機同樣強烈。

學習權威歐克莉說，目標應該是在學習本身。「聚焦在進步上，而不是成果[8]。」她指出，我們在學習上感受到的多數痛苦，來自於對結果的憂心執著。

學習衝浪的主要決定因素不是年齡或是體能，而是日曆。雷哈特告訴我，人們會預訂一個套裝行程，出席前面兩堂或三堂課，開始初嘗衝浪的滋味，然後因為工作的緣故缺席一或兩個星期。接著，天氣變冷了，承諾的水平跟著往下掉。「他們曠掉了整個冬天，等到春天的時候又得從頭來過一遍。」

他說道。一個人的工作時間表必須要配合海浪潮汐的情況，這很常是次佳或是根本不存在的狀況。洛克威衝浪預報常常充滿了沒啥鼓舞作用的修飾語，像是「如果你非要摸到海浪不可，是有些勉強可衝一下的浪」。通常，我就是這種人。

衝浪偏愛有錢的人或是有閒的人。更重要的，學習衝浪需要三件事情支持：動機、練習和回饋。除非你就住在海灘旁，光是要找有空檔的時間就得花些力氣了。在連續幾個星期都沒有風浪的情況下，「不斷重複練習」就變成了不可能的任務。

在衝浪中要獲得回饋也往往很困難，即使是來自教練的回饋也一樣。迪隆告訴我，當我被他推到海浪裡消失之後，他都要很努力地看著接下來的情況。他花了很多年才發展出從一個人肩膀移動的方向，可以看出他的腳大概在做什麼的直覺。儘管如此，在經過幾次學員徹底摔下來之後，他跟我一樣對於這種情況為什麼會發生毫無頭緒。

或許這是一件好事。太多的回饋有可能阻礙了學習[9]。學習者可能對回饋感到不知所措，或是過於依賴。他們在回應「自己的失敗」這部分失敗了。如同衝浪手說的，你需要以自己的方式磨練自己，也需要理解出箇中的道理。

衝浪讓一個人學會敬畏。人類身體的自由程度，加上海洋無可預測和龐大不可阻擋的能量動力，成就了不穩定的強烈魔力。如果再加上我的年齡和高重心，讓我們這麼說吧，我不是天生就能成功的那塊料。

約在這時候，菲尼根（William Finnegan）的圖騰書《並非故意與眾不同：我的衝浪人生》（*Barbarian Days*）出版了，我跟每一個我知道有在衝浪的人（以及許多沒衝浪的）都興高采烈地讀了。其中有一句話讓我的心一陣發涼：「在我的經驗裡，那些上了年紀之後想開始學衝浪的人[10]（意思就是超過十四歲之後），幾乎都沒有機會變成高手，他們通常在放棄之前就已飽受痛苦和悲傷的折磨。」在十四歲之後？他心不甘情不願地在下一句，退讓了一步：「不過，在有人照看和合適的海象的情況下，他們還是有可能玩得開心。」

菲尼根有可能表現得像個老文青，滿懷怒氣地感嘆那些美好的往日時光，我也很確信他說的有道理。我也沒資格質疑他對衝浪的忠誠，再說，在有人照看之下獲得樂趣，正是我那時做的事情。我需要成為衝浪高手嗎？那是在德雷福斯模型的第四個階段。我待在第三個階段（勝任）就會非常開心了。

很快的，我就發展出相當的自信，希望課程中要有一些時間留給自己獨自衝浪。我會開著車到那裡去，拿著我的發泡膠航空母艦直奔海灘，心裡想著自己已經相當上手了，後來才有人告訴我，這是瞎咖才會有的舉動。我總會在海裡看到雷哈特或寇羅言在教導著學生，然後慎重其事地點點頭，彷彿我是某個隊伍中頭髮花白的退伍軍人一樣，接著我就被一道不按牌理出現的海浪給撞下了衝浪板，在讓人的手指冷到縮小的大西洋裡遺失了一枚結婚戒指。

我後來在太平洋裡遺失了另一枚，現在想來倒也頗富詩意。

”

我那時根本不知道自己將會猛然跌落到 U 型學習曲線底端。這其實很奇妙，因為這或多或少都屬於學習過程中不可避免的部分，會以各種方式、各種理由發生。

舉例來說，在西洋棋的世界裡，如果一位棋手持續學習和練習，他的積分會快速地增加。菜鳥下的西洋棋屬於那種誰可以犯最少的錯誤，再加上一點基本戰術和策略，就可以走得長遠的典型戰役。但是接著，你可能遭遇到知道你的戰術和策略的對手，於是你開始輸棋，進階級菜鳥很快地變成中期的新手。

U 型發展趨勢模型的典型案例要屬學習文法的孩童。剛開始的時候，孩子說話時大部分都是靠模仿而來，使用的動詞時態往往很正確，卻不明白為什麼要這樣用。等到他們開始慢慢學習英文文法規則的時候，他們會自信地開始使用每一個規則。他們會「廣義化」一切東西。因此他們以前說 spoke，現在突然間說成 speaked。

在一個奇妙的實驗中（我後來和七歲的女兒成功地複製出來），他們讓年幼的孩子看到如何正確明白一個常識：當你把一杯十度的水加上另一杯十度的水時，你會得到兩杯十度的水。但是最後發現，六到九歲的孩子時常搞混。他們為什麼似乎退步了呢？這是因為，他們這個年紀已經知道了加法，受到這個閃亮的全新能力的鼓勵，他們突然認為水現在是二十度了。

在德雷福斯模型中，菜鳥住在「學習規則並遵規則」的世界裡，進入「進階新手」階段，需要能夠真正應用這些規則。這也表示，知道何時不要應用規則，或是在似乎沒有規則可以依循的時候該如何反應。

這並不像表面看起來那樣容易。對我來說，當我出差到葡萄牙時，第一個表示麻煩的徵兆出現了：我報名了第一次在洛克威衝浪之外的一天課程。那是在里斯本南部一個地方，那裡的海水因為鄰近的發電廠而顯得溫熱。

初次跟那時的教練保證自己沒問題之後，我進入了海水裡（沒錯！我罩得住），他很快就被我震驚地沒辦法站上衝浪板的表現，給嚇得驚異不已。這裡的浪很陌生、衝浪板是新的，海浪的時機點和形狀似乎全都不對。

我在這裡學到重要的一課：至少要一直到你達到充分「精通」階段之前，每一個新的衝浪點都會把你打回到菜鳥的階段。你在一個地方學得很好，不表示你在別的地方也能表現得好。即便是在同一個浪點，但是不同的天候也可以擊敗你。說到海浪，變化才是唯一的永恆。

對我不斷嘗試感到不耐的教練告訴我，我的起乘動作全做錯了。他示範一個方法給我（我覺得有點笨拙）：一隻膝蓋先提前，再把後面的帶拉上去，然後站起來。我後來才知道，這方法叫做二步起乘。這還真有些管用。

回到洛克威海灘之後，迪隆搖搖頭。他說：「在一天快速課程裡，他們都是這麼教人們站起來的，但這不是長遠的方法。」記住早先提到的教訓：做到位跟學習之間是不同的。

當我決定自己需要一個屬於自己的衝浪板時，更多的麻煩跟著來了。我覺得衝浪學校使用的主要產品「軟板」，把我標記成一個運氣不好的新手。我或許應該平心接受這標記的，迪隆深信這泡棉先天具有的有趣因子。即使在重要日子裡，我有時會看見他在海裡站在一個軟板上，開心地踩著軟板的尖端部分，做出大半徑曲線。

我在當地一間衝浪用具店裡挑了一個七英尺八英寸的衝浪板。這種板子被稱為中長板，落在短板的靈巧和長板的優雅舒適當中。隔天，雷哈特看見我自信地提著我的新板子走向海灘。「我不確定喔！」他一邊說一邊審視著板子：「在我看來，你同時失去了長板和短板的優勢。」

我試著甩開他的評語。我進入海水裡，在接下來的一個小時，沒有追到任何浪。這個衝浪板不只有太短的問題，也失掉了很多重量。這就像是試著在冰上跳踢踏舞一樣。我又掉入了另一個典型的菜鳥症候群：太快就精簡我的衝浪板。

身為衝浪的菜鳥，我只要確保自己通過最基本的門檻表現，就能感到成功了。如今我面臨了新的門檻，也就是U型曲線往上升的斜坡。我必須開始尋找自己的浪，這是一種真的得依靠時間和經驗得來的技巧。你需要發展出找到適合浪頭的眼光。菜鳥往往急於嘗試追任何一道浪，因此很快便感到疲倦。我必須划入自己的浪，這需要比我現在有的還要更多的體力。我還必須計算自己起乘的時機，正確喬好自己起身的方式。

我不只待在學習的平滯區，更感覺自己變得更差了。

真正發生的狀況，是我的後設認知窗口被砰地打了開來。在以前，我不知道自己不知道什麼。現在我慢慢得出衝浪到底是什麼的觀念。我的起乘姿勢還是相同，但是現在就看我知不知道何時施展這技巧。這並不容易。衝浪手追上了浪的那一刻會不斷快速往背後瞧上一眼，因為海浪永遠總有能力變化。若要改述赫拉克利特（Heraclitus）的話，沒有人可以在相同的浪衝上兩次。我學到的規則或許有用，但是只限於在正確的時機和正確的浪頭上。

我後來終於明白，自己需要更大的遠景。我需要跳出自己的範圍，挑戰自己所知的極限。就像在嬰幼兒行動實驗室裡那些學習者，勇於征服在他們能力極限的陡峭懸崖（甚至更上一層），我需要朝「近側發展區間」前進。

我從一位朋友那裡得知，一間位在哥斯大黎加的衝浪營對她的衝浪技能幫助很大，這一星期課程包括了：密集衝浪、影片分析，和一對一教練。此外，熱帶的二月意味著不用穿厚重的防寒衣、不用在聒噪鴿子的圍觀下，站在路邊冷颼颼地脫衣服。我開心地想像自己赤裸著胸膛在海上乘風破浪，之後手裡拿著水果雞尾酒在海灘上閒逛著。

一個有陽光的寒冷十二月午後，我在洛克威海灘正要結束這一輪衝浪。海浪很可觀，海水也正要退潮。海上只有其他幾個衝浪手，我之前已經追上了一些相當像樣的浪。突然之間，另一道海浪襲來。我開始划水，注意到時機有點晚，浪頭已經上升到比我預期還高的位置了。我反射性地試著跳起來站立，下一件我還記得的事便是我的臉撞上了沙質的海底。只聽到一聲低沉的砰響，我可以立即感覺到（甚至聞到）帶著顆粒、有如拳擊沙袋結實的冰冷海床。我感到一陣噁心和昏眩傳遍全身，我沿著海床滾了一會之後，才跌跌撞撞地站起來。就算有任何人注意到了一些狀況，他們也沒吭氣。

後來，我被送進核磁共振的圓筒之後，聽到我這一摔的結果是：「C2 到 C3 以及 C3 到 C4 區間腰椎滑脫二到三公釐。輕微退化性神經終板變化、輕微椎間盤間隙狹窄，和 C5-C6 和 C6-C7 輕到中度錐體邊緣尾贅。」

或者，如同我的醫師爽朗地這麼說：「有些腫塊和刮傷。」我的神經持續地擰痛著，我幾乎沒辦法轉動脖子。我心裡想著：「芬尼根說的對，疼痛和悲傷。」好幾個星期的物理治療在眼前陰森地逼近著。

成年人學習衝浪的壞處就在這裡：你有一副成年人的身體。

衝浪並不是沒有任何風險。在《美國緊急醫療期刊》一份分析當中，在一千兩百多位衝浪手的調查當中，他們大多數都遭遇過至少一種急性損傷[11]，最普遍的部位是腦部，最常造成這傷害來源則是他們的衝浪板，這些受傷的人多數都自稱是衝浪達人。

儘管如此，我還是自認幸運。如果那撞擊的角度差個幾公釐呢？如果我被撞到失去意識，又沒有其他衝浪手注意到呢、或是像某些日子裡根本就沒有其他人在衝浪呢？

距離哥斯大黎加之行僅剩幾個月了。我回診的時候，我的醫生給了綠燈。但是在我出發前往挑戰自己最大的海浪的前晚，我感到自信來到了最低點。

攀登知識之樹

諾薩拉是屬於哥斯大黎加尼科亞半島上集結著臨海村落的一區。在這當中的古伊諾斯海灘（Playa Guiones）是一個對待僑民友善的內飛地，到處可見一身古銅皮膚、身材健美到不行的美國人，和歐洲人騎著越野沙灘車、或是復古老舊自行車在塵土飛揚的泥土路上吵鬧著。這裡是享受簡單生活的遊樂園，海灘風服裝店、現榨果汁攤以及時髦的度假屋林立在熱帶樹葉之間。這裡洋溢著濃厚的柚木茅草頂蓋涼亭的輕鬆氣氛，從做著有氧瑜伽的人，到讓人想要站起來跳舞、旋律卻容易被人遺忘的氛圍電子樂（這音樂從墨西哥圖倫到巴里島庫塔隨處可聽，似乎永遠循環不斷）。

這裡還有鄉村意味濃厚的弧形沙質海灘，尚未被筆直的海濱開發建案破壞。多虧此處的地理位置和海洋學，古伊諾斯海灘就像是為海浪而設的巨大碟型衛星，接收著來自太平洋永無止息的海潮搏動。這表示此處終年多數日子的每一天都有很適合衝浪的浪潮。不令人驚訝的，這優點讓這個仍屬偏遠的小鎮（你得蹦蹦跳跳地顛簸駛過泥土路），成為各方衝浪手的朝聖地。

諾薩拉也是我預訂房間的「就愛衝浪指導度假村」（Surf Simply）的所在地，希望能藉此提升自己的技能。這裡的預約名單上的等待時間可以到兩年之久，但是真要感謝某個人的取消，讓我可以在二月到這裡停留一星期的時間。

我抵達的時候是星期天下午，這遍植樹木的山坡上林立了一組平房。把行李放到房間之後，我正從剛剖開的椰子倒出椰子汁的時候，遇見了同樣來這裡待上一星期的客人丹尼。我後來得知，他是個在一間常春藤名校工作的氣象科學家。

丹尼說，他正要去快速衝上一輪。我想不想跟著去？

衝浪營要到隔天早上才算正式開始。我一路跋涉到這裡來已經疲憊，對衝浪也仍然感覺極其恐懼。我想要說不，但卻發現自己點頭說好。我們隨手抓了幾個衝浪板，放進海灘淑女腳踏車的側袋裡，然後騎上腳踏車踩著半英里的路到海灘。我們一路騎車的時候，丹尼告訴我他是二度回來的學員，希望能夠更精進自己前一年學到的一些技巧。

他自己之前遭受了跟衝浪算是相關的傷害：他首次在自家車道踩上一個滑板的時候（滑板普遍被推薦為一種在陸地上練習衝浪的方法），卻立刻跌了下來，摔斷鎖骨。

海灘上和海水裡都沒見到多少人。等我們開始划水時，相較於洛克威，這裡崩浪區的距離之遠著實嚇了我一跳。這也讓我記起，這是自己第一次沒穿厚重的防寒衣衝浪。等到我們划過巨大的浪花洗禮之後，我已經有些筋疲力盡了。

丹尼朝一位正在划水的衝浪手揮揮手，對方是叫做艾迪的亞裔美國人；丹尼上次在這裡的時候認識了他。艾迪是之前在金融領域工作的前紐約人，移居到諾薩拉這裡來，想要「弄明白自己的下一步」。我很快就知道，他在這些水域裡是熟門熟路。你很容易就認出他，他身上那股隨意的個性和蓬亂的髮型，讓我記起傳奇的衝浪高手馬克·傅。

我試了幾次追浪，不過這些浪頭讓人感覺無趣，我仍然深信自己是萬分僥倖才躲過脊椎永久性的傷害。我在轉動脖子察看海浪時，仍然會感覺到痛。看到技巧也有些生疏的丹尼看起來沒比我好上多少時，我的感覺才好了一些。

光是浸在海水裡這件事似乎很重要。我需要甩開自己在玩命的這種感覺。

那晚在度假村裡，這星期的客人聚集在泳池邊，坐在一組低矮的沙發上喝著飲料，跟「就愛衝浪」的創辦人之一奈特（Harry Knight）聊天自我介紹。他是個親切友善的高個子英國人。微弱的光在溼熱的夜空中閃爍著，輕柔的音樂在背景中傳開來。大夥的穿著隨意而時尚，臉龐散發著地處熱帶的溫暖光彩。整個場景感覺像是個實境秀，從大約男女房客成一比四的比例看來，很可能是《鑽石求千金》。

我們輪流自我介紹。我先前已經見過丹尼了，他很容易激動（也似乎總是在找東西吃），具有冷面笑匠那種毫不掩飾的風趣，他就像是我們自己版本《侏儸紀公園》裡傑夫高布倫演出的角色。他開玩笑說，他可以當成年人愈挫愈勇的典範人物，因為他正是「就愛衝浪」網站上「你屬於哪一個程度的衝浪手？」問題部分上面秀出來的衝浪手。畫面中，他戴著一頂帽子遮陽，在海面遠處衝上漂亮的浪頭，除了姿勢稍嫌僵硬以外，看起來是十足的勝任。在他身後是一名「就愛衝浪」的教練，正做出頗有威力的「切迴轉向*」（cutback）動作，他的臉朝上迎向海浪，腳下的衝浪板已經躍進空中。

這戲劇性的插圖說明，兩個技巧程度非常不同的人，在同道海浪衝浪的樣子可以多麼不同。「我可以不斷從一道浪衝向另一道浪，並對這樣的生活非常滿意。」他說：「但是人們總是告訴我，我應該做點其他的事情。」丹尼的妻子艾倫也在這裡，她多年前也衝浪，但是有了孩子之後便放棄了。她現在想要回到衝浪的世界。

另一對夫妻麥可和夏莉則是來自蒙塔那。他們每年都會各自旅行，夏莉偏愛衝浪，麥可則是騎山地自行車。夏莉已經到過諾薩拉兩次，這則是麥可的第一次。個性隨和的高個子麥可住在加州的時候衝浪了七、八年。他說：「比起其他很多我嘗試過的運動，我總覺得，要在衝浪中進步是非常困難的。」夏莉頭上那頂永不離身的嘻哈帽，讓她很容易在海浪中辨認出來。她很快就提到自己住在蒙塔那，而且「一點也不像個衝浪手」，意思是，她的身材既不柔軟靈活，也不是金髮。跟我一樣，她內心有部分想要克服恐懼。她說：「能讓你故意把自己推進一大片時速二十英里、朝你移動而來的海水的情況並不多，那真的很嚇人。」

跟我住同一間平房的室友烏麗凱（Ulrike）是來自德國的小兒科醫師，目前住在美國中西部地區。她長久以來就夢想著要衝浪，她前一年初次來到這間衝浪營。她開玩笑地說，自己那時候甚至不知道

＊這是衝浪技巧之一。駕乘浪板在左跑或右跑浪時，加速斜跑離崩點一定距離後上到未崩潰浪頂，快速迴轉下浪，迴轉上到崩潰點後，再快速迴轉回到浪道。

哪一腳應該放在衝浪板前端。（奈特對這一點有自己的小訣竅：「如果你閉上眼睛，要人從你背後推你，你哪一隻腳會踏出去？」）她說：「我的腦袋學了很多東西，但就是沒辦法轉化到行動上。」

參與這星期課程的其他衝浪手是一群六名來自紐約市的女人，她們那些基本上不玩衝浪的先生則留在家裡。我到後來跟她們混得最熟，或許是因為紐約的關係吧。她們住在紐約的區域跟我不同，屬於上東城區的私密地帶漢普頓，那裡有著名的私立學校、頻繁的慈善活動，還有著漫長夏天。她們的先生都從事金融業，她們在棕櫚灘有家族住宅和精緻的葡萄園。

這群女人當中有一位叫做艾胥麗，她的朋友開玩笑地把她比喻成芭比（她的身材柔軟靈巧而且有一頭金髮）。她說：「我是菜鳥中的菜鳥，我感到很緊張，是因為每一個人都比我好。」

再來是個性搞笑的艾比，她形容自己是「紐澤西女孩」，她年紀要比其他人要年輕一些，擁有一間剛成立的服裝公司。她說：「我固定衝浪的時候已經是許久以前的事了，我希望自己的肌肉記憶在第二天就會回來了。」事實上，她跟我被安排成一組，因為我們的技巧大約在相同的層級。

還有一位是凡妮莎，她在海浪裡穿梭的模樣，看起來可以當衝浪服裝公司的模特兒。她似乎顯得格外有動力，好彌補之前失去的時間。「我有了孩子之後開始衝浪，覺得這是我做過最好的決定。」她說：「我感到非常沮喪，是因為我到這麼晚了才開始，我不可能達到非常厲害的程度了。」

「她很厲害耶！她只是客氣罷了，她划水的樣子簡直是瘋了。」說這句話的人是凱西，我很快就發現，她基本上就是這群女人聚在這裡的原因。她像是個軍隊領導者，很擅長故事，也很活潑，看起來似乎總是想要冒險，不管是再衝一道浪、或是再玩一盤「毀滅人性卡片」（Cards Against Humanity），那是我們大夥都迷上的夜晚娛樂之一。

她說：「我正在練習攀划過浪花區，我或許成功了一兩次，但是我的腳移動得還不夠快。」我點著頭，心裡卻不太明白她在說什麼。我對於衝浪的定義，大半局限於「騎乘在衝浪板上成功回到海灘，而不要出意外」。

我們這群彼此陌生的人即將要共同經歷面對生理和心理挑戰的奇妙體驗。我想像自己比較像是偵探白羅（Hercule Poirot）一派，在海邊戲劇上演最激烈的時刻，觀察著大家的動態，認識每個人的同時，又保持著一點疏離的態度。我感覺到，每一個人都有各自的理由來到這裡。有些人的理由是在那一晚已經說過的簡單目標，有些人的理由則要更深奧一些。

「就愛衝浪度假村」有一個房間，我們都到那裡去做伸展練習、或是學習如何判讀衝浪天氣預報。我的眼睛立即被室內一個像是流程圖的壯觀壁畫給吸引住，上面題為「知識之樹」，整幅壁畫幾乎占據了整面牆。

「知識之樹」是度假村的智力重心，是這項運動整個基因的總藍圖。雖然這顯得有些浮誇，但是我尊敬其中想表達的真誠和想法。我想要一窺此處的浩瀚，感覺自己像是一個站在已知世界邊緣的冒險家。

這上面共有五個主題，每一個都是「就愛衝浪」技能的層級（呼應了德雷福斯模型），每個主題下再分枝出好幾十個衝浪技能。我樂觀地認定自己的程度在「就愛衝浪」的第二級。「第二級的衝浪手可以自在地站在衝浪板上，專注在追到尚未潰散的浪。」

這一些數字只是大概的指南，因為技能的學習可以非常反覆無常，毫無規則可言。在某些日子裡，我屬於第三級，但其他時候我則是跟第一級混在一起。但是我被「衝浪」短短兩個字當中包含的技巧範圍之廣大，而自己嘗試過的又何其稀少而給愣住了（這些技巧包括了浪花漂浮、淡起乘、屈膝轉向）。

等我遇見「就愛衝浪」另一個碰巧也是英國籍的創辦人希爾（Rupert Hill）時，我提到自己很訝異其他來上課的學員似乎有很多的衝浪經驗。我真正想問的問題是，這得花我多少時間學會？「平均來說，如果每天都衝浪的話，第一級會需要一星期或十天的時間，第二級要一個月，第三級要一年，至於第四級……」他停了一會考慮著答案，說：「大概十年吧。」

十年持續不斷的衝浪，我甚至不想問第五級了。他強調，這些數字需要被當成「實際的」數字看待。他總是會遇到一些自稱已經衝浪兩年的人，結果才發現他們的意思是去年衝浪一星期，今年也衝浪了一星期的時間。「他們只衝浪了兩星期，不是兩年。」

希爾坦承，自己發現衝浪「是我嘗試學習過最困難的運動」。他停了一會，再繼續說：「或許除了拳擊以外吧。因為在你試著記住所有事情的時候，某個傢伙朝你的臉就直接揮來一拳。」

他也證實了，衝浪存在著某個我在嘗試獲得其他技能時見過的特質。你以為自己勝任了某件事，等到你真達到了那程度，才發現你在這件事的真正能力往往並不相符合。

「你愈學習，就愈會發現自己懂得不多。」希爾說：「隨著每學到的片段新知識，自己才明白終點線也被推得愈遠。」

希爾和奈特很多年前在康瓦耳認識，兩個人當時都在英國的衝浪重鎮學習這項運動。希爾在二〇〇七年把幾個衝浪板綁在車頂上，開著車首次來到諾薩拉，擔任當時衝浪運動還只在發展階段的衝浪教練。奈特不久之後加入了他，兩個人在鎮上開了一間衝浪用具店，只要有人走進來想要學衝浪，他們都願意教導。

但是他們心裡想的目標，要比平常那種度假時上的一次性衝浪課程還要遠大，因此他們開始思考更適當的教學方法。他們已經教過很多的新手，也協助指導要參加比賽的衝浪選手，但是夾在這中間（也就是衝浪過程的百分之九十九）部分，似乎奇妙地被人遺棄忽略了。在隱密、近似公會組織，傳統上以男性主導的衝浪世界裡，技能時常被認為是衝浪小子（這是稱呼小孩子的衝浪俚語）跟著神奇的年長衝浪手（鬍子裡還沾著海草渣）泡在海水裡時，就會自動吸收學會的東西。

希爾和奈特想要揭開衝浪的神祕面紗。「這運動一定自有奧祕之處，但是人們也太過於強調這一點了。」希爾說。他從來就不屬於那些衝浪的「酷小子」之一。「我真想把這個屬於所謂酷小子才會的運動，介紹給其他人，告訴他們：『這也是屬於你們的運動。』」

他們並不要建造衝浪的神話，而是要拆掉這神話。希爾說：「這一行的常態，是人們並沒有真正的把衝浪當成一種運動看待。」相反的，這被看成是一種生活方式。希爾認為這所有的想法，例如倘佯在海洋裡，對大自然感到不知所措，都是自然而然發生的。

他建議，如果你想要快速進步，不僅要把衝浪看成一項運動，還要擁有所有必要的工具，包括嚴格縝密的技巧發展計畫、影片回饋和分析，以及持續反覆地練習。這就是為什麼隔天早晨當我和艾比第一次和教練潔西．卡尼斯（Jessie Carnes）見面時，她告訴我們接下來一整天都要「泡在白浪區裡」。這意思是，我們唯一能接觸的浪，是那些早已崩潰的海浪。白浪區就是小孩子和遊客嬉戲的地方。

奈特建議我們，不要感覺自己被輕忽了。「我們用白浪區教課，不是因為這是你們這些新手該待的地方，然後接著你們就可以到白浪區之外。」這裡的之外，指的是越過那些海浪破碎成浪花的地方。「我們利用這區域來達到學習動作技能的高重複性。」要能追到尚未崩潰的綠浪之前會有重重阻礙，這表示我們在幾個小時內只有幾次的機會。白浪區就像是一部網球發球機器，跟網球一樣會源源不絕地把海浪送來給我們。

其他每一個人也都待在白浪區的事實，稍微緩解了我們的氣餒和失望。很多即使是富有經驗的衝浪手聽到這裡，臉色也同樣發白。舉例來說，奈特回憶一位「就愛衝浪」的前學員艾迪就問過他：「我必須要做什麼？」

奈特說，白浪區不只很有幫助，其實也更困難。他說：「衝浪板的速度愈快，就愈穩定，這就像是要你非常緩慢地騎著腳踏車，其實是相當困難的。」他覺得人們把白浪區想成是「安全區」，就覺得好笑。「如果你能夠讓一個人在白浪區裡衝浪衝得非常棒，等他們去追綠浪時，絕對就能把那些浪頭撕成碎片的。」

因此，做完了幾個開場的伸展操之後，潔西便帶著我們進到海裡去。身為前頂尖衝浪比賽選手，來自佛羅里達的潔西整個人開朗到不行。她老是微笑著，等到一天結束之後，她在厚重的防曬霜底下的皮膚，因為長時間微笑的關係出現了皺紋，使得她就算沒有在笑，看起來也像在微笑一般。她要我們整個早上就俯臥在衝浪板上，在泛著泡沫的浪花中練習簡單的轉向。她試著把「衝浪板就像是個控制槳，按下不同的按鈕，就可以做你想要做的事」的概念植到我們腦袋裡。

在白浪區的時候，我的確有些感到「進階菜鳥」被懲罰送回到第一級的感覺，彷彿自己從一開始到現在這整個學習之路真的走了很遠一樣。但是奈特告訴我，你在衝浪當中做的大部分事情，都可以在蹲下來的時候完成。「我們站立的唯一理由，是好讓自己使出更多的力氣和速度按下那些按鈕。」再說，白浪區也真的很好玩，就像小孩子在趴板上玩水一樣。我可以隨心地追到一道浪之後，還能夠繼續滑行一長段距離，比在洛克威海灘的時候還厲害。我們的重點移到雙腳上，開始練習左右大轉向。我們靠著把站在板子上的身體往後傾來減速，或是往前移動來加速。我們抓著板緣來練習像是左右腳交替在衝浪板上來回走等的小動作。

我打定主意要擁抱這體驗，要成為白浪區的斯萊特（Kelly Slater）。我還試著要記住自己學每一個技能時，浮現的想法：在你學會走之前，要先爬。唱歌的時候，我需要做定調的練習，之後才能開口唱歌。下西洋棋之前，我得先思考一下戰略和戰術，而不是一屁股坐下來面對六十四方格隨意發揮。如果我就是踩著衝浪板，開始在大浪裡橫衝直撞亂闖一通，我的麻煩就大了！這不僅是比喻，真的就是會溺水了。

這種事早晚會發生，而我也可以想見在這星期當中某一天，自己的頭真的腫了一個大包。

大夥很快就愛上這令人陶醉的例行常規。在早上，我們會圍在大桌子旁一起吃早餐，一大堆閃亮亮的熱帶水果排列在眼前。附近的電視上無止境地播放著衝浪影片：在廣闊的藍色水平面和到處可見空拍機組成的世界當中，那些頭髮黏濕成長條、鼻子抹上鋅粉的衝浪手，如果不是在某個印度洋的大浪頂峰做出「騰空停留」的動作，就是一臉抑鬱地瞪著攝影機。影片總是以靜音的方式播放著，因為希爾不喜歡配樂。相反的，我們沖澡的時候則是聽著吉芭托（Astrud Gilberto）和戴維斯（Miles Davis）安撫人心的音樂。衝浪完畢，我們會休息片刻吃午餐，接著再回去衝浪。下午會有一兩堂課，討論衝浪禮儀或是如何判讀衝浪海象預報等主題，這些事情都會清楚仔細地寫在交誼廳裡一個衝浪板形狀的黑板上。我們這群學員都很愛打鬧，思想甚至有些下流，因此當我有天早上進來，發現今天的行程被竄改的時候，並沒有感到太驚訝。不管早上十點鐘原本的安排是什麼，顯然我們現在要準備去「吃屎」，我仍然可以記起當奈特那天早晨第一次走進室內，看見黑板上面文字的當下，臉上閃現著拘謹沉默的不贊同神情。

晚上的時候，我們會回來吃晚餐，地點有時在度假村、有時則是在鎮上的餐廳，然後再跟「姐妹淘」玩幾輪毀滅人性卡片，還有龍舌蘭飲料助興。某次精采的比賽進行到一半時，一隻蠍子出現攪亂了牌局，我被吩咐盡速解決掉牠。令人尷尬的是，這蠍子急匆匆地躲進一個插座裡。

再不然，我和有抱負的歌手凱西就會抓起吉他開始一起唱歌，唱的多半都是一九八〇年代的另類搖滾名曲。我們的小宿舍、課堂以及幼稚的幽默和關於教練的耳語八卦，讓這一切感覺像是在大學裡。自從大學畢業以後，我大概沒有比現在更開心的時候了。

一旦我們進入水裡的時候，我才清楚地知道自己真的是魯莽了。我們終於越過了白浪區，進入後面的「綠浪」海域，光是到達這裡就證明了一種全新的體驗。我們需要划過白浪區的長度，是我習慣的三倍之多。在洛克威海灘的時候，我往往只要把上半身從板子上提高一些，讓白色浪花衝過身體，就可以強力划過迎面而來的海浪。這裡的海浪委實太大了些，會把我打回接近海岸邊的地方。

因此我必須學一種名為「烏龜翻」的全新行進的方式，我和潔西在之前某個下午在度假村的水池裡已經練習過了。當海浪接近時，我必須滑下衝浪板，快速潛進板子底下，「像錨一樣落下去」，緊抓著板子邊緣。隨著海浪沖刷過來，理想上你得把衝浪板推向反方向，如果一切順利的話，海浪沖刷你的力道就會小一些；如果情況不順利，你手裡的衝浪板就會被扯開來。

我在洛克威海灘的安靜冬天衝浪時，並沒有學到如何因應眾多的衝浪手同時衝浪所形成的混亂狀態。光是划水出去這件事，你除了必須要注意迎面的海浪之外，也要注意遠處其他持續交錯進來追浪的衝浪手。

有時候，我做完烏龜翻之後再度浮出水面，才剛抹去眼睛上的海水，便看到一個衝浪手快速朝我滑來。在這種「我愚蠢地讓自己擋到其他人的路徑」的狀況下，會產生兩種可能的結果。一種結果是被我擋到路的人碰巧是個高手，儘管他會憤怒地搖頭，但還是能夠輕易地避開我。第二個結果是被我擋到路的衝浪手還不是很確定自己在做什麼，這表示他不會氣憤地叫我一聲「瞎咖」（我對這個詞非常敏感），但是也表示他們不具備有閃避我的技能。我只能直接往下遁到海裡，同時祈禱老天保佑讓我沒事。

在追（一個小時內湧滾衝過你身體的數百個浪當中的一個）浪之前[12]，你必須要確定，附近其他好幾十個衝浪手沒有人在跟你追逐同樣一道浪。有時候，我們就是直接奮起追浪去了（你永遠沒辦法百分之百確定有沒有人在追同樣的浪），直到最後一刻發現時，才緊急踩剎車。

「衝浪手的困境[13]」看起來時常是高風險的賽局理論：數量不斷成長的衝浪手，要如何分享一定數量的海浪。對一位戰略家來說，衝浪就像是一個「非零和博弈[14]」，最好是至少有某個人追到浪，這樣子那道浪就不算浪費了，但是每個人又都希望那個人是自己。這演變成很脆弱的和平狀態，誰擋到誰的路幾乎是無可避免的狀況。如同丹尼之前告訴我的，他學衝浪最不喜歡的部分，就是想到「其他在海裡的人可能會非常希望我不在那裡」。

第二天，我、艾比和潔西終於來到了綠浪區，我猛然驚覺這裡的海浪看起來相當大，至少是我在洛克威海灘習慣的海浪的兩倍。幸好，崩潰的頂點高度還挺慈悲的。

我們花了些時間學習如何判讀這些浪，辨識會往哪裡崩潰，或是透過海浪顏色的深度來估計陡峭程度和速度。我們漂浮的時候，潔西漫不經心地提到她偶爾會在海裡看到有毒的海蛇。她補充了兩句，這些蛇基本上不會對人類造成什麼傷害，除非你被咬中的地方是在手指之間。每當我要把稍微張開的手插進海裡划水的時候，都會想到這句話。有時候，我們的頭點上點下地平靜划過白浪的衝擊區之後，每個人這時都會突然倒趴在板子上，彷彿一群受到驚嚇的瞪羚，然後開始快速划水進入寬闊的海洋，以避免預料之外的大浪隆隆滾過。

潔西對我下了明確的指令。當一道浪接近時，我就要朝海灘上想像中的「六點鐘方向」開始划水，差不多划了五下。等到浪湧到我上頭之後，她要我把注意力轉到七點鐘（或是五點鐘）方向，「急速划水」三下。在起乘之前一秒，我就要朝衝浪板右邊壓下去（或是左邊，依據海浪崩潰的方向而定），把板子吸附在海浪力道形成的分子張力上。接著，我就會起乘，把視力專注在越過遠處浪花的水平線，朝三點鐘（或九點鐘）方向望去。

這種聚焦注意力是一大關鍵[15]。在波浪池的實驗裡[16]，衝浪手配戴著防水的眼睛追蹤裝置，衝浪專家的目光立即射向自己正前往的那道浪。同時間，菜鳥則是看著自己。他們沒有在想自己要往哪裡去，他們想的是如何保持平衡，這反而讓他們在真的保持平衡上變得更加困難。

”

指示似乎有些制式的僵硬，而這正是重點。希爾說，教練會給出一些例如像是「轉向時要更用些力量」的建議，而不去解釋如何實踐這部分的關鍵步驟。「這就像是教一個人當喜劇演員，卻只說你應該要更搞笑一些。」與其告訴一個人，他需要「和海浪要更協調」，希爾則是讓學員先看影片，再讓他試著正確計時整個行進過程所需的時間。「就愛衝浪」有時候會讓學員戴上面罩、拿著鰭到池子裡，如奈特形容的「讓一些浪拍打到他們身上」，幫助他們體驗一下。

我自己在最初幾次的嘗試當中，沒有追到任何一道浪。我很快就明白，自己太過執著於我的衝浪板尖若是沒入水面下，會讓我被摞起來、倒栽蔥地插進海底的念頭。但是對倒栽蔥落入海裡的恐懼，讓我更有可能真的變成這樣子。

我們在焦慮的時候，在本能和正確技巧之間的拉扯，往往會中斷我們學到的技能連結。當你唱歌快要唱到一個高音的時候，只會想到把身體往上延伸出去。但是如果你彎曲膝蓋往下沉一些，效果反而會更好。滑雪時，新手的身體會往後傾，以避免摔倒，但是他們真正應該做的是把身體往前傾才對。衝浪時，當你的大腦尖叫著要踩剎車時，你需要的反而是加速前進。

「人們擔心會倒栽蔥，因此放慢划水的速度，放在板子上的重心往後，好讓板尖提起來。」希爾說：「這跟你想要的結果剛好相反。」當你站在大浪上，你需要更有決心，加速划水動作，再把身體重量往前移，好快速衝下那陡浪。

很快的，我和艾比兩個人都能夠騎乘在浪頭上，真要感謝潔西推了我們一把。能夠起乘成功追到浪是學衝浪的印記，你若要划水划得好，就特別需要唯有透過划水才能發展出的肌力。我對這一點感到有些慚愧，不過奈特之前已告訴我有一組澳洲突擊隊隊員到這裡來衝浪一星期的故事。「他們是我見過肌肉最發達的人了。」結果，他們都還是需要別人推一把。

我在波多黎各追到的第一個真正的浪是六或七英尺的右手浪，感覺是十足的傻人才有的福氣。整個過程只有十秒，感覺卻像十分鐘。任何站在岸邊的人看過來，我不過是另一個遊客騎乘在一道很普通的浪上，但是我感覺自己像是站在某種海洋戰車上的海神，準備好「碰觸我們靈魂的核心岩漿[17]」。這句話是引用自《衝浪的歷史》（*The History of Surfing*）一書的詞。

整個過程也相當忙亂。我騎在浪頭時，突然發現自己正朝在海水裡緊抓著衝浪板的烏爾麗克高速前進。等到我們兩人的視線相接，我感覺自己的衝浪板正對著她。奈特放聲大喊：「往左彎！」我只能趕緊大彎角轉向，過程中整個人歪爆掉了出去。潔西把艾比推進另一道浪的同時間，一個站在短板上的人正起乘。由於我們的疏忽沒禮貌，逼使他放棄了那道浪。潔西再三跟對方道歉，說：「她才剛剛追到了這輩子第一次的浪呢！」那人搖搖頭，露出笑容，舉起了大拇指。

稍後，我們向裡面有電視監控器的小屋子報到，準備上影片教學課。從陸地看向這一天進行的活動的畫面，往往不是很好看，影片回饋的部分是嚴肅的現實查核。在水裡的時候，我感覺自己彷彿斜著身體滑進怪物管子裡。但是在影片裡，我看起來像是在兒童泳池裡，玩得不亦樂乎的「開心老爸」。

還有，技巧純熟的長板衝浪手在衝浪時表情淡定，身體站得挺直昂然，而我的臉則是扭曲成一團，駝著背，整個人彎曲得毫無氣勢。我辛苦一場下來，賺到了「岡比」的綽號。

不管影片回饋多有價值，並不是完全精確的。「大海給你的回饋，跟你個人的技巧等級未必是一致的。」希爾說：「海洋是一個無法控制的大變數。」我們可能到了海洋上，完成了所有正確的事情，表現出的結果卻只是普通；也或者，我們透過教練的幸運介入和一點點的運氣，卻得到了這輩子最棒的衝浪體驗。

希爾說：「我會鼓勵你，把這記在你的腦裡，不要因為幾回差勁的衝浪表現而自責，也不要因為一次非常棒的結果而過度讚揚自己。」

這似乎是個很棒的箴言。我們只能盡最大的努力。結果或許很不錯，也或許不怎麼樣，但是其他的都不是我們能掌握的。

後來，我躺在床上，仍然可以感覺到自己滑下一道浪，崩潰的浪在我背後推進著。我閉上眼睛，可以看見上下起伏的無垠水平線上，有深色海波朝我移動。我可以感覺到自己在位置上扭動，扭轉著脖子，試著讓自己擺進生命力的正中央位置，看看會把我帶到哪裡。

大器晚成的優點

職業衝浪手愛德華斯（Phil Edwards）曾經說過：「最好的衝浪手，是玩得最開心的那一個。」即便我很懷疑這句話不是真的，不過就跟許多新手一樣，我很早就聽過了這句話，也熟記在心。這看起來很像是專業衝浪手為了讓像我這種倒楣的蠢蛋感覺好過一些，才說出來的話。在我眼裡，最好的衝浪手不會讓海浪在腳底下滾動時，自己還猛烈移動著，或是在追浪時反被扔進了這巨大的海洋洗衣機。奈特建議我把這等式改寫成：「你變得愈好，你在更多情況下就能玩得愈開心。」

我們這一組人肯定玩得很開心。整個星期的課程下來，我不只一次看見四十多歲的人學會了（或是精進了）基本技巧時，開心到滿臉發光的笑容，那畫面令人印象深刻。

學員在學習曲線的愈下端，那種效果就愈強烈。他們變成更好的衝浪手，不過你也可以看見他們在其他方面的成長。這些人短暫的拋開成年人階段的安全港，那些在職場上賺錢的能力、符合年紀的熟悉理性，以及往後退一步退出孩子成長過程的想法，投入一次充滿挑戰、有風險，甚至最後可能是一場徒勞的努力。

「太多人來到了中年，就不想做自己不擅長的事情。」希爾告訴我：「持續做自己不擅長的事情，這本身就是很棒的生命課程。」不管是從在白浪區的練習、移到還沒崩潰的綠浪區，或是從游刃有餘的一次衝浪，進步到做出強力的切迴轉向，你都可以從他們臉上的表情看出來。這星期一開始的自我懷疑，甚至是恐懼都已經消退。他們對於什麼是衝浪，以及自己的認識有了不同的想法。

我開始感覺到對他們某些人來說，衝浪代表的意義。跟我同住一間平房的烏爾麗克提到她一位親近好友得了腦癌，五個月之後過世了。她一延再延的衝浪夢想得到了一股新動力。

紐約女力團之一的杜麗告訴我，衝浪對她來說是一種從痛苦的離婚中解脫的方法。她認為在衝浪當中得到的自信，等同於在情緒上重新得到了力量。如果你能掌握大海拋給你的難題，你就幾乎可以解決任何事情。

如同大海一般，你永遠不會知道生活會丟什麼樣的變化球給你。我們在波多黎各度過了那星期之後，丹尼被診斷出得了淋巴瘤。他仍然繼續衝浪，但是也「對於我把身體擺在什麼樣的情況下，更加謹慎」。

被我私底下認為是紐約女力團蜂后的凱西，整個星期都用她自己的衝浪冒險的痛快故事，逗得我很開心。她似乎就是能夠透過個人魅力和完全的精力，把人吸引到她的軌道中。像是她的衝浪板上的那些刻痕，是她用來記錄自己在全世界遇過的雜牌教練。例如，有實際上來自新紐澤西的「夏威夷裔」，還有一個是衝浪教練兼飛行員，當他們坐在小型飛機裡飛過印尼群島時，對方告訴她，他可以「在十五秒內讓任何女人達到高潮」。你光是脫掉防寒衣的時間就要比這還要長了。

還有凡妮莎，她很輕鬆就成為我們這一團最優秀的衝浪手。我想知道這位有三個孩子的母親，是如何能在中年的年紀有如此的決心，以及能夠學得這麼厲害。

「我以前都會從我家旁的海灘，看著那些衝浪手。」她這麼回答。她這樣子看了好幾年。我把她想像成珍奧斯汀小說裡的某個角色，因為缺乏自信和不喜歡社會的期望而隱居著。有一天，在她的朋友艾胥莉和其他媽媽的陪伴下，她終於勇敢面對海水。她說：「我有一次幾乎算是站起來了，我感覺自己的肋骨都淤青了。我們會在郵件裡寫下關於各種衝浪造成自己身體上的病痛，寄給彼此，之後就不再提這件事。」

就像是你身上一處發癢，你總是無法完全抓到讓自己滿意，那癢總是不斷回來糾纏著。她說，大約在五年前，她們全家在威基基海灘度假。她的孩子（也是促使成年人去學習的觸媒）想要嘗試衝浪，當地其中一個衝浪「阿伯」告訴凡妮莎，她也可以試試看。凡妮莎的丈夫打量著眼前這些親切的教練阿伯過後，也鼓勵她嘗試。接著，一位叫做崔佛的衝浪教練走出來，幫她上課。根據凡妮莎的形容，他是「更年輕、更可愛，沒那麼壯的萊爾德漢密爾頓（Laird Hamilton）版本。」她說：「我先生只是笑個不停。」

她整個早上追著感覺像是只有在茂宜島外堡礁才會出現的大白鯊巨浪，不過後來殘酷的照片顯示那次的海浪平靜如湖面。照片中的她舉起大拇指，冀求「辣媽美照」，最後卻發現自己在其中一張照片的模樣，是「湖面無波的海上，我的屁股不是很優雅地半懸空著，而且整個股溝都露出來了，就在這可憐小夥子的眼前。」

她告訴我：「我嚇死了，但是也上癮了。」因此她開始長時數不斷又不斷的重複練習，一步一步蹣跚地進步著。她犯了新手的錯誤。她在起乘的時候老是盯著自己的衝浪板看，一個教練甚至建議她把「往上看」三個字寫在板尖上。她照著做了。她有次把一個沉重軟板撞到自己的鼻子，鼻梁斷了，縫了二十針。她說：「我臉上敷了石膏，被下令有六個星期不可以下水。」結果她五個星期之後就下水衝浪了。

她會在冬天的停車場裡顫抖著換裝，才不至於讓車子裡到處都是沙子。回首這一切，她說：「我想，自己在那時候算是衝浪圈子裡的狠角色吧。我現在看著那些照片都會笑出來。我的感覺是自己變得愈厲害，愈明白自己有多糟。」

後設認知（一個人對自己的認知歷程的知識和覺察）是個很嚴厲的情婦。身為不管在任何方面的新手，你不只是缺乏技能，更缺乏對「自己不知道什麼」的重大認知。突然間，你在新手的海浪裡，就像在第二章那些嬰幼兒一樣，那些有用的老規則已經不再適用。凱西告訴我，她之前總是用一隻腳稍微踩著剎車，害怕自己被浪頭壓制住；她這麼做的結果，是被海浪痛擊喪失了力氣。「一個明智的教練告訴我，對抗是沒有意義的，因為大海總是贏的那一方。」

凱西花了好幾年才學會，當情況不在她的舒適圈之內時，還仍然能夠冷靜一些。就算是在一切平常輕鬆的情況下，她仍會緊張得胃裡一陣翻攪。在夏威夷的時候，她差一點就遇上一隻鯊魚，隔天下水之後仍然發抖著。教練不斷說著：「哪來的鯊魚？」同時間還眨著眼睛。

如今她在水下的時候感覺很平靜。「那裡沒有電腦、手機和老是抱怨的小孩。你一定要跟自己當下在做的事情，保持絕對的協調。」現在當她獨自下海衝浪時，她的丈夫反而感覺不是很自在。一位朋友就開玩笑說：「他不介意你跟一個很帥的衝浪教練到托托拉島待三天，卻不想要你獨自去衝浪？」她的丈夫也會開玩笑說，她的情人不是任何一個教練，而是「衝浪」本身。

凱西因為老是想要待在水裡的習慣，得到了「再一回」的綽號。她會炫耀自己的珊瑚疹和烏青的眼睛。有一次，她結束衝浪課之後，直奔一個在長島舉行的正式慈善餐會。她伸出手去撿掉下去的餐巾，結果一連串的海水從她的鼻孔裡噴出來，這一幕讓與她同坐一桌的賓客大感驚奇。

當她開始學衝浪的時候，有想過要去挑戰像是「萬歲管道」（Pipeline）那樣巨大兇猛的浪。「我完全不知道那和我的現實之間的距離，何止是天差地別啊。」她這麼告訴我。

經過經驗的淬磨之後，現在她的目標比較實際了。由於起步晚的緣故，她知道自己需要追到「值得好幾年回憶的浪，來補足我錯過的時間」。還說：「比起高爾夫球，我身體會更快向衝浪帶來的壓力讓步。」她總是會向比自己年輕八歲的凡妮莎哀嘆著，說她還有這麼多的時間學習。

起步晚也確實帶來一個巨大的好處。「這讓我更加珍惜自己在外頭的每一秒。」她這麼說道。

如果你在初夏造訪鄰近六十九街的洛克威海灘，你會看見靠近岸處的海面上布滿了一大群小孩騎乘著顏色繽紛的軟板，相互嬉鬧著。你如果再用力看一下，或許會瞥見在這小人國居民當中有個人特別鶴立雞群，臉上綻放出傻笑。那就是我了。

在我開始上課學習之後的第一個夏天，我幫我那時七歲的女兒報名「在地衝浪」的衝浪營。我的想法是，自己不希望她一直等到收到美國退休人員協會（ＡＡＲＰ）寄來的垃圾郵件，才來決定自己會不會想要嘗試衝浪。就跟西洋棋一樣，我感覺自己彷彿是反射性地試著不讓性別阻礙她的學習之路。父親跟兒子玩耍的時候，比跟女兒玩的時候可能更要粗野些，也似乎比較願意讓兒子冒險而不是女兒。提到孩子，已經有人證明了，父親才是事實上主要的「性別社會化主體[18]」。透過讓我的女兒早點接觸衝浪，我想要在她腦裡植入這又是我可以做的另一件事的想法。

夏天的海浪微弱許多，人潮也較多，基本上是在洛克威海灘正經衝浪的人的休息淡季。但是我覺得如果大老遠跑來這一趟，只是坐在沙灘上看著，似乎是一種錯誤，如同多數其他父母一樣。我會跟雷哈特或寇羅言要多餘的軟板，就這麼划水出去了。幸運的，我的女兒還處於看到自己的爸爸在身旁一道衝浪時，會感到驕傲的年紀，而不是感到尷尬。如果某個古銅色肌膚的年輕教練稱讚我的話，她

（和我）會一臉的洋洋得意。

我會幫女兒報名學衝浪，其實還有一個隱而不宣的動機。如果我能夠讓她對衝浪產生興趣，我未來就會有副手了，一個我可以在全家度假會議時招募左右投票過程的幫手，選擇碰巧鄰近衝浪點的目的地，我妻子已經用這一招試過一次，可惜沒成功。

也因為如此我們得以去衝浪了。我們在靠近波爾多的一個浪點衝浪，令我女兒開心的是，那裡碰巧緊鄰著裸體度假村（那些人是不衝浪的）。我們在里斯本跟一個前職業衝浪手和他的孩子在一處擁擠的玩水海灘上衝浪，之後一起享受著冰淇淋的美味。我們在利馬多岩的馬卡哈海灘（Makaha Beach）衝浪，一個嚴厲的巴西教練假裝沒聽見，我女兒說自己已經疲倦了的抗議聲音。如果就只有女兒和我兩個人，那麼她會更快就投降，我就得逗她開心。為了不想讓教練覺得她很脆弱，女兒堅持下去，衝上了她到目前為止遇過最大的浪。我們在哥斯大黎加的帕帕加約半島（Papagayo Peninsula）非傳統的小海域裡衝過浪，不過這也讓她得以第一次獨自追浪。

在我記下她的進步的同時，我理解到自己的程度在德雷福斯模型中，或多或少在第三級：勝任。

在這階段，學習者開始變得跟自己的學習有了情緒上的關聯。在新手或是進階新手階段裡，學習者會緊抓著規則不放，模型如此寫道：「如果規則沒有發生作用，表現者對於自己的錯誤不會感到懊悔，而會據理解釋，認為是自己沒有獲得足夠的規則可應用。」

在洛克威，我對自己歪爆落海的理由，可以解釋成沒有人教過我面對某一種海浪的時候，應該要採取什麼樣的反應。但是在「勝任」的等級，個人就要承擔成功或是失敗的風險。你就必須扛下個人的錯誤，如果你表現得很不錯，你的開心並不光是因為你做得好，也是因為你做出的選擇領著你一路到成功。一開始的時候，我會因為衝浪而感到激動，但是到後來，滿足感來自於划水划到最棒的位置，準備追浪的時刻。

我有種感覺，自己會很滿足於停留在這個等級。我知道在我這個目標導向、表現動力的年紀，這想法似乎令人討厭，竟然會對於自己沒有達到「精通」程度感到滿足。

作家華萊士的小說《無盡的玩笑》（*Infinite Jest*）中，有個角色輕蔑地描述，網球運動中那些「自我感覺良好一派[19]」的人：「進步神速，直到他撞到高原的停滯期，對於自己一路辛苦進步到達高原期而感到滿足。」終於，他開始輸掉比賽，因為「整個比賽是奠基於這個高原」。他公開表明自己「對比賽的熱愛」，但是臉上卻有一抹「緊繃和羞愧的笑容」。

但是我對衝浪沒有任何的好勝心。在這天地，沒有像是跑完馬拉松的時間壓力、或是打破自行車的個人紀錄的壓力。我沒有任何量化的績效指標。我不知道在衝浪中「失敗」的意義是什麼，真要說的話可能就是失去做這件事的樂趣吧。如果有一天我衝浪時感覺到無趣了，我可以開始嘗試其他的事情。我可以到沒去過的地方旅行，我可以買新的衝浪板。

我和煩膩之間的距離還很遙遠。當我看著衝浪影片中的自己時，洛克威海灘最小的浪其實也不怎麼會讓我抱怨。我的朋友可能會抱怨那些浪沒有達到某種標準，事實是那裡的浪通常對我來說也足夠了。在衝浪當中，沒有什麼會讓我感到無聊。

我會希望自己變得更好嗎？當然。但是衝浪不是我的工作，不是我的副業，甚至不是我的生命的熱情所在。套句作家迪奇（James Dickey）的話，這不過就只是我另一項「任性頑強的狂熱[20]」罷了。我想要盡可能變得更好，好持續讓這件事對我來說還是很有趣。

如果我注定要成為一個平庸的衝浪手，我也不覺得不好。畢竟，「平庸」一詞來自古拉丁文，意味「到頂端的半途」。依照我從零開始的情況來看，這樣的爬升速度似乎也挺公平的。衝浪的高原期，似乎是一件我可以開心翱翔很久很久的事。

第六章 我們是怎麼學做事的

在持續尋找學習各種技能的同時，期待新事情的發生。

自己在幾個月裡努力學習各種不同的技能之後，感覺似乎該是往後退一步去思考，我們到底是如何學習技能這問題了。但是我不想要只是像教科書一樣的練習。在自己學習跟學習有關的事情的同時，也想要學些東西。

玩雜耍似乎是個完美的選擇。跟走路這種事不同，本身幾乎就是純粹的運動技能，除了證明我們做得到之外，「讓各種物體飄浮在空中」這件事情沒有太多運作上的功能理由。

雜耍長久以來就被視為是用來研究人類表現的便利方法，很早就出現在心理文獻當中。還記得那份幫助「學習曲線[1]」的概念得以普遍化的研究嗎？其實驗對象就是在玩雜耍。瑪吉爾（Richard A. Magill）寫的《運動學習：概念和應用》一書封面描繪的就是雜耍者。沒錯，你答對了！這本書如今被當成教科書廣泛使用。

一天下午，當我和阿姆斯特丹自由大學人類運動科學研究人員畢克坐在他的辦公室時，他對我解釋，有很多理由可以說明為什麼玩雜耍是一個研究「學習」非常有用的方式。

首先，你需要一項可以輕易在實驗室執行的任務。你需要一項沒有人可以立刻做到的任務，而且這任務必須透過學習而獲得。不過，你也希望這份任務不至於太困難，使得人們立刻就想要放棄。大多數人可以在幾天之內學到一次丟三顆球的雜耍*。玩雜耍的成功與否很容易測量：你要嘛成功讓球維持在空中不墜，不然就是你讓球掉了下來。最後一點，學習可以靠動機加以輔助，不像在運動技能研究中使用那些古怪、單一的傳統實驗性任務，例如用搖桿移動游標、或是在按鈕上敲出順序，玩雜耍真的就是好玩。

雜耍跟其他我打算要學到的一些技能不同，這並不是我一輩子的夢想。我想要學雜耍，好來學「學習」這件事。儘管如此，我也忍不住想，把這花招用在派對的娛樂上也會很妙。幾個月之後在女兒被邀請參加的聚會上，我發現會玩雜耍基本上就是做父親的超能力。

關於技能的特質，是要這樣看的：一旦你學會某些像是雜耍當中最基本的部分，你已經跟很大一部分的人脫離開來了。你不妨做個非正式的調查，問問你的朋友或是同事，有誰會玩雜耍？最可能的結果是，他們很少有人能夠同時把三顆球拋在空中而不掉下來。四顆球？那更是又少了。五顆球？你現在已經可以在雜耍聊天室吹噓一番了。

這就是學習技能的祕密報酬之一：你可能要花很多年成為一個專家達人，但是只要花一點時間和一些努力，你學會了某些其他人不會做的事。你在沒多久前也不會做呢！同時拋三顆球乍看之下不是很了不起的目標，但是對我來說，一度有種不可能達成的氛圍，直到突然之間，便神奇地不再是件不可能的事了。

玩雜耍的第一步是找老師。紐約到處可見貼滿各種課程廣告的布告欄，包括即興表演、香腸製作、塔羅牌判讀，這點不是問題。我很快便找到了沃夫（Heather Wolf），她經營一個叫做「雜耍健身」（學習雜耍以使身體和大腦更健康）的地方。她就住在鄰近的社區。

我們在附近一座綠葉繁茂的公園裡喝咖啡時，沃夫告訴我自身的故事。她在加州大學洛杉磯分校拿到社會學學位畢業之後，回到了自己最愛的低音電吉他，進入洛杉磯的音樂家學院就讀。有一天，

＊三顆球一般被認為是真正玩雜耍的門檻，也被普遍定義成是一種「一個人以一雙手可以巧妙控制多樣物品的能力」。

她注意到公布欄上一則工作廣告：「玲玲（Ringling）馬戲團」徵求一位低音電吉他手。

她告訴我：「我從不知道這馬戲團竟然有樂團，我一直就很想參加巡迴表演。」接下來六年的時間，她住在馬戲團列車廂上。有一季，他們宣布了一個新節目，在這當中所有的表演者（但不包括音樂家）都必須要會玩雜耍。她覺得既然其他每一個人都在學雜耍，她也要學。她持續學習玩雜耍，最後學會了同時在空中拋扔五顆球，達到雜耍專家的入門檻。

「我不是這城市最厲害的玩雜耍專家。」她嘴裡這麼說，卻透著一股紐約人特有的自信，還加了一句：「不過我誠心相信自己是這城市最棒的雜耍老師。」她解釋著，那些晉身為專家的人「可能已經忘了在早期學雜耍的滋味」。我從許多不同的運動技能研究人員口中聽過同樣的事：不管聽起來有多酷，你還是不會想要麥可喬丹或是梅西，在籃球營或是足球營裡教導你的小孩。他們在解釋自己在做什麼時會很吃力，更別說在九歲小孩面前把這技能一步步拆解開來解釋。

跟許多的紐約企業一樣，沃夫的雜耍教室屬於副業性質。身為一個酷愛賞鳥的人，她大多數的時間用在經營康乃爾大學鳥類學實驗室的網站。她的室友以前是如今已解散的林林馬戲團裡的小丑，她說：「他現在不再是馬戲團的成員，不過他跟著像是布蘭妮之類的人到處巡迴表演。事實上，小丑在紐約可以找到很多表演的機會。」

一星期之後，我和沃夫在我的客廳碰面。她拿出了三條彩色的圍巾。她察覺到我隱約的失望（球在哪啊？），便告訴我「慢動作的雜耍動作」不僅能幫助我追蹤在空中移動的模式，也能增加我的自信。研究表明，要改進學習的一種方法[2]，是在一開始的時候讓技能看起來容易一些。

當我右手拿著兩條圍巾、（慣用的）左手拿一條圍巾時，她要我直接把圍巾拋出去，一條接一條，拋向我頭頂上方一個想像的盒子的角落裡。我照做了，圍巾飄飛向地板。很容易啊！接下來，她要我拋出圍巾再接住，一次就好。結果也還不錯！然後她要我不斷重複整個過程。這很快就變得令人吃不消了，我撒出的圍巾雨看起來彷彿像是自己正在梅西百貨的特價花車裡瘋狂搶奪圍巾一樣。

沃夫說：「當我教人雜耍時，我可以讀出一些人心裡的想法，我可以看出來，你在想這整件事是個模式。」

她反覆說著，只要丟到角落就好。不要去想，你正在拋出的動作屬於什麼整體的模式。丟出圍巾就好，沃夫也不要我去想接圍巾的事情。如果我要是把圍巾拋到角落去，我的手就會自動移到要接住圍巾該到的位置去。她說：「學雜耍的重點在於，不要去想。」

物理學家大衛瓊斯觀察到[3]：「幾乎每一個人都能騎腳踏車，但是幾乎沒有一個人知道自己是怎麼做到的。」

我們若去問一般人如何讓腳踏車轉彎，他們大概會回答：「把把手轉到你想要去的方向。」但是這話嚴格說來上並不十分正確。腳踏車怪咖萊特注意到[4]，要往左轉，你首先必須得先往右轉*。

幾乎沒有什麼人知道這一點，因為幾乎也沒有人會意識到。我們之所以沒意識到，是因為要真正知道這事實、或是至少騎車的時候想到這一點，並不會幫助我們騎腳踏車。

讓技巧如此熟練圓熟的，是我們並不真的知道我們是怎麼做到的。這就是為什麼手冊上的指令在學習技能上的作用並不大的緣故[5]。布魯納（Jerome Bruner）寫道[6]：「知識唯有在變成習慣之後，才有幫助。」

菜鳥的問題在於總是想著自己在做某種技能。根據運動學習專家麥斯特斯（Rich Masters）提出的「再投資[7]」理論，當我們真的嘗試去思考一個「過度學習」的技能時（像是走路），很可能反而表現得更差。舉例來說，曾經中風過的人時常會出現「不對稱步態」或是跛腳的狀況。他們必須重新學習如何走路，但因為他們意識到自己如今走路的樣子，使得自己去思考走路的力學，這只會讓走路這件事看起來更加呆板。要學習好好走路，他們必須要含蓄的學習。如麥斯特斯形容的[8]：「訣竅在於，讓人們不知道自己在學習的狀況下，學習移動。」

當我們在某件事情上相當純熟時，就變成無意識的。我們不需要去思考，因為我們的大腦像虛擬自動駕駛一樣，會持續做出預測，而多數的預測都是正確的。

有天下午我去約翰霍普金斯大學的人腦生理學和刺激實驗室，拜訪在阿根廷出生、為人親切的賽爾尼克（Pablo Celnik）主任。他告訴我，人類大腦之所以會如此是因為效率的緣故，但也是因為固有的時間差。

「人的大腦對於身體正在做的事情會接受回饋，而這需要時間，大約是八十到一百毫秒的時間。」他說：「我們住在過去。不管我們現在看到什麼，對於運動領域來說，那事實上是一百毫秒之前的事情了。」

這些預測幫助我們度過日常生活。當預測失敗時，我們尋求解釋[9]。我們在行人道上跌了一跤，大腦在一百毫秒之後接收到這訊息，然後我們帶著責難的眼光盯著讓我們摔倒的裂縫。這意料之外的行為違反了我們的慣性模式，但是當我們試著搔自己的癢時，什麼都沒發生，這是因為我們已經知道那會是什麼感覺。我們的小腦已經「取消了」感覺輸入，抑制了神經元[10]。沒有任何的意外，因此我們的模式完好無缺。

當你第一次踏進已經停止運作的手扶梯時，你會謹慎地走上一兩步，甚至還可能會去「感覺一

*物理學家法楊斯（Joel Fajans）有一個很棒的方法，讓人體會所謂的「逆向操舵」的道理。當你騎著腳踏車下坡時（如此你不需要踩著踏板），把你的左手從把手上拿開。你這麼做的時候，把張開手掌的右手擺在右邊的把手上，輕輕地加點壓力。正因為你的手掌是張開的，腳踏車只能向左邊轉，但是你卻會往右前進。

下」。這是因為你的大腦從許多次的重複之後，已經做了自我訓練，準備好因應手扶梯的移動，也預測到了。在我們的腦袋裡，我們知道手扶梯壞掉了，但是我們的身體還是忍不住去想，這是正常的。

如何讓技能變得更好？

我很快就學到，玩雜耍跟我想像中的技能並不真的相同。

就跟許多新手一樣，我心目中的玩雜耍就該是所謂的「傾盆模式」：三個物體以順時鐘的方向劃半圓形的方式，一個跟著一個輪替，但是這個傾盆模式要比最常見的把奇數物件做雜耍的「瀑瀉」模式更加困難。在瀑瀉模式中，物件彼此交錯，且從一隻手丟到另一隻手去。如果把路徑描繪出來，看起來就像是傾斜一邊的阿拉伯數字 8。

我也想像，雜耍表演者會追蹤每一個飛行中的物件，而這也就正是菜鳥新手嘗試做到的。當我女兒嘗試玩雜耍時，她的頭隨著自己試著追蹤每一條圍巾時，瘋狂地移動著。但是正如沃夫已經示範給我看的，雜耍不在於拋丟個別的物品，而在於拋丟出一個模式，就像是在空中丟出一個小型的演算法。這也難怪許許多多知名的數學家如夏農（Claude Shannon）到葛立恆（Ronald Graham），都很喜歡雜耍*。

跟多數運動不同，你玩雜耍時不會真的要眼睛一直盯在球上面。雜耍表演者看向被丟出的物品會到達的頂峰[11]（又是往外的焦點），對於所有在行進中的物件，他們只用餘光去感覺一下而已。許多研究已經證實，多數雜耍表演者的視野是鎖定的，只除了靠近拋物線拱型末端那一小片區域以外，而他們的雜耍照樣順利地進行著。優秀的雜耍表演者還可以矇著眼睛拋接物品。

把話題帶回我自家的客廳中，我在拋圍巾上面有所進展了。我現在可以連續幾次讓三條圍巾漂浮在空中，或是說雜耍表演者稱為的「三輪」。我們進步到拋球。首先，沃夫要我先把一顆球從一隻手裡以弧線的方式扔到另一隻手裡。這很容易。接著，她要我只管一口氣逐次拋出三顆球，再讓球自然掉落下來。

這能幫助我判斷自己拋球的姿勢。在玩雜耍中，拋扔決定了一切。拋得好，就幾乎可以肯定能自動順利接住球（再一次，又是預測的功勞）。

我被這一切的速度之快嚇了一跳。我讓這三顆球初次在空中行進的相當好，但接著我經歷到菜

＊夏農是著名的數學家和雜耍愛好者，他甚至以一種公式來形容玩雜耍這技能：（F＋D）H＝（V＋D）N。F指的是一顆球在飛行中花費的時間，D指的是間隔時間或停在手裡多久的時間，N是指球的顆數，H是手的數量，而V指的是空閒，表示一隻手有多久的時間是沒抓著東西的。

鳥新手的通病：我急著第四次出手[12]，而擾亂了整個模式的時間點。「你有的時間比自己以為的還要多。」沃夫這麼說。

她說，隨著時間過去，拋球的動作看起來會顯得較為緩慢些[13]。事實也是如此。正如同我們偶爾會聽見職業運動員描述的一樣，我感覺自己彷彿有更多的時間應付球。這模式已經像是在天空中寫字那樣清楚：那些球似乎是懸宕在空中。

神經科學家伊格爾曼（David Eagleman）研究人們對於時間的覺察力，他曾針對時間緩慢下來的感覺，提供了很有說服力的解釋。他指出，當我們開始學像是雜耍等的技能，新手會留意任何一切事情[14]。

我一開始的雜耍學習，大致像是下面這樣：好了，我要拋出第一顆球。然後再一個！等一等，我還需要再拋出另一個嗎？那麼第一顆球怎麼辦？球落下來了！我真不敢相信我又再度拋出球了！喔喔，第二顆球掉下來！我是不是剛搞砸了拋出去的第三顆球？這一次拋出去應該是用左手還是右手？等一下，我怎麼會用一隻手接住兩顆球？我為什麼又這麼做了？

你要注意的東西愈多，時間似乎移動得愈快。但是隨著你的技巧變得更好，你學到了該注意哪些事情，你對於自己該期待什麼，有更好的概念[15]。突然之間，你根本就不去想著那些球。你只是追蹤著空中的一個模式，你的注意力空出來了，你在拋球的同時，還可以和旁人說話。時間似乎更加充裕，也更加緩慢了。

然後，你開始學新的花招，所有的事情再度加速前進起來。

我面臨的另一個新手問題，是拋球的狀況。撇開時間點不正確之外，我的球會往各個方向掉落。當你拋球時，微小的錯誤都會帶來重大的後果：拋球出去的角度就算只差幾公釐，等到球落下來的時候，距離你想要球落下的位置會差很遠[16]。

「把自己想成機器人！」沃夫會這麼說。她想要我去想像自己被程式設定了一切，這樣一來我的雙腳會站穩，我拋球時雙臂會緊貼身體兩側，還能夠從容不迫地緩慢移動，我唯一的工作就是像個機器人一般俐落地拋出球。她也建議我面對著牆拋球，有一道天然障礙物在面前，讓我沒有多少選擇，只能設法控制自己拋球的技巧。

技能學習有一個關鍵的問題，知名的運動科學家伯恩斯坦（Nikolai Bernstein）是這麼形容的：我們的身體有太多的「自由度」。光是人類的手臂（從肩膀關節到手腕關節），就有接近二十六個不同的自由度[17]（或者說可以移動的方向）。要移動手臂，我們需要有效地協調身體千餘條肌肉和千億的神經元[18]。拋出一顆球這項事實開始的時候，看起來像是忙碌的機場控制台和一支技能高超的木偶操縱師組成的軍隊同步運作著。

想像一下，你試著教你的小孩如何揮出棒球棒。揮出棒球棒的方法很多，但是若要用來把棒球打擊出去，那麼這些方法當中就只有少數才有用處。菜鳥被自己必須指揮所有這些動作的想法弄得不知所措，照伯恩斯坦的說法，是他們往往會「凍結」身體肌肉。他們跟自己的身體對抗。

當我試著教我的女兒揮出棒球棒時，她頭一次的揮棒姿勢像是個鬧門：雙腳直立、膝蓋僵硬、肩膀緊繃，前臂整個卡住。她只是彎曲著身體，把棒球棒舉在身前，試著不要失去平衡，她並沒有解開那些自由度。

到最後，我們學習「解凍」身體，充分利用各個肌肉來相互呼應運作。我們把這稱為肌肉的協調。動作技能專家瑪吉爾（Richard Magill）如此告訴我：「當人們的技巧更加熟練時學到的事情之一，是充分利用上天免費給我們的東西。」

學習技能意味著用最少的力氣達到最大的效果。我們常說，專家級的表演者「讓整個表演看起來很容易」。這可是有很好的理由來解釋這情況的喔！當我在紐約市馬拉松比賽舉行之前，到紐約大學的運動表現中心拜訪請益時，訝異地發現自己跑步的姿勢竟然如此沒有效率。舉例來說，我沒必要地讓肩膀收緊。這乍看是件小事，但是當我跑步超過二十六點一英里，肩膀收緊的程度增加了，耗掉我額外的體力和妨礙了我的呼吸。

我們隨便舉一樣技能（從拉大提琴到騎自行車），得出的結果都一樣[19]：當我們的技巧愈好，我們的動作就更有效率。這意味我們「約束」不需要的肌肉、「刺激」需要的肌肉[20]。如果我要你先握緊拳頭，然後舉起你的小指頭；在你只舉起那根手指時，你會同時指示你的其他手指不要移動。

當沃夫建議我「當個機器人」，她並不是真的要我像個機器人般僵硬地行動（我自己平常就已經是那樣子了）。她真正想要我做的，是甩開我拋球的方法。她說，有時候人們會突然大喊：「我做不來啦！」她就必須指出來，說：「你已經在做了呀。」因為機器人正在執行著動作。玩雜耍的物理部分[21]並不會真的是很高難度，你就是把一顆球從一個地方拋到另一個地方去。困難的地方在於，執行每一個圖案花樣時的「心智模式」，很糟的拋球通常是因為時間點的錯誤而擾亂了花樣。

說到技能，人們往往會說到「肌肉記憶」一詞。認為我們真的在肌肉上編入某些動作，因此保存了某些行為的記憶的想法很誘人，但實情不真的是如此。當你簽下自己的名字時，你的肌肉看起來反射性地知道如何用筆把字寫在紙上，但是你也可以在黑板上大大地寫出你的名字[22]。你還可以用噴漆在牆上簽名，可以用一隻腳趾在沙子裡描出你的名字，也可以在雪地上用尿液畫出名字（我小時候這麼做過，但那是為了印證科學），或用嘴咬住鉛筆，照樣優美地寫出你的名字。

所有這些方式牽涉到的肌肉部位都不一樣。或者說，你在執行的是原已就存在你腦袋的「動作模式」，肌肉只是照著大腦的指令做事（即便那是肌肉告訴大腦自己應該要做的事情）罷了。

肌肉記憶也暗示著，當你展現一樣技能時，你每一次都使用同樣的方式，也就是你「記得」的方式。但即使是最有重複性的動作技能，也總是微妙地改變著。我們需要持續的適應，使其最佳化。由於這個理由，伯恩斯坦表示當我們練習某一個技能，我們不應該只是「一遍又一遍地重複針對一個動作問題的解決方式」。換句話說，我們不應該嘗試要無止境地讓一個在同樣狀況下似乎有用的技巧趨於「完美」。這樣子太過僵硬，若是有一個小變數改變了，這技巧可能就不會如此有用了。

相反的，我們應該每一次都試著解決問題，這表示我們甚至可能會使用不同的技巧。他把這個稱為「沒有重複地重複」。這麼說來，優秀的雜耍練習不光只是單純地想要把同樣的瀑瀉式三顆球持續的時間更久一些而已。我知道解決這問題的答案：我只需要做得更快速和更一致。

能讓我變得更好的方法，是給我自己新問題去解決：用我較弱的手（已經從慣用的手「學習到」這技能的某些部分）開始一個模式，或是改變我拋球的高度。我會換房間練習，我會拿不同的東西來練習。我會試著一邊走路一邊拋球。我試著在坐下的時候拋球，聽音樂的時候拋球，跟人說話的時候拋球。

透過每一次的小改變，我必須也要做出微妙的改變。我表現得像是阿道夫那些學走路的嬰幼兒，從看來毫無章法的隨興，到運用多變化練習的強力學習策略。

這不是說優秀的雜耍表演者從來不犯錯。不過他們持續解決問題的行為，給了他們更多的解答。

西洋棋特級大師羅森（Jonathan Rowson）就寫過，專業意味著去掉不熟悉的過錯[23]。雜耍表演專家不只是在一顆球離開自己手裡的當下，就知道自己犯了錯，還知道在球行進當中如何彌補錯誤。

沃夫告訴我：「一旦你有顆球拋得不好，就束縛那個球，把自己當成機器人。」她說：「重點在於你控制球，但球不控制你。」

看影片可以學會一切嗎？

我真的需要一位老師來學習拋球雜耍嗎？我不能直接上 YouTube 找影片嗎？簡單地說，你可以。YouTube 充滿了大量玩雜耍技能的影片，有些還真的很不錯。更進一步的，觀看其他人的影片並加以模仿或許是人類學習的基本方式。

蒙特利爾大學人體運動學院的教授普洛竇（Luc Proteau）告訴我：「我們被打造成去觀察。」我們的大腦有許多區域，當我們想要別人照著我們的「動作常規」做某件事情[24]，就會啟動了我們稱為「行為－觀察網絡[25]」。舉例來說，看著一隻狗吠並不能真的算是人類的特質[26]，因此不會啟動該區域。

我們模擬自己進行這件任務，讓同樣的神經元活躍起來，等到我們決定放手一試的時候，就會使用上這些神經元了。行為－觀察網絡並不是什麼作用的代替品（做一件事會完全占據一個人的運動皮質區[27]），而比較像是一齣一齣的彩排。

但是你也需要想要學習。格爾大學心理學教授克洛斯（Emily Cross）告訴我，當我們看著別人試著學習跳舞或是打結，「相對於只是消極地觀看，當你看著的同時也想要學習時，「行為－觀察網絡才會強烈地活躍」。她認為，學習「能讓大腦做準備，來吸收新資訊」。

我們愈想要學習，我們為大腦做的準備就愈充分。你愈好奇想要知道某個問題的答案[28]，你記住的機會就會高很多。相信自己需要把自己的所學教給其他人的人[29]，似乎在學習運動技能的表現，要比那些只是學習運動技能的人來說更好[30]。奇妙的是，當我們看著新手充滿錯誤的各種努力時，我們反而學得更好。畢竟，當我們看著專家完美的表現時[31]，我們看的是某個「非學習者」的人。看見他人的學習，真的能幫助我們學習。

當然，你不可能永遠靠著觀看來學習。不過缺少「觀看」部分的學習，真的很有挑戰性。在一份觀看三顆球瀑瀉雜耍的研究中[32]，有一組實驗對象看著一位職業的雜耍表演者表演的影片，另一組實驗對象只接受到簡單的口語指示，然後就被要求「試著找出或是發現順利拋接三顆球的最佳方式」。

等到第三段練習時間結束的時候，觀看過影片的實驗組平均可以連續拋接出七個循環。另一個實驗組連一個循環都沒辦法完成。

說到雜耍（或是其他任何技能），看某個人表演可能還不夠。你也需要有人看著你。教練指導你的就是回饋（也是YouTube缺乏的）。現在把話題帶回布魯克林，沃夫持續監看著我雙臂的位置、我拋球的高度，以及我的視線看向哪裡。

她會指出我的錯誤，更重要的，也會指出我做對的地方。在我們傾向把回饋看成一種修正錯誤的診斷工具時，數量持續成長的研究顯示，人們不只比較喜歡自己技能的嘗試獲得成功時得到回饋，而且他們似乎也因為如此而學得更好。

畢竟，在玩雜耍或是衝浪這些事情上犯錯的地方，要比做對的地方多出許多，因此我們何不把焦點放在好的結果上頭呢？也因為正面的回饋增加了學習者的信心和動機[33]，比起重複指出學習者的錯誤（或許只會讓他們更加焦慮和不自在），這可能要更加有幫助。

當然，我們有可能會得到太多回饋。身為學習者，我們需要犯下自己的錯誤，然後理解出一個方法避開這些錯誤。我們需要記住，表現不好不代表就是學習不好。我每次拋球雜耍的時候，我的方式都會有些改變，科學家把這稱為嘗試再嘗試的變異性「噪音」。

我的雜耍表現是一團亂。我有可能在某一天可以連續拋轉三顆球二十到三十回，然後隔一天卻只能勉強連續拋出兩三回。但是接著，突然間我的表現又從谷底上升。這是正常的，麻省理工學院針對雜耍的一項研究顯示，幾乎所有的實驗對象都有連續性的「突破」，在這當中他們的成功率有突然性和戲劇性的進步。這研究也觀察到，他們也有一大堆的錯誤（或是「漏洞」）。我會把一顆球拋得太晚，下一個又太快，結果最後一個完全沒拋出去。如果我設法改正了第一個漏洞，接下來就有一連串的成功拋擲做為報酬。剛開始的時候，我通常憑靠的是運氣（我們稱為新手好運），來決定自己的表現是好還是壞。

我就像是那些在阿道夫實驗室裡學走路的幼兒一樣，某一天走得相當穩健，隔一天就走得跌跌撞撞。但是在所有這些變異當中，我逐漸建立了扎實的解決辦法。

有時候，這些解決辦法並不是看著指南影片，或是教練老師的指導輸入得來的。讓我們來想想赫赫有名的奧林匹克跳高名將福斯貝里（Dick Fosbury）的故事。身為奧勒岡州年紀輕輕的跳高運動員，福斯貝里費盡很多努力想留在高中田徑校隊裡。他個人最佳紀錄是五英尺四英寸高，這僅僅相當於比賽通常的開始高度。

在失敗的威脅陰影籠罩之下，他開始研究嘗試一個業界稱為剪刀式的舊式跳高方式，這是一種讓身體保持挺直，一次一隻腳跨過橫竿的方式。這方法在「腹滾式」（straddle）出現之後便黯然失色，腹滾式是指以腹部朝下橫翻過橫竿的方式。不管福斯貝里怎麼做，就是沒辦法俐落地執行腹滾式。

在退無可退的情況下，他轉回剪刀式，勉強把成績提升到五英尺六英寸的高度。這是他個人的最佳紀錄了，但是他也明白自己不做點什麼改變的話，是不可能再提升高度了。他在下一次跳高的半途中，一個念頭出現了：「把身體往後仰」。

這個臨時增加的動作並不優美（某位作家戲稱為「空降兵抽搐[34]」），但是這給了他額外的力量。福斯貝里如此說：「我沒有改變我的方法，改變的是我的內心。」

福斯貝里對剪刀式的即興改變，產生出一種新的跳高方式（福斯貝里背躍跳高式），這後來在跳高圈子裡掀起了改革風潮。這並不是他模仿得來的結果，因為當時沒有其他人這麼做。這也不是教練指導而得來的結果，因為當時也沒有教練這麼教導。這方法被認為挑戰了物理學，人們好奇這樣子算不算違法。努力想留在隊上的福斯貝里是藉著必要的探索，發現了這方式。不誇張地說，他是在飛行中學會的。

大腦的密集內在訓練

經過一星期的雜耍訓練之後，我已經改變了。我指的不光是自己突然間變得信心滿滿，或是我的生活樣貌更加燦爛了一些。我的意思是自己真的改變了。

許多研究當中發現，在空中拋球這個無害的小行為能夠改變大腦。這個被稱為「活化－依存結構大腦可塑性[35]」的現象在短短一星期的時間內啪地蹦出來。玩雜耍不只是改變了大腦的皮質區（也就是大腦的處理中心），也改變了白質區[36]（就是中樞神經系統內所有連結纖維的總稱[37]）。改變更常發生在視覺皮質區，而不是運動皮質區，強化了「雜耍重點在於追蹤和預測球的動向，而不是圓熟地移動你的雙臂和雙手」的概念。

當我們學習做某件事情[38]，大腦會以特別激烈的方式回應，程度遠比我們只是做著某件自己已經學過的事更大。

這不表示如同人們時常所說的，我們的大腦「擴大」了。我們大腦的大小和重量都沒有發生改變[39]。切實地說，是大腦內部發生了重組[40]。神經科學家兼雜耍表演者施密特威卡（Tobias Schmidt-Wilcke）在德國波鴻魯爾大學任教，他告訴我：「學習新技能需要用一種新方式，讓神經組織發生作用。不是說我們學得愈多，我們能聚積的局部皮質愈多。這是在非常有限的地基上重塑、完成任務。」

換句話說，我們在學習某樣事物時，並不只是在皮質區堆放訊息，因為我們總是在學習[41]。如同我們學習一樣技能時，肌肉組織也就更加有效率，我們的大腦也相同。在剛開始學習新事物的大爆發之後，皮質區密度降低了。我們只使用我們所需要的，留下足夠完成任務的密度即可；儘管密度下降了，技能的表現仍然很穩定。

當一個永久的菜鳥新手有一個好處：你讓自己的大腦接受各式各樣的高強度間歇式訓練，而不是重複地跑馬拉松。每一次你開始學習新技能，你就是在進行重塑。你再度訓練自己的大腦變得更為有效率。

我有個感覺，自己試著學習拋出三顆球時，可以感覺到這些過程運作著。在自己試著理出頭緒該做什麼時，感覺上真的讓我的頭發疼。到最後，我可以不須思考就表演雜耍。接著，我嘗試學習拋接三顆球的變化版，像是「米爾斯錯綜」。我的腦袋因為皮質區和白質區轉移改變，再度如湧流跳動，至少在我看來是如此。

當那種大腦裡的跳動變成了抽痛時，似乎就是停止嘗試學那一招的好時機了。誠然，大量的研究顯示睡眠是我們最好的學習工具之一[42]，甚至只是片刻的休息都好[43]。休息的大腦會「加強」我們先前嘗試想做的事情的記憶，說到底，任何技能的一大部分就是要記住如何做到。就像我在一個運動播客節目中聽到的，休息片刻給了你的大腦一個機會，針對你上一個活動爆發量進行慢速的分析。

奇妙的是，在學習雜耍當中顯現的可塑性，似乎並不是依我們學得有多好決定的。「我們的大腦想要感到困惑，好學習新的東西[44]。」一位研究人員如此認為。我們的大腦喜歡為了學習而學習。

這跟我們的年齡也似乎無關。一份觀察一組較年長的實驗對象（平均為六十歲上下）學習雜耍的研究發現，這些實驗對象產生類似的大腦可塑性，曾在之前另一個研究當中見過，而那組實驗對象的平均年齡為二十歲。

施密特威卡告訴過我：「就算你成為專家的機會很小，也應該嘗試學習新的事物。」

”

我把這項建議記在心上。某天我跟著沃夫到曼哈頓上西區，去見一位她不斷跟我提到的學生。我們在一間自然光充足的高樓層邊間公寓裡，和史瑞德碰到面了。一頭灰髮的史瑞德身材結實，走路的步伐敏捷。他端給我咖啡之後，便問我住哪裡。我回答：「布魯克林。」他露出了笑容，大叫著：「我星期三才在那裡慶祝我的生日呢！」他才剛滿八十一歲，一架大鋼琴上頭擺滿了打開的生日卡片。

史瑞德令人愉快的老派紐約客個性讓我感到很驚訝，他這一輩子都住在上西區。「我不會走到九十六街之後的地方去。」他打趣說道。他的父親艾博是波蘭移民，先前是著名的時裝製造商（綽號叫做仿麂皮大王）。在科屈擔任市長期間，還指定了某一天為「艾博．史瑞德日」。艾博最後賣掉了公司，在九十算高齡成為華爾街的短線操盤手。

史瑞德自己的人生則大不相同，他在我看來似乎就像是終身學習的典範人物。「我的一生當涉獵了許多事情，算是個半吊子吧。」他說道。在巴布狄倫的時代裡，他時常出沒格林威治村；他彈吉他、錄製過幾張CD；他繪畫、銷售洋裝、在中學教書，還經營過一間小型出版社。他說：「我可以胡搞的事情也沒有多少。」他的真愛是寫作，送給了我幾本他的書，是集結關於他的生活和這城市的幽默哀悼體的散文集。

一年前，史瑞德把雜耍加入自己的常規活動清單。他有些生理上的問題（割掉了膽囊、裝了心律調節器），感覺「非常低落」。他的醫生建議他放棄他鍾愛的網球，那是他在四十歲時培養出的興趣。後來他在當地一間「在地安養」中心，注意到有堂雜耍課。「我發現這事情非常困難，不過老實說那傢伙也不是個很棒的老師。」他試著自學雜耍一段時間，不過沒有什麼進步。他後來聽說了沃夫這個人。起先，他參加沃夫的團體班。他說：「我覺得自己沒辦法融入那團體，我比其他的人都要大上四十、五十歲。」他有個直覺（他這年紀時常會有這感覺），人們總是「忽視他」。不過他喜歡沃夫，因此他雇用她每週上私人課程。他半開玩笑地說，他的目標是要成為「金氏世界紀錄」裡，學習五顆球拋接雜耍年紀最大的人。

這可不容易。到現在，我多少精通了三顆球的「瀑瀉式」，現在正學習著四顆球「異步」的招式。這招式讓人看了印象會非常深刻，如同沃夫說的，到了這一關卡，多數人甚至沒辦法判斷你到底在拋耍多少顆球。

跟史瑞德一樣，我的目標是拋耍五顆球，這是稱職的雜耍表演者的標記。沃夫告訴我，即便每日持續練習都得要花上一年的時間。甚至還可能需要兩年。我和史瑞德可以從夏農這個麻省理工學院天才身上獲得安慰，他玩雜耍從四顆球進步到五顆球的時候，同樣也感到困惑和不知所措。「那是一件他沒辦法精通的事情[45]。」葛特納寫道：「這讓雜耍這件事更加撩人。」

因為學習雜耍，史瑞德遭遇了許多跟我同樣的問題。沒有老師的指導，他自己練習了不對的技巧（像是拋球時手臂太高），而困在壞習慣當中。

經過一開始的掙扎之後，他遭遇了技能改進的有效循環：你學得愈多，就愈能享受其中；你愈享受，練習的次數就愈多；你練習得愈多，就變得愈厲害。

他也敏銳地意識到技能學習另一個事實。他說：「你的年紀愈大，你必須努力的程度就愈辛苦。」一份雜耍研究當中發現，年紀較大的雜耍表演者產生的皮質區改變，跟年輕一輩的程度相同。到這裡，又另一項事實跳了出來。經過三個月的訓練，所有（平均年齡二十歲）的年輕組達成了在六十秒內連續拋球雜耍的目標。在（平均年齡為六十歲的）年長組，只有百分之二十三的比率達成目標。這份研究最後的建議結論，讓史瑞德（跟他父親一樣）謹記在心：「當人們年老，他們不應該少動，而更應該多動來維持自己的能力不墜[46]。」

不過這裡也有一個轉折：年長者學習得愈多，他們學習的速度似乎愈快速[47]，他們看起來也就更加像是年輕人。看起來，「為學習而學習」的確是一個終身的運動。

第七章

改變看待萬物的態度

每個人都應該學習畫畫，就跟每個人都應該學習識字和寫字一樣[1]。

——威廉・莫里斯

為什麼我們畫不出所見之物？

二〇一七年，Google 公布搜尋次數最高的「如何做……指南」（how-to）問題清單，這個類別自從二〇〇四年起成長了百分之一百四十的比率[2]。這坦率地呈現了人類的需求和願望，無論是大或是小。

排行第一是「如何繫領帶」。這讓人幾乎可以感覺到，求職者在逼近的求職面談之前，搜尋這問題時的冒汗手指。我們可以合理推測，他們先前已經也搜尋了「如何寫自我推薦信」。第二名讓人感覺溫柔卻又心碎，那就是「如何接吻」。再往下，「如何做鬆餅」跟「如何做法式吐司」競相爭奪著排名，你可以想像父母親在星期天早晨如何用沾滿麵粉的手指，在廚房奮戰不懈。

夾在「如何減重」和「如何賺錢」這兩個現代人最關心的事當中，「如何畫素描」幾近優雅地安坐第五名。這看起來或許有點古怪，這問題竟然會站上一張幾乎被人生重大目標主宰的清單。少數的不及格者和更多接近不及格邊緣的人，想要找到一項自從攝影出現以來，在現代可說已經不再有重大意義的技能，這即使是在藝術界也是如此。

素描跟唱歌一樣，看起來像是一項技能的幻肢（phantom limb），是一個我們實際上已留在童年，卻持續偶爾在我們心頭縈繞的東西。我發現這顯示了自己能從國小記憶裡記起的少數事情：一件是在學校集會時唱歌，另一件就是老師挑中我描繪冬天場景的美術作業，把畫懸掛在黑板上方。

跟所有的小孩一樣，我沒有接受到任何特別的鼓勵或是指導，就是動手畫圖而已，倒也不是說我需要鼓勵或指導。我可以花好幾個小時畫出史詩般、情節逐漸披露的複雜場景，藍色圓珠筆一筆一筆描繪出敵軍攻擊山頂上的堡壘，或是深海潛水伕被大白鯊威脅著。這些稱不上是多麼出色的圖畫（你看不到深度或是立體），不過，我心裡也從來沒想過這些細節。我跟多數小孩一樣就是畫著，因為做這件事情很好玩，也因為感覺上我可以用視覺來說些故事、或是表達些念頭想法。

畢卡索曾說：「所有的孩子天生都是藝術家。問題在於，我們長大之後要如何持續當個藝術家。」你可以在教師休息室裡某個熱心的美術老師的咖啡杯上看見這句話，不過這個想法的確有些可以探討的地方。

在一份研究當中[3]，一群包含幼童、青少年和年紀再大些的成年人的實驗對象，被要求畫素描來表達像是「生氣」等的概念。評審專家使用像是「表達」、「平衡」和「構圖」等標準，來為這些圖評分。毫無意外的，成績最好的一組是具有藝術家身分的成年人組。

但是，另一個表現得跟這些藝術家幾乎不相上下的組別呢？答案是：五歲年紀的兒童組，其他每一個不是藝術家的成年人和大孩子的表現就較差。這份研究的發起人戴維斯（Jessica Davis）從中指出U型學習曲線的存在（跟我在衝浪運動中的發現類似）：藝術家和五歲孩子被標示在高點，其他人則在底端。

根據該理論，這裡發生的情況是大一點的孩子開始不太再畫出自己的感受，而是畫他們覺得事物看起來該有的樣子。他們進入心理學家加德納（Howard Gardner）稱為的「自由主義的停滯[4]」或是「繪畫攝影方面的賣弄成見」。他們試著為現實提供好的技巧表現，卻發現自己沒有這套技能。

如同早期兒童教育教授安寧（Angela Anning）注意到的，我們期望孩子學習（卻沒教導他們）「展現空間、規模和景色」等技術上的要求[5]。他們犧牲了在寫實主義上原始強烈的嘗試，而是蓋括做出如加德納寫下的「既更加謹慎卻也更呆板和沒有生命力的作品[6]」。在「生氣」研究中，成年人和年紀大一點的孩子嘗試畫出憤怒本身，而再小一點的孩子則是畫出他們自己生氣時的模樣。

因此多數的孩子（我自己包括在內）習慣假定他們「沒有美感」。我們被教導學習寫作和數學，卻沒有人期待我們成為作家或是數學家，但是素描不知怎麼的，卻被看成是一樣嚴格的職業練習[7]，為成為藝術家而受訓。

我半隨興地想著要繼續素描。自己大學畢業後到歐洲的旅行中，那時候還沒有出現筆記電腦和智慧型手機，我帶了筆記本寫下所見所聞，偶爾也畫些簡單的建築和街景的速描。我這麼做，源自於心中一個浪漫的想法，認為一個人就該這麼做，最好還是在維也納一間咖啡館裡做這些事。

在沒有完全意識到的情況下，我追求著卡斯蒂廖內伯爵（Count Baldassare Castiglione）在他一五二八年的名作《廷臣論》（*The Book of the Courtier*）中的文藝復興的理想事物，這本被多方翻譯的大部頭書，被形容成「終極的指南書」。書中，他認為素描和繪畫屬於「極其重要的[8]」技能。歷史學家指出，很長一段時間以來，「文雅和有用的」素描被認為是和寫作同樣的基本溝通技能。其性質更接近「社交的練習[9]」，而不是美學的練習。

不管繪畫屬於哪種練習的範疇，我已經疏離了好幾十年。我的女兒出世之後，不知不覺地逐漸把我們廚房的每一寸地方變成她的藝術牆，畫滿了各式塗鴉和素描，也再度喚醒了自己僅剩的渴望，我決定要加入她畫畫的行列。

我還是不十分清楚自己的動機，我不認為自己很有美感，也不會假定素描能夠打開通向自我表達或是創意的神奇大道。素描據說是一個真正獲得知識的好方法，因為這行為會在你的大腦裡編碼，增加另一層記憶[10]，不過我並沒有這方面的需求。我只是單純地認為，這對一個整天坐在電腦前面書寫的人來說是有好處的，可以讓一些不同的肌肉組織活動一下。

對繪畫虔誠的業餘畫家邱吉爾有一次寫道，「腦力勞動者在結束尋常的例行事務[11]」之後，再做些像是閱讀這一事（即使是為樂趣而讀），也只是讓已經疲累的身體官能繼續運作而已。「要恢復精神的平衡」，他認為：「我們應該使用心智中指揮眼睛和雙手的部分。」

暫且不管自己的目標是什麼，我從自己努力去學習的過程中發現一件事，我們很難去預測學什麼東西可能對自己有用處，以及這麼做會如何改變自己。不是很確切地知道自己可能從某樣事情的學習經驗當中「得到」什麼，正是另一個不要做這件事的理由。

那麼，我們該到哪裡去學習，又該如何學習？

一位活力十足的速寫家友人（他甚至出版了一本集結他素描許多餐廳的書）建議我，閱讀貝蒂愛德華（Betty Edwards）撰寫的經典《像藝術家一樣思考》（*Drawing on the Right Side of the Brain*）。過去數十幾年以來，愛德華說服了好幾千個人去相信自己是可以畫素描的，這當中許多人從未想過自己有藝術方面的鑑賞力，而成果比任何其他人的成果還要出色。

我買了這本書，做了裡面幾項練習。我發現這些練習很有趣，但是也感覺到自己需要的更多，包括更多的訓練、更多的回饋。偶然之下，我在網路上搜尋關於這本書的資訊時，看見愛德華的兒子即將在紐約市主持一個素描工作坊。工作坊為期五天，這表示我要畫的素描會比我自五歲以後畫的還要多，但我報名了。

即使是一位而立之年的專業人士，參加課堂還是有一個重點該要注意的，這會即刻讓你回到國小的時候。所有的感覺都回來了：第一天走進陌生的教室，試著理解該坐在什麼位置，暗中瞄著身邊的同學，擔心自己是否帶齊了所有正確的材料，害怕自己做錯事或者說錯話，也擔心教室裡其他每一個人可能都要比你厲害。但這當中也包括了，知道自己唯一的工作就是「學習」的那種奇怪、被解放的感覺。

因此，十二月初某個早晨我們九個人聚集在翠貝卡區一間裝潢闊氣的閣樓公寓時，大夥些微緊張地推擠著。站在課堂前方的便是愛德華的兒子布萊恩．波梅斯勒。他告訴我，他的母親最近剛滿九十歲，「行動稍微慢了一些」。

波梅斯勒先是歡迎我們大家，再來則告訴我們，大夥將要把一整個學期（四十個小時）的學習，擠進一個星期裡學完。波梅斯勒和他的母親一樣也是畫家，他說這是「一樣崇高但是不盡然賺錢的職業」。他舉辦素描工作坊已經有幾十年的時間了。頂著一頭波浪白髮和一副黑色粗框眼鏡的他給人一種溫吞、茫然的感覺，偶爾會飄入懷舊的回憶裡，一會沉思一會又嘻嘻哈哈的。

波梅斯勒過著波希米亞式的紐約城市生活，這在現代似乎是幾乎不可能存在的生活方式。他進入普瑞特藝術學院就讀，受教於自立陶宛移居美國的巴拉尼克教授。巴拉尼克的猶太人雙親在二次世界大戰期間被法西斯主義者殺害，他本身以其抽象表現主義繪畫和政治激進主義聞名。波梅斯勒說：「他只以黑色白色作畫，個人也只穿黑色的衣服。」

波梅斯勒也回憶了自己另一位指導教授，對方住在康乃狄克州時髦的格林威治鎮。「她以前會穿著飄逸的雪紡洋裝，到這裡的貝德福德－斯泰伊來，那地方那時候還有些破敗髒亂。」他說道。他還說，這位教授還有一種天分，能夠以一口「博學的戲劇標準美式英語口音」（也有人稱為中大西洋口音*）說出重大事件。某一天，波梅斯勒對她敘述，自己在秋天搭乘火車從華盛頓特區到紐約的經過，以畫家的美感熱情地說著這季節的樹葉的顏色轉變如何如何。「她眼神晶亮地注視著我，然後說：『啊，沒錯，但是你有看到樹葉之間的顏色嗎？』」

*中大西洋口音（或稱跨大西洋口音）是受到英式英語影響的口音，流行於二十世紀初的美國上流社會和娛樂業，這些口音融合了美式和英式英語中最負盛名的特徵。該口音不屬於本地或地方口音，反而帶著點國際英語的口音。

早先在理查赫爾（Richard Hell）和黛比哈利（Debbie Harry）年代的時候，他住在CBGB酒吧的正對面，這酒吧後來變成紐華克自由國際機場一帶的主題餐廳。他後來搬到蘇活區一間閣樓（我們置身的閣樓屬於他一位珠寶設計師朋友所有），就在邦德街和包厘街交口，他接下來幾十年就住在那裡。「我看著世界貿易中心落成，也看著大樓倒塌。」波梅斯勒如今是離婚的單身父親，領著贍養費，撫養兩名青春期的女兒。「很討厭啊！」他笑著這麼說。

他的過去，反映了他自己在這城市留下的絕大多數足跡。從我們此刻坐著的房間窗戶往外看出去，對街大樓的一間公寓曾經是勞勃狄尼洛在一九七〇年代住過的地方。「我幫他蓋他的頂樓花園。」波梅斯勒說道。他那時候是名木匠，在紐約市裡這可不是容易的事。「我們那時沒有卡車，都是把工具裝進帆布袋裡，到哪裡都是搭乘地下鐵去工作。」

他輕笑一聲結束了這往昔遐想，然後表現出較為嚴肅的舉止。

波梅斯勒告訴我們：「素描不屬於運動技能的問題。如果你可以寫下自己的名字，你就可以素描。」他以前在課堂上收過一名四肢癱瘓的學生，對方用牙齒咬住鉛筆畫圖。

據他所說，素描真正是屬於思考的問題。他要教我們如何不去成為藝術家，而是要如何「畫出我們看見的周遭世界」。（如果要成為藝術家，他甚至不知道要如何開始呢！）重要的是，如何忽略任何告訴我們自己不會素描的事情。他告訴我們：「我教授的很多技巧，是關於你跟自己說話的方法，是關於在你的腦袋裡輸入更多正面的聲音，而不是我們大家都有的陰影。」

他告訴我，他母親的心靈最重視就是這些。他母親在加州大學洛杉磯分校以〈焦慮和素描〉的論文拿到哲學博士學位，不是關於素描如何可以幫助舒緩焦慮（我確信素描可以做到這一點），而是關於我們有多少人光想到拿著鉛筆在紙上素描時，就會感到恐懼不安。波梅斯勒說，《像藝術家一樣思考》一書能成為巨大啟示的原因（這本書賣了好幾百萬冊），這本書不在教人如何複製圖畫或是推銷幾個獨有的素描技巧，而是這是「第一本教人不要學習素描，要學習思考的書」。

愛德華把素描看成是和閱讀「同樣重要」的技能，正如同閱讀讓人能夠深入了解任何其他的學科，素描可以幫助我們訓練自己知覺的能力，「指導、提升我們的洞察力進入視覺和言語資訊背後的意義[12]」。

這本書的書名受到斯佩里（Roger W. Sperry）在一九六〇年代榮獲諾貝爾獎的研究論文〈割裂腦＊〉的啟發。斯佩里發現大腦的左半腦多聚焦在語言、分析性思維和算術，右半腦似乎傾向處理空間關係、辨認人臉和召喚二維和三維輪廓的心理圖像，這就正是素描時所需要的[13]。

＊在現今已屬過時的「胼胝體切開術」（commissurotomy）手術中，病人的大腦被切成左右兩半，這在當初多用來治療癲癇症。

愛德華如此寫道，從歷史看來右半腦一直就被視作「較不重要的」半腦，比不上左半腦，因為左半腦處理大量的言語資料。在語言主導的世界裡，愛德華更主動發起重視這被低估的半腦和視像素養重要性的運動。她指出，當新手開始嘗試素描時，都會試著畫出他們知道的世界，也能夠說出、卻不是畫出他們真正注視的這世界的樣貌。我們以範疇的基礎模型素描，當我們被要求畫一張臉的時候，我們畫出我們認為一張臉應該看起來的樣子，儘管我們畫出來的素描看起來像臉，卻又不太像是一張真正的臉。

這本書當中的一個練習，是要求讀者重製畢卡索畫斯特拉文斯基（Igor Stravinsky）的肖像素描。愛德華指出，這幅素描包含了各種空間的錯覺，一般來說對於素描新手是相當困難練習的。不過愛德華給的指示相當簡單：把這素描上下相反擺放。突然間，讀者就比較容易照著描繪了。她寫著，大家進步的祕密在於他們不知道自己在畫什麼。素描中辨識得出來的部分（像是雙手）是最具有挑戰性的。愛德華指出，面對某個自己無法分析的東西時（像是上下顛倒的素描），「左半腦處理模式」（不再有用處，因此給了「右半腦處理模式」發光的機會。

讀者真的是因為腦部活動的短暫重組而進步的嗎？評論家認為愛德華的書誇大了神經科學[14]。倫敦大學學院理學院的教授麥克馬努斯（Chris McManus）這麼寫道：「腦側化，或者說『許多人只用半邊大腦來解決一個問題[15]，但是透過適當訓練，我們可以自發用意志要另一半的腦袋解決問題』的概念，有『相當嚴重的缺失』。」

撇開這概念在流行文化中已被廣泛傳播的事實之外[16]，人們屬於「左腦型」或「右腦型」的觀點也沒有強力的科學證據佐證。右半腦比較有「創造力」的觀點，也同樣不準確[17]。斯佩里自己就警告，「左－右對分」的概念很容易就不受控制[18]。

波梅斯勒指出左腦－右腦的概念實際上比較算是一種隱喻。不過他很努力地讓這種隱喻發揮作用。他告訴我：「左腦很強大，真的不喜歡被閒置一旁。當你有一些關於右腦觀點的阻礙時，左腦會說：『看吧！我告訴過你你沒辦法做到的，傻瓜。』」一位評論者就指出，就算這是一種隱喻，左腦－右腦公式化的表述也讓過時的大腦功能二分法得以永存[19]。

這些不表示愛德華的技巧無法幫助人們素描時更加精確，或是她的書中沒有洞察之論。畢竟，藝術家長久以來就指出，以新的方式看待事物是誠實畫出必要的關鍵[20]。藝術評論家拉斯金（John Ruskin）在十九世紀寫下了，「純真之眼[21]」是藝術的核心，用「孩子氣的觀點[22]」看待事物，「不用意識到其中代表的意義」。莫內也勸告人[23]：「當你到戶外作畫時，試著忘掉在你眼前的事物，一棵樹、一棟屋子、一片田野或是其他的種種。只要想著，這裡有個小方塊的藍色，這裡則有塊長形的粉紅，這裡是一道黃色，就以景物在你眼睛看到的樣子畫下來。」

我們把大腦研究擺到一旁，仍然有各種有趣的證據顯示，我們對於事物的歸類和看法的方式，影響了我們畫出這些事物的能力。

在一份從一九三〇年開始的著名研究裡[24]（整體發現自那時起就在其他地方被複製[25]），實驗對象看到一個圖形符號：兩個圓圈被一條線連起來。接著，他們被要求依據記憶，複製該符號。當他們被告知那物件是一副眼鏡時，他們畫出來的樣子跟另一群被告知那物件是一套啞鈴畫出來的結果大不相同。在這兩個案例中，實驗對象都偏離了原來的符號。

結論很明顯：人們受到的心智裡符號的影響而畫出來的東西，要比紙頁上的符號的影響還要更為強烈。

”

我們擁有最強壯的象徵符號之一，便是我們的頭顱。「這些象徵符號看起來多到讓我們感覺成了『無效觀看[26]』（override seeing），也因為如此，只有少數人可以素描畫出一顆非常真實的頭顱。」愛德華如此寫道：「更少數的人可以畫出足可辨識的肖像畫。」

波梅斯勒如此談論著，一路談到了我們在翠貝卡區的第一個功課。他說：「我們來到了這為期五天的課堂中最糟糕的時刻，我要請你們畫一幅自畫像。」這些自畫像不會被拿出來分析，而是留到課程結束的時候再做比較，當成我們在一星期之內進步多少的討論標準。

不過，我們首先被要求做自我介紹。學員當中有來自加州的艾瑞克，他是軟體工程師和有抱負的瑜伽老師。他已經讀了《像藝術家一樣思考》，做了一些練習，很希望再多做一些，他把這星期當成學習度假。沙奇是希臘籍的金融專業人員，申請了九個月的留職停薪，好「探索自己許久以來都不曾仔細探索的心靈」。來自蒙特婁的烏蘇拉能說五種語言，忍受著在秘魯亞馬遜公司工作的機械性重複經驗。芭芭拉在愛達荷州的一間退休社區裡擔任服務生，已經在「社區大學裡修過許多藝術課程」，她想要利用一星期密集課程的嚴苛性，把所學的一切融會貫通。南西先前是馬林郡的數學老師（她說：「我這輩子都住在我的左腦裡」），退休後興趣轉為手工藝。「我現在的生活就是把一雙手弄得髒兮兮、黏巴巴的。」她說道。

一旦我們總結各自的自傳素描之後，就要真正畫起素描了。我們被要求拿出「自畫像鏡子」（一面有許多平行線的鏡子），以及事先準備好的自我作品選集，這也屬於課程的一部分。接著我們動手素描，整個房間安靜下來，一根針掉落都能聽到，這樣的靜默維持了將近一個小時。

我的一番努力看起來像是嫌疑犯被拍下來的照片的速寫，或者毋寧說這個嫌疑犯事實上不住在這座星球上。我的妻子看見這素描時，問：「這是癟四還是大頭蛋？」任何素描新手很快就會發現，人類頭顱的平常比例是多少，其實是有許多經驗法則可以依循的。舉例來說，臉部的寬度大約等同是五隻眼睛加起來。我的素描幾乎違反了每一條法則。

我的臉一看就顯得過寬和過長。我的鼻子和嘴唇間的空間跟公園大道一樣寬。我的嘴唇危險地低掛在下巴上，簡直跟一個好意的幼童把蛋頭先生笨拙地重新組合之後的樣貌，沒有什麼差別。我的眼睛粗糙得有如象形文字。和多數的新手一樣，我把頭髮畫得像是一根根頭髮的集合體，而根本不是頭髮真正表現出來的樣子，除非你的髮型屬於全世界最難看的「以偏概全」（把頭髮旁梳來遮蓋禿頭）。人的臉部有相當多的肌肉、數不清的皺紋，以及像是暗影形成的群島，我什麼都沒能畫下來。

這幅素描不是依據記憶產生的，否則這樣倚賴概念（而不是真實），還真的比較容易去想像這個人的樣貌。我仔細地在鏡中注視著自己一個小時，結果還是搞砸了。

這讓我記起愛德華寫的一些話。我「接受指導前的素描」表現出我最後一次畫圖的年齡，或是說，我基本上停止畫圖的年齡。這真的是一個年輕畫家畫的肖像畫，我是一個九歲的人試著畫出一個四十九歲的人。這話聽起來很奇怪，在成年人的生活中，有少數領域的技能仍困在童年的小房間裡，沒有長進。我在素描上已經當了五十年的新手。

隔天，我們被要求畫一張摺疊椅。波梅斯勒強調，我們不要去想成是畫一張椅子。他說：「透過不去畫出這張椅子，這樣一來，你得到的是一個較為複雜的圖像。」

我試著注視著這張「非椅子」各個不同的部分，持續放大，直到整體變成抽象的物件為止。我想著馬格利特（Magritte）的那張有名圖畫*，告訴自己：「這不是一張椅子」。我心裡突然開始把這看成是各種形狀和「負空間」的集合，是介在「非椅子」之間和周遭的東西。

當波梅斯勒走過來看我工作時，他注意到我畫的椅背的尺寸似乎錯了。「這應該跟從椅背到坐墊的距離是同等的長度。」他說。

我心想：「那是不可能的啊！」

接著我用標準的藝術家的打量方法來測量椅背，這動作你可能在賓尼兔（Bugs Bunny）卡通之類的地方看過。我把拿著鉛筆的手臂伸直，再把一隻眼閉起來測量。他說的尺寸是正確的。我繼續看著，但是不管我看得有多久，就是沒辦法接受真正的尺寸。我怎麼會把眼前明明是對的東西，弄錯得如此離譜？

”

我們為什麼無法畫出眼前看見的事物？

一份探討這項問題的研究發現，正如波梅斯勒之前提出來的，動作技能跟這問題沒有多少關係。

*這張畫的名稱恰如其分地稱為《形象的叛逆》，又稱《這不是一個菸斗》。

相反的，這研究的作者指出來，我們受到錯覺的擺弄，或者說「緊抱著錯誤的信念，而無視使其無效的證據[27]」。

換句話說，我仍然還是試著畫出「那張椅子」，而不是畫一系列的角度、線條和陰影。有許多研究都要孩子複製一連串有角度的線條[28]，他們都表現得相當棒。當他們被要求複製一張形狀歪斜的桌子時（原始的線條就出自於這裡），他們突然間就出了錯。

我花了好幾天的時間對抗這些種種的錯覺，這過程並不容易。某天早上，波梅斯勒帶些怒氣地吼著：「我沒辦法撒些神奇的魔粉在你們身上，讓你們突然都變成米開朗基羅。」一個提早離開課程的人哼著氣說：「這原本應該是一次假期的，我不知道自己還得這麼努力。」

在一項練習中，我退到一間臥房角落，準備畫出望向走廊的景象。為了準確地描繪出打開著的門，我需要對抗一種稱為「形狀恆常性」的知覺現象。舉例來說，我們認為往內打開的門仍然是長方形，就像尋常的門一樣。

但是當我們看著一扇打開著的門，我們注視的其實是一個梯形。我必須加以測量，好讓我這扇打開著的門的角度是正確的，我不能只倚賴自己的眼睛。事實上，藝術家落入這類知覺偏見的機會似乎就跟任何人一樣多，不過他們已經學到如何在紙張上修正。人們常說，素描「教你如何觀看」，在某種意義看來，的確是如此，不過事實要更為複雜些、也更加有趣些。

愛德華給了一個例子，當我們在擁擠的房間裡看向四周時，人們的頭不分遠近看起來都是同樣大小（這個效應稱為大小恆常性）。如果你試著畫出這模樣，你會感覺到紙張上有某些地方怪怪的。但是若照正確的樣子畫出來（也就是有各種的大小），當我們真的看著紙張上的頭顱時，看起來仍然是同樣的大小。

素描教我們的不只是「如何觀看」，也教我們「我們如何觀看」，大腦有各種捷徑和訣竅來描繪外在的世界。我們看到的不是反射在我們視網膜上的世界。大腦就像個藝術家，以自己的解讀來描繪出我們遭遇的人事物。

素描也教我們世上有多少東西可以觀看。我注視的時間愈長，看見的東西愈多。天花板角落的暗影中，事實上有好幾道陰影在彼此當中潛伏著。一塊地板就承載著一個微妙的世界。當我想要嘗試捕捉每一個細節時，波梅斯勒勸告我省略些東西會是比較明智的，這對一個人的神智也會有好處。

我發現描繪床上的床單尤其困難。當我向波梅斯勒抱怨這一點時，他說：「讓我去拿我畫床單的特殊鉛筆。」當然，這是句玩笑話，他是要告訴我，畫一連串的起皺的床單跟畫一張滿是皺紋的人臉之間，沒有多大的不同。那些全都是輪廓和暗影。我必須捨棄布料和幾何皺褶的想法，而是想成一片抽象的地景，一張某個人曾經睡過其中，有明有暗的地形圖。

素描是我做過最吸引人的事，遠比寫作還要迷人。我關掉手機、放到另一個房間裡，這裡就是我、一枝鉛筆和紙張，以及我周遭的空間。一個小時又一個小時地過去，而我渾然不知。我把這想成是有益的冥想。自己進入了專注的深層狀態，時間和我從日間的牽掛中漂離而出，最後我還有一件紀念品可以帶回家。

畫家弗蘭克（Frederick Franck）曾經引用九世紀一位禪宗大師大慧（Daie）說的話[29]：「以冥想進行的活動的意義，要遠比單純的寂靜要更深遠一千倍。」我們在今日把這稱為「化境」。我並不是唯一一個感受到這個的人。我聽到班上有個人說：「這是長久以來我最難集中心智的一次了。」來自蒙特婁的烏蘇拉說，她沉浸在這樣的狀態之深，「感覺像是童年的回憶都要跑出來了」。

我們最後的作業是帶著這星期學到的技巧和經驗，再一次畫自己的肖像畫。這一次，我們要畫鏡子裡的自己。大夥一群人在走廊上找好位置作畫。沙奇坐在我旁邊，我設法不讓自己被他的畫弄得分心。我戴上耳塞、放起顧爾德的音樂播放清單，不知不覺就到了午餐的時間。

我半個小時之後回來，重新開始作畫。一會之後我注意到沙奇還沒從午餐回來，他之前因不斷氣憤而擦掉的素描還沒有多少進度。我突然替他感到有壓力了，不過我自己眼前也還要好幾個小時才能完成肖像畫，如果真的可以完成的話。我有可能要持續畫好幾天。波梅斯勒告訴我，當你在一幅畫上多添加什麼都只會變得更糟時，就是這幅畫完成的時候了。

我把自己的畫從牆上拿下來，再掛到閣樓的牆面，掛著我們大家的作品的臨時畫廊也就成形了。

我的肖像畫感覺昏暗，暗得幾近寫實，以及悶悶不樂。我的目光比平常過於熱烈，單純地反映出我在這幅畫上竭盡一切努力的心情。

波梅斯勒把這幅畫跟德國編年史家貝克曼（Max Beckman，他編纂了德國威瑪共和時期市井生活的美術集）的作品相比較，我寧願猜想他比較喜歡我的。但是，我那雙眼睛！實在巨大！我把這幅畫帶回自家客廳驕傲地展示時，我的妻子輕聲笑著說：「你看起來就像豆豆娃。」

作家斯坦哈特（Peter Steinhart）就說[30]：「多數素描是失敗的，幾乎所有的畫都只是練習。」我把這句話當成箴言，說得好像我還有其他選擇一樣。

這堂課是個啟示。愛德華認為，一旦你開始學習畫畫，你的大腦就會永遠地改變（前一章有提到，我的大腦最近就經歷了許多的變化）。畫畫不是很困難的事情，但是觀看卻很困難。一旦你開始用心觀看，感覺就像是有個超能力，打開了你周遭世界的新層面。我發現自己會在行人道上停下來，檢視著城市街景映照在汽車引擎蓋上的微妙樣子，或是一顆柳橙皮上的質地圖案。我可以在醫生辦公室裡出神半小時的時間，注視著許多東西（棉花球罐、天花板上的吸音磚），好奇著：「我會怎麼畫這個東西呢？」

我在畫自己的時候，對自己這張臉多了更進一步的認識了解。這跟我每天在鏡子裡看到的是同樣的臉，但是在試著畫下來的時候，我感覺自己像個地圖繪製師畫著一塊陌生的領土。我可以拍一千張的自拍照，得到的結果卻不會跟我畫的自畫像一樣，能和自己的面容產生更親密的關係。在一個被照片提供（拍攝當下所有相關數據）原始資訊淹沒的時代，畫畫看起來像是需要努力掙得的智慧。

波梅斯勒告訴我：「許多來上素描課的人，會有像是『我已經學到如何畫畫，可以把這一項打勾、結束了』的心理，然後回歸到原本的生活去。」

我知道自己還在舊石器時代的階段，牆壁上只有寥寥幾道原始的刻痕而已。畫家約翰史隆（John Sloan）建議世人[31]：「永遠不要從畫畫中畢業。」畫畫解開了我內心某樣東西。當我沉浸在創造出有形體的事物時，這些成品似乎就已不是重點了。我愛上了當中的過程，因此想要尋求更多。

我在美術學校的冒險

從翠貝卡區排列著高級精品服飾店和飛輪課工作室的熱鬧行人道上踏出來，進入紐約藝術學院之後，你會感覺到自己彷彿不小心逛進了一座古希臘廣場。你見到灰泥石柱、古典雕塑家製作的半身雕塑複製品，以及肌肉鮮明地裸身雕像。你會有點希望，自己會意外發現大廳裡進行著一場蘇格拉底式的對話。

一九八二年，一群憂心藝術已逐日成為極簡抽象藝術和概念化的人，成立了藝術學院，校址坐落在一間前身是書籍裝訂商和遮陽傘製造商住宅的十九世紀五層樓倉庫裡，這間藝術學校不斷把畢業生送進缺乏素描和繪畫許多傳統技能的世界裡[32]。諷刺的是，學校早期的贊助人之一，是常被認為屬於概念派藝術家的安迪沃荷（Andy Warhol）。這裡的藝術系學生給人的感覺，像是他們不太能畫出一個圓形。學院的溝通總監寇帝斯（Angharad Coates）告訴我：「他們可以夸夸談著概念主義，直到累得臉色發青為止，但卻不知道畫架或是筆觸是什麼。」

早期的時候，學院的教法被視為有些偏離常軌。畫家費斯爾（Eric Fischl）描述[33]：「很多學生會畫穿著托加長袍的人，這當中沒有諷刺的意味。」

長久以來，精確描繪人體外形已不再是藝術關心的核心了，但是這裡的全體學生仍被期待學會畫肌肉和骨骼部位圖（écorché），也就是素描或彩繪出人體在沒有皮膚包覆下的樣貌。暫且先不管學校對於古典技巧的重視，寇帝斯堅持說學院不會退回到古典主義去。她說：「我們的想法是學生要學會所有這些核心的訓練，但之後，我們期待他們成為當代的藝術家。」

學院一開始有財政和組織上的困境，但也逐漸穩定下來，變成紐約藝術風景裡受到尊崇（或許還有些古怪）的一部分。學校每一年都會舉辦一次大型的募款舞會。「龐克教父」伊吉帕普（Iggy Pop）順道拜訪時，主動提供自己柔軟肌肉發達的身體，擔任一堂實際臨摹素描課的裸體模特兒。「不知什麼原因，我覺得自己能夠赤身站著讓一群人作畫，和他們交流一下，對我來說是很重要的[34]。」他如此說道。雕塑系學生會幫助偵辦懸案的警探，為無名受害者的頭骨重塑臉部。這裡的學院主任是個效率奇高的前行政主管，他第一次跟這間學院結緣是在這裡當油畫學生的時候。

我對自己要直接上學院裡其中一個推廣教育課程，感覺有點膽怯，即使這些課堂名稱聽來就很適合初學者，因此我先跟學院的素描系主任格里馬爾迪（Michael Grimaldi）上幾堂單人課。

某晚，我們在一間空洞的教室裡碰面，地板上四散著畫架、油漆斑點和膠帶的痕跡，此外還有一架鏘噹作響的散熱器。格里馬爾迪是個說話柔聲、舉止優雅的高個子，以前在大學是第一級的擊劍選手。當他八歲的女兒開始學擊劍之後，這位停止擊劍五十年的系主任再度回到這項運動的天地。跟我一樣，他領會到夾在「比賽的聲音和氣味」的當中，自己沒辦法只是站在邊線觀看而已。

格里馬爾迪在曼哈頓成長，身邊圍繞著當代藝術家：勞森伯格（Robert Rauschenberg）和許納貝（Julian Schnabel）曾經跟他住在同一棟大樓裡。「對於你想要畫出自己看見的事物的衝動，他們一向不吝於讚美鼓勵。」他這麼說。

當我告訴他，我最近有去上愛德華一家人的課時，他會意地點點頭，他接下來說的某些話呼應了我以前聽過的話。他說：「接下來的幾個星期裡，我們會試著弄明白獲得抽象視覺體驗的方法，我們要放棄許多看待事物的偏見想法。」

舉例來說，我們試著畫臉的時候，往往會過分強調對我們很重要的地方。我們把眼睛畫得過大、額頭畫得過小，因為比起他人的額頭，我們更常注視（並投入情緒）的是別人的眼睛。我們畫眼睛時，往往把眼睛擺在比真正位置（大約應該是整張臉一半的高度）還要高的地方。研究顯示，百分之九十五非畫家的實驗對象會犯這種錯誤[35]。我們畫肖像時，往往會讓臉側面轉二十五度，卻仍然想要讓眼睛在正面，這是因為我們平常看見人的時候就是如此。格里馬爾迪認為，你愈把意義或是情緒投注到事物上，要畫出這些事物就愈困難，至少在一開始的時候是如此。他的女兒尤其是相當難畫的主題。他說：「當你以淡漠、疏離的態度作畫，事情會容易許多。」

我們的第一個主題是一張填塞了厚軟墊的骨董沙發，沙發被置放在一個平台上，上方掛了一盞燈。第一堂課的重點在「明度」，也就是某樣東西有多明亮或是深暗。跟有各種顏色可選擇的油畫不同，鉛筆素描的選擇相當受限。「你只能在一個表達方式裡發揮。」格里馬爾迪說：「對我們來說，要實現明度是出了名的困難。」明度也不容易察覺到。他說：「當我們注視著一個靠在白牆的白色物體時，心裡想的是這兩個都是白色的。」但事實上，你可以看到那物體並不是完全無縫地融入到牆面裡，意思是這兩個物體在明度上有所不同。素描時，假定事物如何如何是很不保險的事。

你得用一枝鉛筆和一張紙，把所有東西（從最深暗的陰影到最淺的陽光）全都處理到位。格里馬爾迪說，我動手素描之前，需要弄明白「最淺的明亮」和「最暗的陰暗」。他說，把最極端的明度加上括號，你就比較容易決定介在當中的其他明度該落在哪裡。他警告我，一旦你在白紙上畫下一筆，你就會認為這要比真實的明度，還要再暗一些。

任何一個場景中包含的所有明度範圍，可能會大到讓人不知所措。他建議我瞇起眼睛。「你在抑制自己眼睛的色彩感受器，因此便得倚賴你的視網膜桿，也就是明度接收器。」他說：「如果你走進一間黑暗的房間，你看到的不是顏色，而是明度。」

接下來的星期，我們繼續前進到了一座雕塑，這是羅馬版本的希臘化維納斯的一個局部部分。依我的想像，畫出這部分的方式就是直接動手開始素描，我的手忠實地遵照著在我眼前的外形，依樣描繪著。

你們肯定也會做同樣的事。我們的目標是要精確地描繪，然而，如同一個人不會在沒有建築藍圖的情況下就動手蓋房子，你不會在還沒安排出大綱之前就動手畫了，這種素描方式看起來跟建築有些相似。格里馬爾迪說：「我的老師告訴我，這不能真算是一幅畫，而是一幅畫的骨架。」

第一步是要描繪出基本的「信封」，也就是連接該物體最遠的點、做出比例的幾何形狀。看起來會有點像梯形。我要從中找出各個不同的「地標」，像是這畫最高或是最低的部分，並開始在之間快速畫出細線。格里馬爾迪把這跟健行做比較：如果我們迷路了，我們可以透過把自己所在的地方和地標做三角測量，理解到自己的地理位置。

他不要我畫出細節，畫出概略的姿勢就好。「我們到後面都還可以找到體積和形貌。」他這麼說道。如果我發現自己花太多時間在一個區域上（通常都是頭部），就應該移到下個區塊去。每一樣東西都該是要抽象的。曲線應該不要被畫成曲線，而是應該要被畫成一連串短短的直線。他說：「這是畫素描較為快速的手法，要我們的眼睛和手直接畫出一條曲線，要花費很多的時間。」

我注意到他握鉛筆的方式，不是一般人寫字時握筆的方式，而是握住鉛筆的末端。鉛筆在他的手指裡顫動著，像是地震儀上的紀錄針，即使這動作也表示是一種避免畫出特定的輪廓或形體的方式。相反的，鉛筆來回不斷地飄動著，幾乎跟他急速轉動的眼睛動作同步，像是即時記錄似的。

藝術家注視他們的主題的次數，往往要比非藝術家之輩更加頻繁[36]。一個說法是說，他們這麼做可以降低自己把影像儲存在工作記憶區的需要，因為工作記憶區容易快速地傾向各種偏見和錯誤的認知。

當我突然理解到，自己把表示該雕像某隻手臂的一團粗略筆觸畫得太低時，格里馬爾迪的臉色明亮起來。「我們在素描時發現錯誤是件好消息。」他說：「我們要是沒發現，才是壞消息。」素描的過程中，你沒有及時修正的時間愈長，最後面必須要做的修正則愈多愈大。

逐漸地，這個梯形盒子裡填滿了鮮明的交錯線條，維納斯的身材開始浮現了。我有個感覺，與其說是我畫了這素描，倒不如說是素描自行畫出來的。早在我考慮著那是「眼睛」或是「腳」之前，已經以計算過的角度和筆畫形成的簡單副產品，閃亮地映入眼簾。

「你表現得相當好。」格里馬爾迪說道。他似乎是真心這麼認為，不過我對於機械性的鼓勵保持謹慎的態度，畢竟所有認真的學習者都會這麼想。「不要只是告訴我，我做得很好。」我的女兒有一次在烤完巧克力脆片餅乾時，就這麼說：「告訴我，吃起來的味道真正如何？」

在我走進學院提供的推廣教育課堂時，我的業餘素描生涯就開始了。就跟任何一位熱血十足的學童一樣，我趕著去買必需品的推薦清單，擁有一整套全新的用具無疑是當新手最大的樂趣之一。身為一個靠按著電子設備維生的人，我喜歡素描的純粹觸感：用刀片削尖鉛筆、用灰泥似的軟橡皮擦拭、用紙擦筆調和石墨。

我帶著自己的作品集離開家門時，注意到一位鄰居臉上的驚訝表情，我感覺到一股祕密的滿足感上升著。噢，當然了！我正要去出門去美術學校。當我進入學院後，這一股快活的自信隨即減少許多，因為裡面擠滿了貨真價實的藝術家，穿著沾滿漆沾滿顏料的褲子、有著怪異的髮型，以及才藝高超的作品。

儘管如此，我感覺像是被准許進入某個祕密世界，置身在這些受訓中的年輕藝術家（他們清洗著筆刷或是在餐桌旁閒聊著），我會回想到進大學前的自己：「如果我當時選擇這條路呢？」

即使是往往被貼上「菜鳥」或「新手」標籤的推廣教育課程，裡面也不乏有天分的人。在一堂課上，我認識了來自布魯克林的中學老師派特。他已經花了幾十年的時間畫油彩和素描。他告訴我，他家裡擺著一幅他已經畫了二十年的畫，計劃著哪一天再繼續畫（推廣教育真的不得了）。但是他對這幅畫已經到了心理怠倦的極點，他說：「畢竟你花了一個小時在一個半英寸大小的方塊上，出來的樣子還不是你想要的結果。」

一會之後，我可以感同身受了。我們有一堂巴爾格素描教程的課，這著名的十九世紀法式素描課，影響了如畢卡索等藝術家。我花了好幾個星期，試著把懸掛在我面前的一隻石膏耳朵模型，畫出幾可逼真的偽造品。這耳朵模型被頭頂上的探照燈照得明亮，呈現出一團渦流形狀和暗影，既迷人又惱人。

自己彷彿在跟一個令人陶醉的小漩渦對質，覺得自己被吸進神祕莫測的漩渦裡。老師貝爾格（Ard Berge）告訴我：「我們用一枝鉛筆描繪出立體的外形，勾勒此物觸摸起來應該有的樣子。」在某個意義上，我們必須把東西雕塑出來，只不過是用鉛筆，而不是我們的雙手。我們必須潛進彎曲的深處，跟隨著上頭燈光照下來、彈回到耳朵上層耳廓的反射光前進。「起伏的形狀！」他是這麼稱呼的：「記得《曠野奇俠》（*Rawhide*）的主題曲嗎？持續讓那形狀起伏！」

我偶爾會瞥向坐在我左邊的同窗安德魯的素描，被我們的作品如此之不同給嚇了一跳。我的耳朵鬆垮、帶點印象派，他的耳朵則是十足精確，幾乎像是解剖學素描了。一個人可以學習技巧，但是個人的風格似乎會自己浮現出來。學期結束時，我們把所有人的作品聚集起來，總共有十二隻耳朵，每一隻都像是個人簽名一樣獨一無二。巴爾格贊同地端詳著：「這畫面感覺能聽到聲音，就像是想要跳動一樣。」我感覺自己回到了小學，我的美勞作品被老師挑了出來稱讚。我不知道是什麼道理，但是稱讚你才剛學的東西，似乎要比稱讚你已經做了很久的東西更能加令人感到滿足。

隨著自信逐漸增長，有人瞥過我的肩膀看看自己在做什麼時，自己那股尷尬的感覺也就愈來愈少。我在家裡舉行即興的素描研討會，我會在廚房餐桌上擺一個（例如柳橙）物品，要我的妻子和女兒試著畫出來。我們在送給大樓管理員的節日卡片上，我附上一張為他的西伯利亞哈士奇犬「羅根」畫的素描。「你真的可以賣畫賺錢耶！」他感激地說道。他的反應鼓舞了我，不過這也讓我記起，爺爺奶奶聽完孫兒輩勉強在鋼琴上彈完生平第一首曲子時，都認為他們值得在卡內基開演奏會了。

之後，我參加了這輩子第一次的臨摩人體素描課。一個小時又一個小時地注視著一個靜物是一回事，看著一個活生生的人分好幾次的短暫時間坐在你眼前，那又是另外一回事了。當模特兒休息片刻之後回來坐下來，那姿勢變得稍微不同，突然間，洋裝上那道摺痕，或是她臉頰上的光，跟我先前畫下的已經不同了。

在自己畫著素描的同時，記者的本能忍不住跳了出來。他們喜歡這份工作嗎？自己可以當個臨摹模特兒嗎？當然了，我們在課堂上不能跟他們說話，那會被看成侵犯他人的隱私，以及打斷準確無誤地素描過程。

某天下午，我偶然在電梯裡遇到最近課堂上的模特兒，他有挑染過的金髮，穿著尋常的外出服。我問他，當他平靜地坐著一動也不動的時候在想些什麼。「今天我想的，是要買哪些常用的備貨。」他回答說道。我不知道自己是否期望他回答「生命的意義」，不過他的答案也嚇了我一跳。伊吉帕普說他那時想的是自己的歌，這個人則在心理追蹤等會要去採買的市場。

同時間，我自己的思緒打擾了畫畫的動作。「你在看著那裡沒有的東西。」臨摹素描老師艾梅塔（Robert Armetta）說道，算是公允地數落了我。我在原本畫出明度更暗的汙漬即已足夠的地方，畫上一根貨真價實的眼睫毛。「你在強調不應該強調的地方，而且漠視了不應該漠視的地方。」我點點頭。我犯下畫線條時不該有的愚蠢錯誤。「這一切開始變得太概念化了，非常俗套。」他堅持，我的鉛筆太沉重。我往下看著手裡的鉛筆，彷彿是鐵做成的一樣。「每個筆觸都該是輕盈的。」他看著我那些很難擦掉的鉛筆筆觸，這麼說：「因為我們是在『這看起來不太對勁』的假設下進行的。」沒錯，我的確是這麼想的。不知怎麼的，線條畫下去之後，尺寸大小都已經歪曲了。「你是從 a 檢查到 b 點再到 c 點，然後從 c 點檢查到 d 點再到 e 點，但是你沒有檢查 a 點到 f 點的狀況。這對你來說，有道理嗎？」我心想著，不是很有道理，不過我只是點了點頭，感到有些茫然。

儘管自己仍覺得還是一團混亂，學習新事物時幾乎無可避免的副產物之一，就是想要學更多新東西的「溢出效應」。

因此不久之後，我報名一個涵蓋素描和油畫的課程。指導老師克魯斯（Adam Cross）告訴我，這堂課上到一半時會從素描轉到油畫。他說：「百分之七十五的學生只想繼續畫素描，他們對於自己打開了素描世界的大門，感到非常興奮。」

在油畫的世界裡，有新的工具和新的技術挑戰，我又重新變成了一隻菜鳥。艾梅塔在評估我其中一張素描時告訴我，我自己剛開始畫的那些筆觸頗有潛力。「你現在的觀點會比這一天剩下的時間還要更清新些。」他說。在素描的時候，隨著時間的過去，「我們會變得鬆懈，而產生這一切看起來沒那麼糟的感覺」。親不尊，熟生蔑。畫素描的開始階段就像是當個菜鳥一樣，新經驗帶來全神貫注的明確，那些嘗試性的動作，從錯誤中逐漸得出辨識的能力，免於受到過往經驗或習慣約束的自由，空蕩的巨大平面和充滿可能性的潔白。

我不曉得素描會把我帶到哪裡。我本來也沒計劃要學油畫，但是現在卻要開始上課了，我甚至把目光還看上了雕塑課。我再次想到拉許把「愛」描述成一連串的房間，你只是持續地從一間房間走到下一個房間，每個房間都比之前那間更大更好。「你從來沒打算要從一個房間走到下一個，一切就是自然發生了。你注意到一扇門，你穿過去，再度對自己所看到的感到開心。」

一旦你打開了第一扇門（也就是上面寫著「歡迎新手上路」的那扇門）之後，學習給人的感覺便是如此。

第八章 我學到了什麼

當一個男人在任何學問上不再是菜鳥，
並發現自己在這門學問成為了專家的那一刻……
他終其一生就都會持續當個菜鳥繼續學習*。
——羅賓．柯林武德

學習是終身的運動

在我一連串的菜鳥經歷當中，有很多感到尷尬、不確定、難以勝任，以及處在放棄的邊緣的時刻。一個我永遠不會忘記的經歷，是我發現自己在巴哈馬阿巴科群島海岸的外海奮力游三公里的那一次。在那海面上，我吃力地要跟上九歲的女兒和一位七十歲的法國老太太前進的速度。（那老太太放棄了一天一包菸的習慣，最近才在 YouTube 上觀看影片自學游泳。）

* 我知道，又出現了「男人」這個字眼，不過我不想失去這引文的精神。

事情怎麼會演變成如此？

一年以前，我坐在長椅上盯著手機，我女兒照例上著每週的游泳課，感覺上這已經是第一千次了（我沒看手機的次數非常稀少，當中有一次是因為我把手機掉到了泳池裡*）。在這一天下午，我開始出現那個擺脫不掉的想法，也就是縈繞在這本書中揮之不去的想法：我到底花了多少個小時坐在泳池邊消磨時間啊？自己上一次游泳是多久以前的事？

我一年總會到旅館裡的泳池去游個幾趟，以及在我岳父岳母家的泳池裡泡一泡。事實是，要在紐約市游泳不是一件容易的事情，泳池不是費用太貴就是人滿為患。我在衝浪的時候很常泡在水裡，雙手幾乎只要划個幾下就再度回到衝浪板上了。

我之前讀了迪金（Roger Deakin）的《滂災》（*Waterlog*），這是一本經典頌讚「在公開水域游泳」的書，就是直接跳進河裡、湖中或是外海裡的簡單行為。感覺上，那行為非常吸引人。迪金指出，在一個「告示牌」逐漸增加的世界裡，在公開水域裡游泳承諾著一種自由，以及一種離開一個世界，前往另一個世界的深遠蛻變，他把這行為描繪成萬無一失的滋補藥方。「我跳進水裡的時候可能是垮著一張臉，感覺自己絕望到不行。」他寫道：「出來的時候，成了一個吹著口哨的蠢蛋。」每讀完一頁，我都感覺自己被水拉進了一些。

看著我的女兒來來回回用仰式游泳，我心裡突然冒出個想法，全家或許可以來一趟「公開水域游泳假期」。這種度假方式變得愈來愈受人歡迎，尤其是在英格蘭，那裡的書店書架上堆滿了「游泳改變了我的一生」之類的回憶錄。

這跟我每年一次的自行車之旅（疼痛、碳水化合物和睪丸激素的組合會持續好幾天）不同，是一件我們全家人都可能共同享受的活動。我的妻子跟我一樣不是很痴迷水上運動，但是當我們有空接近水的時候，她似乎也很樂於在水中浸泡一番。我的女兒也能有機會，把她正在學習的東西應用到真實世界裡。我們會置身在大自然裡（真的是在大自然的懷抱裡），活動著身體、讓心靈平靜下來，一家人也能趁機聯絡感情。（我在書裡前面有提過，一起學新東西是一種維繫感情的滋補品。）

再者，低衝擊力的游泳可說是一種終身型的運動。我聽過這說法很多次了，也往往是喜歡游泳的人告訴我的第一件事。身為一個有了些年紀的父親，等我的女兒成年時，我也已經約略到了退休的年紀，因此這說法讓我覺得很誘人。如一份長期的研究發現[1]，時常游泳的人活得要比生活中缺乏運動的人還要久，這不讓人意外。但是基於一些我們還不清楚的原因，這些人的壽命似乎也比健走的人或是跑步的人還要長一些。

---

*我把手機放進一袋米裡，之後還能用上個一星期，然後就完全死寂了。

跟迪金一樣，每個游泳的人都會告訴你，游泳讓人感覺很舒服。為了獲得游泳具有抗憂鬱特性的真實臨床證明[2]，我們可以求助於一個非常引人聯想的老鼠實驗（順道一提，牠們天生就知道如何游泳）。這些老鼠被放到有輕微壓力的環境下，好幾個星期的時間，牠們的籠子傾斜著，尾巴被掐住，睡覺的地方是濕的。把這樣的景況放到紐約來，看起來會像是這樣：房東沒有打開暖氣機，街道上的汽車防盜器持續響個不停，隔壁的鄰居老是抽菸。

不令人驚訝的，老鼠開始顯得低落沒有活力，然後牠們很快就會跳進水裡游一陣子。研究人員在分析這些老鼠大腦後來的改變時（特別是海馬區的蛋白質），總結這些老鼠的大腦看起來就像是牠們用游泳趕走了沮喪。

我努力想了又想，就是想不出游泳任何的壞處。因此，在詢問過少數提供游泳度假主題的機構之一「游往直前：追海度假」（SwimQuest）之後，我決定報名他們在希臘馬斯拉基岩狀小島的度假行程。那裡的海看起來溫暖、清澈，也看不到任何可能傷害你的東西，例如鯊魚，或是（更有可能的）快艇。我在地圖上看著這座馬斯拉基島被無垠的藍色汪洋圍繞，讀著一段據說奧德修斯被海中女神卡呂普索囚禁在附近的島上的文字傳說。

我立刻被神話和廣闊大海給迷住了，一直到後來才記起來自己的體能雖然基本上還算不錯，但是游泳總是讓我很快便感到筋疲力盡。我往往游了幾圈之後，就發現自己需要休息了。如果游泳池已經讓我感到吃力了，我為什麼還會開心地報名，去擁抱那難以控制的汪洋深海呢？

決定自己需要上些補救課程之後，我聯絡了本地一位鐵人三項教練蒙珊（Marty Munson）。她要我們先從泳池開始，這本身就是個啟示。我跟進步神速的女兒不同，我的游泳技術停頓在一九七〇年代自己在基督教青年會學游泳的時期。或者說，我以為自己已經學會了游泳。不只一個人告訴過我，我學到的是如何不要溺水[3]，這當中是有差別的。

蒙珊看著我游了幾圈之後，快速判斷出為什麼我會覺得游泳很花力氣。跟許多新手（或老是困在新手階段的人）一樣，我用自由式前進時，在頭浮出水面的那一刻，會同時吸氣和呼氣。但正確的方式應該是要在水底下呼氣，這也稱為吐氣式呼吸。在我瘋狂大口地吸氣和吐氣過程中，就變成了過度換氣。

這個呼吸的指令或許對你們來說是想當然耳，但從來沒有人對我指出這一點。我游泳的方式也有其他問題，但是克服呼吸的問題似乎是最重要的。正如著名的游泳教練勞夫林（Terry Laughlin）觀察到的[4]：「游泳和陸地運動之間的主要差異之一，在於水裡呼吸是一種技能，而且還是相當高深的一項技能。」

為了獲得在海水裡游泳的體驗，我們前往柯尼島（Coney Island），在氣候溫和的日子裡可見到人們活力十足地在那裡的公開水域游泳的畫面。我們前往的那天早晨，天氣依然涼颼，整個地方就只有我們兩個人。我們穿上防寒衣，便撲通跳進海水裡，著名的柯尼島雲霄飛車在遠處聳立。

我們在防波堤當中游泳，當海浪翻湧而來的時候，我感覺一陣頭暈。我從來不知道人可以在海裡暈船，以為這情形只會在海面上發生。我浮出海面換氣時，一道浪迎面打在臉上，吞下了好幾口海水。海風拖慢了我的速度，海流也改變了我前進的方向。蒙珊告訴我：「在公開海域游泳，是接納的練習。你必須接受海洋決定拋給你的任何東西。」

這聽起來像是另一個很好的人生箴言。如果你能夠在翻湧的海洋裡應付長時間的游泳，擁擠的通勤或是連串的會議相較之下，就顯得平淡乏味多了。

不過，等我們抵達馬斯拉基島之後，我感到非常不安。沒錯，根據演化論的說法，人類爬出了大海，但是在那之後人類和大海之間就一直有著矛盾不斷的關係。為什麼我要把自己和家人放到這個巨大未知的危險當中呢？當人在衝浪的時候，一般來說都至少都還是待在水面上的。

馬斯拉基島屬於科孚島外圍的黛芙緹雅小群島之一，崎嶇露頭的地表充滿了松樹氣味，大部分的居民看起來是戴著紐約洋基棒球帽的希臘老人。他們先前住在紐約皇后區，後來才決定回家鄉養老，喝著神話啤酒管人閒事，打理小小的地中海式花園，再不然就是渾沌著過日子。我們暫住在一間家庭式小旅館裡，那裡的雞隻似乎比客人還要多。

旅館主人的兒子喬治在早上端給客人濃郁的希臘咖啡之餘，駕駛著「游往直前：追海度假」機構的橡膠艇。在第一天，他載著我們來到海面之後，其他的泳客已經泡在海水裡了。我們在橡皮艇邊緣猶豫著，隨著小艇擺動。

我們離任何海岸都很遠，海水表面像是一面打旋的混濁鏡子。我們都不曾在飛盤扔得到的距離之外的海裡游過泳。這陰森森的海面下會有什麼東西巡邏著？對深水的恐懼稱為恐海症，從來不曾聽過有人會害怕淺水的。

從我的女兒開始，我們一個接一個地跳入海水裡。海水挺溫暖的，幾乎可說是柔軟光滑了。遠處躺著的是阿爾巴尼亞海岸的陡峭岩壁。大夥開始游泳，本能地連成一串好彼此保護。我突然升起一種感覺，這世界在我身體下方掉落，而底下是無盡深淵。

在我敏感易受影響的七歲年紀，平裝本《大白鯊》的封面在每個超市櫃檯窺視著我，那回憶在此刻湧上了心頭，那種恐懼感是真的。不過，橡皮安全艇總是在附近徘徊著，我們的領隊羅素是個強壯富有經驗的南非游泳、衝浪、自由潛水競賽好手（她還形容自己是美人魚），也在水上看著我們，三不五時就跳下來加入我們。

我們的猶豫逐漸向愉悅感投降。跳進水裡的感覺像是進入另一個世界，一連串藍色的空間透過半透明反射的光束，從底下亮起來。這片海洋就是一切了。不只是你路途上推湧的阻礙，也是帶股鹹味、輕愉地支撐你的溫柔撫愛。既然安全艇不會遠去，我得以放任心智四處漫遊，一如這片水下王國沒有疆界。我們像是一小群鯨魚，在海灣之間穿梭進出，在沐浴般的溫水裡嬉鬧。

隨著日子過去，我們慢慢地開始克服各種讓我們想停留在岸上的疑慮。我們甚至沒想過，自己現在游泳的距離比自己以前能游到的距離更長，計算單位從碼變成了英里，原本遙不可及的島嶼現在似乎近在咫尺。在最後一天晚上，我的女兒以勇氣和毅力完成了幾乎這星期排定的每一項游泳行程，而贏得了人人夢寐以求的「黃金勇者泳帽」（Golden Swim Cap）。

自己經歷了某些事情的感覺在我們大夥心裡油然升起。我們在水裡出生，那麼為何不能重生呢？羅素在某個下午這麼告訴我：「水是一種治療的形式，在水中征服你的，就是這股平和，靜而不躁。你在其中漂浮著。水會撫慰你，如同母親的子宮，一切的情緒在水裡都會流瀉出來。」她見過無數人在海洋中的經歷：征服恐懼、釐清生活或是克服個人的難處，他們的咯咯笑聲中有時候充滿了淚水。

”

我們上癮了。跟我一樣，我的妻子和女兒臉上散發著新手才有的如火熱情。還不到一年的時間裡，我們又報名參加另一次的「游往直前：追海度假」之旅，這一次的地點在巴哈馬，羅素在大亞巴科群島一處小島大瓜納礁（Great Guana Cay）的碼頭上等我們。之前在馬斯拉基島時，她已經幫我的女兒受洗成為她的「美人魚」門生，而在這裡的一場莊嚴儀式裡，她贈給我女兒一枝美人魚筆。

這星期總共有十個人，共用一間海濱別墅。我們這一團除了我自己和英籍游泳教練兼副領隊梅特卡夫之外，全是女性。「游往直前：追海度假」的創辦人康尼漢羅斯是個喜愛交際的大個頭，他注意到性別不平衡的狀況並不算少見。他告訴我：「游泳距離紀錄的保持者，大多數都是女性。」

團員有來自英國的母女檔，她們結束另一個在瑞典冷水公開水域游泳遠征活動後，直接飛到巴哈馬來。還有一位中年的英籍小兒科醫生，她在幾年前失去了先生。她在一個傍晚告訴我，她先生總是家中的遠征隊領隊，為了嘗試找尋她自己的路徑，來到了這裡。

團員當中一位特別引起我的興趣的是派翠西亞，她才剛滿七十歲。派翠西亞來自法國的霞慕尼（Chamonix），她滑雪、打網球，在庭院裡照料著蔬菜。她幾年前才退休，之前做過各種工作，包括了在著名的法國導演夏布洛（Claude Chabrol）一部電影裡做事。派翠西亞有一種從容自在的吸引力，以及不加修飾的嚴肅魅力，這樣的女性可以穿上背心裙，突然之間就讓大家以為置身在聖特羅佩。

有一晚吃晚飯的時候，有人稱讚我妻子身上穿的那件裙子。我妻子淡淡地說著：「這是在 H&M 買來的。」派翠西亞此時突然把手在桌子猛力一拍，每一個人都愣住了。她喊著：「我抵制這家店！」她好像是對這公司全球供應鏈的方式有意見，不過這只是一連串她看起來都在杯葛抵制的事情之一。

出於好玩，我們大夥猜測有哪一間公司躲過了（或是沒躲過）她那令人畏縮的注意力。當我們在一家海濱海鮮餐廳的碼頭吃午餐時，她注意到有一堆曬白的貝殼格外靠近那間餐廳。「我覺得自己好像站在貝類墳場當中。」她以高盧人不耐煩的鄙視口吻這麼說道（她點的是素食）。

幾年前，她搭乘易捷航空公司的班機時，偶然讀到航空提供的旅遊運動雜誌中的一篇文章。她告訴我：「我看到人們在世界上最美麗和最驚人的地方游泳，我當下就決定我也想這麼做。」不過，她那時還不算是會游泳的人。她可以在泳池裡以蛙式慢慢游一百公尺，當中還得停一會喘口氣。她想要參加的游泳行程，得用自由式直接游三公里，不能停下來。她到自家社區的泳池詢問，被告知那裡沒有教成年人的合格教練。在這裡，微妙的暗示又出現了：「學習」是為孩子準備的。

後來她注意到了 YouTube 和上面豐富的游泳教學影片。她對於「蕭氏學習法」特別感興趣，不斷地看過一遍又一遍。她會把手臂彎成正確的姿勢，在公寓裡走來走去。每一次去泳池游泳的時候，她都會專注在細節上，像是她的手是如何進入水裡的。在沒有教練指導的情況下，她要她妹妹幫她拍下影片，這樣才能把自己的表現跟那些 YouTube 的影片相比較。慢慢地，她每週游兩次泳的進度讓她變得更好。六個月之後，她可以一口氣游一公里了。

一年之後，她踏上了第二次的公開水域游泳假期。她告訴我：「我很納悶，自己到底是怎麼搞的，竟然浪費這輩子不游泳。」但重點是她做到了，而不是後悔沒做。我想到哲學家塞內卡寫到關於

「衰弱無力的老人[5]」在疾病纏身時，被生命的有限嚇壞了。「他們大喊著自己是傻子，因為他們不曾真正活過。只要他們能恢復健康，一定會善用閒暇的時間。」派翠西亞可沒打算等到那一天才這麼做。

這星期剛開始的時候，我已經打量過我們這團的團員。「游往直前：追海度假」有特殊的幾個星期是留給要游過英吉利海峽之類的人受訓用的。不過我們的星期被安排成「度假」的形式。你可以自我鞭策，但是游泳距離遠近或是速度快慢的結果並不會受到處罰（他們是這麼說啦）。特洛伊在當地經營一間潛水用具店，由她駕駛的安全艇都會在有需要的時候派上用場，她有著愛開玩笑的個性，圓滑一如海玻璃。即便是如此，我自認健康在某個水準之上，也想要知道自己要對抗的是些什麼樣的人物。在用年齡和外表等因素來評估我們這一團之後，我決定自己不需要感到憂慮。

我很快就發現自己犯了大錯。一等到大家下水之後，這些和善的老太太變身為有著流體動力高效率的強力引擎。尤其是派翠西亞，她的動作極其優美流暢。在看似沒花什麼力氣的情況下，她在天藍色的海水裡往前滑動著。我發現自己落在團隊之後，我可是很努力在游了喔！讓我驚訝的是，原先我擔心女兒沒辦法跟上大家的速度，此刻竟然已經開始超越我了。「技巧、技巧、技巧。」康尼漢羅斯之前就這麼告訴我了。你到底健壯與否，得到水下才會見真章[6]。

之後回到屋子裡時，我們像是圍營火一樣圍在一台筆記電腦旁邊，看著大夥游泳時拍下的影片，我的問題在影片中展現得一清二楚。教練告訴我，我的手臂姿勢不錯，手肘的高度和位置都很好，伸得也夠長，主要的問題在於我的兩條腿。我以前以為自己只要用這輩子都在踢足球的雙腿來拍擊海水，就可以克服其他的缺點了。但是，我是從膝蓋以下的部分踢水，而不是從我的臀部。在希臘時，羅素就已經提醒過我要改過來，可惜積習難改。當我的膝蓋彎曲時，兩條腿就掉進水裡，製造了重大的阻力。還有，我踢得太過用力了。有一會的時間，羅素以為我的影片有被快轉。

如梅特卡夫說的，那些瘋狂的踢腿「一點用都沒有」。令人不安的是，我看見得到黃金泳者泳帽的女兒贊同地點著頭。羅素說我「上下式的踢法」沒有「把水往後踢去」，反而把速度降了下來。她說：「如果你的蛙泳踢非常快速的話，你就有可能真的往後退。」

這正是我自己常有的感覺。

這些日子總結出一個模式，我那不斷被教練稱讚有「強力的踢腿」和「靈活的腳踝」的女兒通常都排在速度最快的泳者群當中。我可以追上進度一會，然後發現自己開始疲乏了。當自己沒辦法持續著騎士精神之後，便會在（速度較慢，但是穩健地游著蛙式）的妻子身邊游著。

為了試著挽回自己的自尊，當一天的游泳行程結束，其他人撲通倒在椅子上看書時，我會在折騰人的潮濕熱氣中慢跑。到了第四天，這情況發生了意外。當我們在希望鎮一處海邊吃午飯時，我開始感覺頭昏。我原本以為自己是食物中毒，後來才知道是中暑了。愧疚之餘，我躺在船上喝著可樂，特洛伊放了巴哈馬人的傳統音樂「刮擦」選集給我聽，自己看著其他人游泳。派翠西亞很快地加入了我的行列，但這只是因為她之前已經游了整整一個星期，想要調整一下自己的步調。

這一切有些丟臉，不過我也怪異地感覺到有些興奮。我在水裡的辛苦努力，其實正是自己喜愛公開水域游泳的地方之一。對我來說，我感激這片海洋是一種全新的開始。騎自行車的時候，我對自己的表現有精確的校準度，對於要達到或是超越這些標準有近乎執迷的義務感，我會花上好幾個小時，在屬於運動社交網絡的「斯特拉瓦」網站（Strava）研究著自己的騎車表現，看看自己可以累積哪些想像中的獎盃、或是要如何跟認識的人較量。但是說到游泳，我不僅不知道什麼時候適合游泳，也發現自己一點也不在意這一點。嗯，這是樁好事！

我難道不想要變得更好嗎？當然希望了。但是我感覺到這一刻不會馬上就到來。如同勞夫林主張的[7]：「良好有效率的游泳姿勢屬於生活中較為複雜的技能之一，這要比高爾夫球理想的揮桿姿勢或是毫無瑕疵的網球發球，要更難達到完美的地步。」

我更想要的，是在和妻子、女兒一起進行的連串遠征任務中，靠我自己從一點進步到下一點，到後面再來彼此相互安慰就是了。我要在這片海洋還存在的時候，讓全家人能看見其中的美麗，正如一個下午當我們游泳的時候，一連串細長閃亮的梭子魚尾隨著我們前進。我的女兒不僅把羅素視為強大的榜樣，還能夠跟一群因為共同的熱情而聚在一起的多國跨世代的女性往來，這些女性還讓她自己的父親自愧不如啊！

至於後來榮獲了黃金泳者泳帽的派翠西亞，當她沒有在游泳的時候，便重拾對天文學的古老熱情。她還在試著弄懂量子學說。她也開始玩匹克球，這是一種用大尺寸的乒乓球在羽球場上來回擊球的運動，屬於那些你從來沒聽過的「快速成長」運動之一。也正因為這運動還非常新穎，沒有真正所謂的教練，因此她在 YouTube 上研究「匹克球頻道」。

游泳教會了我好幾件事。

第一件事，你可以終其一生都以為自己掌握了某些領域的基本知識，然後才發現原來自己什麼都不懂。要成為新手，有許許多多的方式。第二件事，是學習可以來自各地方各層面，我透過擁有優秀的老師幫我分析自己的行為來學習，但是我也從其他人身上學習，如年紀比我大的人，或年紀比我輕的人。第三件事，有人提醒我，一旦你開始學習某件事情，開始嘗試性地踏出幾步之後，你的世界似乎就戲劇性地變開闊了。在這之前，我光是在海裡游幾圈就感到不知所措。突然之間，我已經在研究自己可以和妻子女兒一起嘗試時間更長的公開水域游泳活動。古諺語說：「在你跑步之前，得先學走路。」一旦你開始學習走路，你會開始感覺到某些超越跑步的事情。

最後也是最重要的一件事，沒有所謂「太老了沒辦法當新手學習」這回事。派翠西亞的年紀有一把了，也有了豐富經歷和智慧，像這樣的人往往習慣回顧以往的歲月生活。但是她卻是讓自己的目光聚焦在未來：下一次的游泳之旅，下一個研究目標，下一個讓自己渴望成為菜鳥的事情。

我要再次引用塞內卡的話：「你得要花一輩子的時間，來學習如何生活。」

幸福就掌握在自己手裡

自從我（在馬里布寒冷的冬季衝浪時）遺失了第二枚結婚戒指之後，我就在心裡記著要再找一個來替代。我想念戒指象徵的意義，想念戒指的重量。我大可以直接再買第三個同樣的戒指，但是那樣看起來像是失敗主義者做的事。幾個朋友建議我，直接在網路上買個便宜的就好了，反正那一枚終究還是會遺失的。我覺得這未免也功利主義到乏味的地步，戒指可不是一把傘。

受到這本書主旨的啟發，我有了一個想法：我可以做出我自己的戒指。或者更切實地說，找一個珠寶專家幫我做出自己的戒指。我開始在網路上搜尋，發現這在紐約市是個欣欣向榮的活動。

有人把這個稱為「宜室宜家效應[8]」，似乎引導人們對他們親手打造出來的東西，給予更高的價值，就像對自己辛苦組合起來的書櫃有較多的依戀。所以說，有什麼東西比一枚結合了美學和情感共鳴的結婚戒指，更值得投入這種價值呢？如果就如宜室宜家的研究所描述的，「勞動通往幸福」，打造一枚結婚戒指似乎是完成這圈圓滿的好方式。

我後來才知道，自己根本不需要網路，只要倚賴老派的社交網絡就行了。我一個鄰居大衛・亞倫（David Alan）是著名的客製珠寶師，在曼哈頓鄰近鑽石區的市中心裡經營一家工作室。多年來我跟他和他的妻子海倫娜會在電梯或是大廳裡閒聊，也見證了彼此的女兒成長過程。我有一次還為了一篇關於人造鑽石的報導採訪過他，被他對於這產業的豐富知識給迷住了，否則我對這方面真是一無所知。他有一頭往後梳理的滑順頭髮，穿著風格是一貫的休閒中帶著時髦感，說話時有那種很會說故事的人特有的快速度。

鑑於他的客戶多屬高知名度的人，我很驚訝他願意接受這一項挑戰，某天下午邀請了我到他的工作坊。他按了電鈴，讓我穿過所謂的「捕人機」（就是確保安全的一對連鎖大門），畢竟屋子裡有價值幾百萬的珍貴金屬和寶石，然後領著我到他的書桌旁。工作室背景是頭上戴著強力擴大鏡的珠寶師，坐在自己的工作台上，低頭駝背的用手裡的鉗子把金屬又是銼又是扭的。

我注意到這些技能高超的工藝師傅在離地面街道如此遠的高處勞動著，看起來恍如老紐約的寫照。「高檔珠寶師這行業凋零了。」他說：「沒有人想要花時間傳遞知識，也沒有人想要花時間好好當一個學徒。」彷彿是要強調他的論點似的，他目前的珠寶師是一個叫做麥克斯的親切巴拉圭人，我接下來就是要跟在他旁邊學習。在我還沒出生前，麥克斯就已經開始製作珠寶了。

我想，大衛覺得我這本書的假設前提很有趣，因為他整個職業生涯就是從社區大學裡的進修課程中開始的，那裡是菜鳥新手的天然產地。事實上，他很早就開始接觸珠寶了。他的母親從事這一行，大衛還小的時候會坐在家裡的餐桌旁，與母親和母親的搭檔篩檢產品樣本。但是他從來沒把這行業納入自己未來的職業考量中，反而是朝著建築一行前進，高中時甚至在一家建築事務所當實習生。大學時期，大衛決定要攻讀哲學。他的父親告訴他，「如果要父母親繼續資助他，就需要修一門商業課程」。因此他修了經濟學，更精確地說，是天然資源經濟學。讓他的父母親感到些微失望的是，他最終申請到奧勒岡去當森林保護員的工作。

然而，珠寶仍然在他的想像邊緣閃亮著。在大學畢業的第一個夏天，大衛選了所謂的精密脫蠟鑄造法課，這是一門仍然沿用到今日的古老珠寶製作方法，這方法本質是用手工製作蠟塑，金屬物件再從中鑄造出來。「我不敢相信自己無意中的發現。」他這麼告訴我。

上了幾堂課之後，大衛認為要精通這手藝的唯一方法，是跟隨一位珠寶大師做學徒。透過家人的牽線，他獲得了和一位名叫尚恩的法國人的面談機會。「我到四十八街去，走進那間充滿煙味的垃圾商店。」大衛說：「那地方髒到你根本沒辦法從窗戶看出去。」店中央「坐著這個生氣的小個子男人，你能看見的就只有他的鬍鬚和髮際線」，這便是尚恩。「你知道意第緒語『verbissen』的意思嗎？」大衛問我：「意思是『惱火』，尚恩就是惱火的化身。」他給尚恩看了幾個他在那個夏天上課的作品。「我看著他的工作坊、所有這些精細的工作，心裡想著他絕不可能讓我當學徒的。」尚恩打量著我，再打量著我，然後說：『從星期一開始，你一星期要付我五十美金。』」

如今，在Google之類的地方當實習生賺得比一般人還要多，「付錢給人並體會為他工作的喜悅」聽起來或許有點奇怪，但是這在珠寶學徒制的體系裡，不是什麼罕見的事情。「在九〇年代，對一個沒有工作的孩子來說，一週五十美金是很大一筆錢。」大衛這麼說。於是，他晚上在酒吧當服務生，白天做任何尚恩吩咐他做的事。「我連三年沒請過一天假。」一開始的時候，他主要是掃地板、照顧所有的工具。

大衛終於得到了他第一個測試，他後來也給了自己的學徒同樣的測試。「尚恩給我一片德國合金。」他說：「那並不是純銀，而是一堆髒兮兮的材料的集合，硬邦邦的，很難處理。你處理這東西時，往往會弄壞工具和刀刃。」

他被指示要把這一公釐厚的合金，切成四邊全是三公釐的完美正方形。然後他又被指示在正方形中央，切出一個一公釐的方孔。還要再做出另一片四邊全是一公釐的德國合金，不管從什麼方向都要能完美填滿之前做出來的方孔。尚恩給他一個銼子以及一個精準度可以到百分之一公釐的電子測量器。這份工作就需要這種程度的精準，即使他這位學徒當下還不明瞭這一點。大衛辛苦地努力弄出方形和孔洞，做到了他認為完美的程度。

「我為自己感到非常驕傲。」他說：「尚恩拿起來對著光看、測量，然後說：『這根本是垃圾！』」大衛的不快幾乎令人察覺不到。「他給我的教訓是，如果你第一步就錯了，以後其他每一步也就只會更糟。」

尚恩是嚴格的老師。如果大衛弄壞了鋸條，尚恩會要他把自己的鋸框變短，繼續使用這個比人的髮絲還要細的切割工具，直到上面的鋸齒幾乎都要消失了的程度。

「你為什麼要這樣對我？這些值多少錢？」大衛抗議說道：「我以前用的鋸條都是自己做的。」他的老師粗聲回應：「把這東西弄短！」若不論尚恩暴躁的性格，他是個傑出的工藝師，會接下精巧細緻的任務。舉例來說，像是鍍金的蛛網，這讓其他工藝師傅望塵莫及。「他的手藝，細膩到無與倫比！」大衛如此告訴我。

有一天，大衛從尚恩的保險櫃裡拿出某樣東西時，偶然發現了一系列異常複雜的瓷漆配件，上面有用珍貴寶石做成的飾花，還有丑角和稀奇古怪的人物做妝點。

「這些一定至少價值十萬美金。」他說：「我問：『尚恩，你為什麼不把這些賣掉呢？』」

「這些是非賣品。」尚恩回答：「因為這樣一來大家就會模仿我了。」

大衛在早期的生涯裡，犯下了新手會犯的各種錯誤。在珠寶的圈子裡，這些的代價往往都很昂貴。他也有過低潮的時期，他說：「那些日子價值二萬五千美金。」有一次，有個客戶（他的說法是一位恐怖的前軍人）帶來一枚軍校畢業班戒指，他想要「大一號的尺寸」，或者該說他想要放大戒圍。大衛把戒指下端部分切斷，放在戒指尺寸調整器上，這是一個可以擴張戒指直徑的金屬工具。他先把一片金屬塑形，再焊接到缺口上。「我小心地把戒指壓到正確的位置上。」他說：「那個接口完美極了。」

但是他忘記了把金子退火，或者如他描述的：「把整枚戒指加溫到某一個溫度，並維持這溫度一段時間，讓分子相互移動，進而釋放金屬內的殘留張力。」結果，這些分子在更高溫的狀況下，快速地彼此分離。表面張力太過強大了。隨著一聲刺耳、嚇人的噹啷聲，戒指應聲斷成兩半。「我的臉肯定嚇成白色。」他說：「我的老闆說：『你死定了。我不會殺了你，但他會。』」大衛這名年輕的珠寶師只能不辭辛苦地花時間仔細修補，他學到教訓了。

想到大衛為期三年的學徒生涯中，有整整一年不被允許碰觸任何一件珠寶，而我以為自己可以就這樣走進來，期待從零開始創造出一件珠寶的想法，似乎粗魯到失禮的地步了。他的收藏充滿了各種細節繁複到難以置信的作品，精巧如鳥籠的架構，精細地繞著閃亮的寶石星座交織而成。但是他要我安下心，我只是要做一個簡單許多的男性結婚戒指，他可以把我教會到，自己仍會認為自己的手藝有進步了。

從我的心靈之眼看去，我想像這過程會有如從《魔戒》那樣的情境催生出來：隨著華格納的音樂，勝利般地逐漸響徹工作坊的同時，一個灼灼發光的球體在變黑的鍛工車間，被快速重擊而產生。

但是大衛一開始學習的過程，以及多年不懈的努力勞動（融化金屬、澆入鑄錠模、捶打成形）泰半都已消逝了，至少那些比較簡單的項目都被有電腦輔助設計和製造的世界給取代了。現在，這些元件通常都會借助電腦輔助的設計（也就是大家說的 CAD），先在螢幕上畫出草圖，然後再送到鑄鐵場，在那裡輸出機打造出電腦膜性化的零件，精準度可以到百分之一公釐。得出來的鑄鐵塊接著會在工作坊裡完成。新科技讓大衛得以省略前面幾樣昔日由資淺的珠寶師操作的步驟，直接進行細節部分的活兒，老派如麥克斯的珠寶師偶爾會不高興地咕噥著。有天下午，他這麼告訴我：「科技正在摧毀珠寶業。」

我能夠理解。但是照傳統來做要花上更長的時間，以及更多的花費。大衛指出，戒指出來的最後成果也不會有任何的不一樣。當然了，除非我搞砸了，用手工鑄造的方法確實有很多地方可以被我做壞。儘管我想要自己嘗試做出一枚戒指，但是也不想戴著一枚看起來像是我做的戒指。

再說，我之前就決定了我的戒指要用白金做成的。對一個新手來說，這材質用老派方法來做並不容易。「我已經有很多年不把白金澆進鑄錠模裡去了。」大衛告訴我。如果你沒有戴上正確的護目鏡，白金的融化點能夠燒掉你的視網膜，最好還是讓鑄造車間來做這件事。若把安全性擱到一旁，我個人也不想成為老舊一派。我想要學大衛在二〇二〇年的此刻打造戒指的方式，來做自己的戒指。

但是哪一種戒指呢？在我們的設計會議中（不知不覺就變成了冶金術的研討會），我們大略談了戒指尺寸的直徑、形狀和材質。但是他堅持說，還有很多要決定的。「這戒指可以（也應該）做得不只是學著做出一個實質物體而已。」他說道。大衛說，一枚結婚戒指「是你的結婚典禮當中產生的唯一具體事物，除了我們很少回顧的照片以外」。這本來就應該很重要，道理上也應該如此。「我得以成為頌揚這概念的那個人，讓成千上萬的人在他們餘生每一天都看到這個醒目展示的概念。」他說：「這話聽起來或許有些俗氣老套，但是我覺得沒啥不好的！」

大衛把自己的結婚戒指拿給我看，那上面有一串寶石鑲在內側表面上，包括了鑽石、他自己和他家人的誕生石。那就像是緊貼著皮膚的祕密的象徵主義。

我想，自己也可以超越一般常見的制式金屬圈，做出某個顯著但又不過分喧嚷的戒指。我回顧開啟了後面一整個大費周章的努力，開展而來的第一件事情，也就是西洋棋賽，心中好奇，我們可不可沿著戒指內圈，凸印出西洋棋子上的木頭圖案。我心裡想著，我的妻子可以是王后，我就是國王。那麼我的女兒該是什麼呢？當我把這想法初次告訴女兒的時候，她建議應該是由她當王后，這或許不算太令人意外啦！

大衛跳起來做出立正的姿勢。「我們可以找到你們結婚那一年出產的棋子？把木頭部分切下來，鑲嵌到戒指內圈部分。」他說：「如果你覺得這部分自己做不來，我這裡負責做寶石的人一下子就可以幫你弄好了。」

我們繼續說著話的同時，我心頭突然意識到，大衛想的是把從西洋棋子拿下來的扎實木頭，沿著戒指內側鑲成一圈。「我的想法是把棋子繞著戒指內側鑲滿一圈。那會是表達永恆之類意義的好方式。」他說道。

我告訴他，自己想的是把個別西洋棋子的形狀刻在戒指內側。他的目光縮緊了。他說：「那樣子就會小到什麼都看不見，如果你想要看到棋子上任何細節，你是沒辦法看到的。」

我有個感覺，撇開這部分似乎在技巧上不可能做到之外，我的想法在他看來似乎過於武斷，甚至是有些俗氣。或許我自己也是這麼想的。但是光是有一圈再利用的木頭西洋棋，似乎又太抽象了些，而自己也真的喜歡西洋棋子本身既有的雕塑美感。

我們聊得愈多，他對這想法似乎愈有了感覺。我們開始在一個叫做犀牛的電腦輔助設計應用程式上，大顯身手。在珠寶工匠嚴重倚賴犀牛軟體的現今，大衛感覺到這些人的珠寶往往看起來就像是電腦生產出來的。大衛覺得自己多年來坐在椅凳上辛勤工作，讓他對於做出立體的東西有更深一層的了解，也因為如此，他的珠寶還保有更多舊時代手工藝的感覺。

在我的建議之下，大衛拍了一張湯頓棋盤王后的照片，一點一點地連續描出輪廓，再複製。從這二維影像，他利用我們稱為「路徑旋轉」的技巧（把劃出的線繞著半徑旋轉，創造出三維立體的樣貌），他把這方法比喻成一個小孩拿著泡泡棒以劃圓的方式旋轉，在空中拖出一條長形的泡泡。

他把三維王后放置在戒指的內側，懸空平放在弧線上方。他的手指在鍵盤間舞動著，一隻手則是有如鑽石鑲工般穩健地操作著滑鼠，透過犀牛軟體上一連串基於物理原理的工具，大衛扭轉著王后，使其緊貼著戒指的弧形。還有數不清的調整尚待完成。為了讓王后易於辨識，王冠尖角不能只是照樣複製，而必須特別建構。每個凹下去的部分必須要夠深才能夠辨認出來，但是又不能深到破壞了戒指本身架構的完整性。

這些考量都不輕鬆，我很敬慕大衛喜歡這一項他自己以前不曾嘗試過的挑戰。他的妻子兼工作夥伴海倫娜有一次問他，他認識過最厲害的珠寶工匠是誰。「尚恩。」他回答。她再問大衛，自己是否已經超越了尚恩。大衛覺得自己已經超越了他，不過他仍然需要學習，也仍然想要學習。總是有新的技術、新的工具、新的客戶有著新的要求。

當我問大衛，他是什麼時候知道自己是個珠寶工藝大師，他說：「當我知道自己可以做出任何一樣以前沒做過的東西的時候。」這或許需要時間釐清整個脈絡關係，但是只要有足夠的時間和適當的心態，任何一件事情都是有可能的。

很快的，三段凹進去的部分（或者說是負形空間），包含國王、王后和（經過謹慎討論之後，我女兒挑了）主教，沿著戒指內側排列落定。

「在我看來，這看起來相當酷！」我大膽說了出來。

「看起來的確很酷。」大衛說。

我把握這機會，敦促著問：「我們可以把木片填進那些凹進去的地方嗎？」

「你要求的可是需要非常精確的工作。」他反駁說道。

「有沒有容易一點的材料？」

「琺瑯。」他回答：「那是鑲嵌進去的液體，然後煮到讓東西留在表面，會變成玻璃般的質感。」

他敲了幾次按鍵之後，他在螢幕上呈現了成果。突然之間，棋子原本空蕩的部分閃耀著一層透明的光澤，彷彿是被精心設計出的彎曲小水池。「好了！」他嚷著：「非常酷。」

「我很高興你的熱情多了一些。」

「不對，我愛死這個了！」他大喊著：「在電腦輔助設計出現之前，我們絕不可能做出像這樣的東西。」

我可以在這當中分享一些自豪感，是我天真的問題引發了整個事情的發展。這就是菜鳥混雜專家經驗的微妙力量，我不知道什麼能做到、什麼不能做到；而大衛知道了這想法之後，或許不是一下子就知道怎麼做出來，但是知道自己做得到。

他按下了「送出」鍵，我這枚如今成為超凡像素組合的戒指被送去了鑄造車間。

我們拿回來的東西是一塊質感粗糙、顏色黯淡、邊緣鈍扁的金屬，一邊有著突出尖銳粗短部分，看起來像是你會在某人車庫裡的一罐裝螺帽螺栓的舊咖啡罐裡找到的東西。然而，從內側窺視著我們的，是國王、王后和主教，微小卻毫髮分明。

戒指尚待「完成」，這牽涉到連續幾回銼削、擦淨、拋光、打磨和拋光等更加細膩的程序。此刻的我是個學徒，被安置在大衛自己的珠寶工作台上，就在麥克斯旁邊。工作台看起來像是老派的書桌，台面上豎立著一大排令人費解的工具。有些不太像是珠寶工藝師會使用的用具，而是被修改過或是重製的工具；舉例來說，他的拋光器被收在看起來是要裝牙醫鑽頭的茶葉罐裡。這是手工藝大師工作特質的一部分，不只要對使用的工具嫻熟，也要能在制式工具沒法使用時，想出創新的解決辦法。

第一步是要把戒指丟入「離心磁性拋光機」。那東西看起來像是咖啡豆研磨機，漏斗部分裝滿的不是咖啡豆，而是混濁的液體。藏在底部的是一大堆鋼針和鋼珠。啟動之後，這機器會開始旋轉，金屬彈片會輕柔地捶打戒指，照大衛說的，包括「所有我們碰不到的地方」。這個過程會掃除任何在鑄造烘烤過程中產生的「孔隙」，或者說氣泡。

然後，戒指被移到工作台上。坐在大衛的工作台前的感覺，像是進入他的腦袋裡一樣。他對我講解他以顏色小心編碼的系統，在你想要選擇顆粒較細的砂紙時，就可以發揮保護的作用，以免意外選擇到顆粒較粗的砂紙。工作台上有個角落塞進了一大團蠟，這是他用來潤滑工具用的。「我重複循環用桌上這團蠟有差不多二十年了。」他說道。就像是烘焙用的酵母引子，會持續進化。「這是你在鑽石工作台上絕絕對對不可以去碰觸的用具之一。」

工作台前方有另一樣有很私人的物品，一小塊像是被打扁的木頭楔子，看起來有些像是銳角的門擋，往外側突出去。這叫做銼座的東西可能是一個珠寶工藝師生涯裡最重要的工具了。這是用來讓珠寶工藝師在工作時，可以放置手肘的用具，幾乎所有的活兒都在這上頭發生。隨著年月過去，大衛的銼座被他的雙手和工序微妙地磨出特定的切面和角度。我發現自己的手放在這上頭很不自在，因此他為我架了一個標準銼座。

在接下來幾天的日子裡，我的雙手會開始熟悉這銼座。我第一樣任務是要去除鑄口，這是一個在鑄造過程中在戒指一側留下來的突出部分。把幾根緊張的手指握住戒指之後，我需要用一個可以輕鬆切斷我手指的硬化鋼細鋸條，切過粗厚的鑄口。更複雜的是，我在鋸的時候必須遵照戒指的曲度，還要小心不去割到戒指本身。最後，我必須把剩下來的金屬銼得光滑，還要避免銼到表面「平坦的地方」，或是直白地說，不要把戒指面給銼掉了。「如果你在這裡不小心，是會把東西搞死的。」大衛警告說道。我設法除去了鑄口，也沒切掉自己任何一根手指，不過也弄斷了幾個鋸條。幸運的是，大衛比尚恩要來得寬容許多，讓我用新的換掉斷掉的。

大衛注意到了戒指上微小的缺點（這裡有個刻痕，那裡有個凹口），這是鑄造過程幾乎無可避免的副產品。我得要用珠寶工藝師的放大鏡，才會看見這些缺失。這些都會被放置在工作台旁邊一架大機器的雷射給密合起來。在被防護起來的外殼裡面，你得用一隻手握著戒指，另一隻手把白金金屬絲餵進凹處裡。你再壓下一隻腳踏板，然後颯颯！一聲，什麼凹口刻痕全沒了。

偶然的，我在前一年夏天參加了一個叫做「金屬加工車間奇幻體驗營」的課程，嘗試了焊接。這是由公司設在布魯克林的「金屬總資源」（Total Metal Resource）的老闆伯爾推出的活動課程，這公司專門為紐約市裡的高檔零售商，提供客製化的金屬結構。

他之所以發起這活動課程，可說是一時心血來潮的結果，因為他老是遇到很多人對他賴以維生的工作似乎感到莫大的興趣。他感覺到人們有種想要用自己的手做些東西的渴望，而在這城市裡已沒有多少工作能讓他們這麼做了。他想出一個點子，讓學員做出一個簡單的金屬方塊。他告訴我：「那只是個很基本的形式，如果你可以做出那個，你就可以做出框架、窗戶、椅子。」當他首次對女朋友描述這計畫時，她認為這個點子很糟糕。她說：「沒有人想要做一個立方塊。」自那之後，他已經教了包括我在內好幾千個人，如何做出那個立方塊。

奇幻體驗營如今是伯爾整體生意很重要的部分，他對於這點子的成功仍然感到很神奇。「我說服了人們到我的工作坊來，努力勞動，然後還要付錢給我。」他開玩笑說道。有時候，當他趕著要交貨或是缺人手的時候（技巧嫻熟的焊接工往往不好找），他會向手藝不錯的學員提議付錢，請他們到工作坊來幫忙。（我其實很心動，但是我的金屬方塊根本說不上是傑作。）他指出，奇幻體驗營在好玩之外，也貼近了更深層的衝動。「我想，我們天生有種想要做出工具或是使用工具的感覺。」伯爾這麼說道，這也呼應了富蘭克林「人類是會製造和使用工具的動物」的主張。有研究指出，使用工具擴大了我們的大腦[9]、幫助形塑我們現今有的雙手形狀[10]。

伯爾說：「人想要獲得體驗，而不是整天坐著只做這件事。」他舉高他的手機這麼說。在工作坊裡鑄模，就像是感官上的沉浸式劇院，有辛烈的煙和急躁感，以及讓我的眼睛在隔天仍然灼痛的強光，火和金屬的組合似乎是基本的元素。「我們把基本金屬斷裂到分子的程度。」一位叫做艾力克斯的高個子幽默指導員這麼對全班說。他說，如果做對了，我們鑄造出的連結性，要比金屬相結合的連結性還要堅固。

大腦裡可能也有些魔力發揮著作用。里奇蒙大學神經科學實驗室的主持人蘭伯特（Kelly Lambert）提出一個理論：用雙手做體力的勞動是一個強大又能改善情緒的方法，來啟動「努力驅動性的報酬」。

蘭伯特指出，我們「被訓練成，當生理上的勞動產生真實有形的物體時，會驅動一種感到滿足的深刻感覺[11]」。有什麼東西要比一個沉重的金屬方塊更加具體的呢？伯爾對我說：「那種滿足感既真實又即時，當大家完成之後，臉上都帶著笑容。」和煮菜包含的所有採買食材、切菜、攪拌等過程相比較之下，在智慧型手機的螢幕上按下幾個按鍵叫餐，讓我們感覺奇妙地容易，但似乎卻也把「努力和成果」之間的連結，給弄得短路了。

”

回到大衛的工作台上，我正要開始銼掉在列印和鑄造過程中、遺留在戒指內側，像是指紋一樣的隆起部分。他為我示範了幾次「動作流程」。他用一隻手把戒指緊壓在銼座上，另一隻手用銼刀開始以對角線橫過戒指表面，他的撫觸平滑、連續又輕巧。他每一次銼刀銼出去，另一隻手就會立即把戒指往前推。他也會用手指扭轉著戒指和銼刀，來確保自己均勻地跟著區度前進。在銼除的動作之間，他有條不紊地把銼刀在銼座上輕輕點一下。那像是個節拍器，幫助建立起動作的節奏。他告訴我：「如果你的動作很一致，你就會得到一致性的表面。」

為了練習銼這個動作，他拿給我一枚便宜的黃銅戒指。他說：「我們在這裡要求的標準是以立方公釐計算的，任何這些小小的動作（一次銼程）都可能毀了精巧的物件。」在我笨拙地摸索著戒指和銼刀的時候，我感覺到自己的大腦試著教導自己的手指該做什麼，但是我的手指也試著教我的大腦該做什麼。

我銼了四個小時。手指疼痛，眼睛也都昏花看不清楚了。我想起了大衛告訴過我關於他上一個學徒的故事。他說，對方是個「好孩子」，迫切想要學習這整個行業。他想要成為像大衛一樣的設計師，但是就跟電影《小子難纏》中宮城大師並沒有一開始就讓丹尼爾學習空手道動作一樣，大衛堅持這位學徒要先完全精通銼削這部分，要做到外科醫生的準確和管絃樂小提琴家的流暢。幾個月之後的某一天，這學徒走出去上洗手間，就再也沒有回來。大衛說：「五個小時之後，我收到一則簡訊。他說：『我真的沒辦法再繼續銼下去了。』」

他仍然繼續尋找著新學徒，可惜在一個需要此技能的職位需求已然衰減的領域，在一個只有一小部分的年輕人受過學徒訓練的世界裡[12]，這不是一件容易的事情。

我對於製作珠寶或是鑄造等事情跟衝浪一樣，都是屬於動作技能的說法，有了新的體會。或許更應該這麼說，比起我們人體大部分的面積（像是雙腳或是背），運用雙手做事情[13]占用掉大腦更多的運動皮質。這些工具似乎成為大衛雙手的一部分，而我的手則是吃力地接納這些新的附加物。大衛的珠寶師警告我：「不要把你的手握太緊，你很快就會累，這些工具也會反彈。」但是在我努力地學著這動作時，我的大腦偏偏要搶在我的手指之前發出指令。

我花了好幾個小時在工作台上，不是用著銼刀、就是無止境的用砂紙磨啊磨，偶爾停下來看進放大鏡裡檢視自己的成果。我犯了錯誤，像是同個方向銼得太多，留下了證據的記號。工作的時候，我會和麥克斯聊彼此共同的音樂興趣，以及他在珠寶這行業的生活。我的手指被磨砂紙弄得流血，我的背發疼，晚上的時候我仍然能聞到手裡強烈的金屬味。「你現在是個珠寶師了。」大衛打趣說道。

偶爾，我會把戒指滑進手指間，想著這樣子戴起來已經夠好看了。然後，大衛會走過來，瞇起眼睛看進放大鏡，說：「看到這些線條了嗎？還需要磨平。」他說，因為我已見過戒指從乏味的粗糙轉變成閃亮的美好，因此我比較能接受不完美。當他把一件飾品交給客戶時，他們不會有這種領悟，這戒指需要完美。諷刺的是，我如此嘔心瀝血地要領著這枚戒指走到完美的地步，後來卻會像大衛說的：「在你第一次抓著地下鐵的桿子時，就會被鏘地敲壞了。」

透過大衛的回饋和十足的演練，我的動作逐漸變得流暢。隨著每一次銼程、每一次磨平、每一個在減震器裡動作驅使的咻咻聲，這枚戒指開始成形了。我可以開始在戒指表面的光澤中，看見自己的倒映，想著：「這是我做的。」我可以自豪（我促成了這戒指的設計想法），這枚戒指會成為他們的創作品之一。

努力和成果。我會確保自己牢牢記住這句箴言。

自我更新之路

本書不是一個關於一夕之間獲得成功的童話。

我並沒有贏得任何大型西洋棋巡迴賽的獎項，也沒有和斯萊特一起在瓦胡島的萬歲管道衝浪，或是被選入《美國偶像》的選秀賽（不過平心而論，我根本沒有報名）。我在許多自己一直以來就頗有興趣的事情上，從門外漢到獲得了「堪可勝任」的能力，但是做這些事情把我帶入了巨大且幾乎早已忘卻的喜悅。

我本身並沒有刻意尋求快樂。我比較喜歡哲學家約翰・史都華・彌爾（John Stuart Mill）的主張，他認為快樂沒辦法在目的本身找到。他認為，一個人要快樂就必須讓自己的心「專注在其他的事物，而不是自己的快樂上」。

他寫道，這些事物之一便是「藝術或是愛好」。他說，不要問自己是否快樂，而是去做讓你快樂的事情；不要去追求快樂，而要在你的愛好裡找到快樂。我只想加一句話：不要去擔心你做得好不好。

在這本書之外，我仍然持續著自己的學習，變得沒有止境。老實說，我做所有的事情時，並不總是懷抱同樣的熱情。我喜歡素描課，但是也發現自己在課堂外，並沒有非常想要拿起筆畫畫的心思，我並不會坐在公園的長椅上賣力素描。如果我真有這種渴望的話，很久以前就會表達出來了，但這不代表畫畫沒有任何價值可言。儘管我最需要的是條理分明的課堂環境（以及時間）讓我全神貫注，畫畫對我來說仍然是一個令人非常開心（偶爾令人生畏）的訓練。

畫畫算得上是一種「我熱情所在的愛好」嗎？我不確定。我愈常畫，愈顯得有可能。這整個「外在（或是隱在你內心深處）的愛好，終會出現並神奇地改變你的生活」的想法是有待商榷的。

就如心理學家杜維克（Carol Dweck）和她的同事指出，當人們執著於某個愛好就在外頭等著被自己「發現」的想法時，便會期望能「帶來無限的動機，認為自己去追求這愛好不會很困難[14]」。彷彿這自認為的愛好會自動讓事情發生。不過，技能的學習有可能很辛苦，一旦人們遭遇到困難，便可能覺得這或許真的算不上是自己的熱情所在。

另一方面看來，一個有成長心態的人相信愛好是「培養出來」的，知道剛開始的時候（或是永遠）並不容易。當挑戰出現的時候，這些人比較有可能更加受到激勵，而繼續堅持這份愛好。

我知道你們或許比較希望讀到，我是如何在短短幾個月的時間裡，學到你自己可以如何也照著做的「祕密」。我們住在一個凡事都不需要太費力的世代，在這當中，過程通常都被成果給遮蔽不見。你在手機上按幾個鍵，一輛車或是一頓晚餐就送到你面前，但事實上，地圖上一個移動中的藍點後面，隱藏著一整個團隊付出的心力。想要學像是冥想之類的古代藝術？從應用程式商店下載應用程式就行了！你在網路上搜尋「如何唱歌」，自動完成功能的下拉式選單跳出了什麼呢？五分鐘的時間，三十天的時間，各種關於新藥品和科技（例如經顱直流電刺激術），等令人喘不過氣的報告，可以「加速」人的學習。相信我，許多時候當我唱歌走音或是下西洋棋被人將軍的時刻，我很希望自己可以跟《駭客任務》裡的基努李維一樣，醒來後驚訝地睜大眼睛說：「我會功夫了。」

但是，我更想要的是「努力」，我想要奮鬥，我想要能夠體會那一點點的進步以及挫折。這是一趟徒步的旅程，而不是搭乘飛機出遊。作家布爾斯廷（Daniel Boorstin）有次觀察到，要當個旅行者，你需要經歷一些苦活，這是指「痛苦的或是費力的努力[15]」。要不然，你就只是個遊客，其他人幫你做了各種跑腿的工作。你看著教學影片，不需要弄髒自己的一雙手。

這一點跟學習有些類似。有句俗語這麼說：「如果這事很容易，你便不是在學習。」然而有很多次當整件事變得很辛苦很困難時，我仍然會覺得自己彷彿沒辦法學習了。衝浪手漢密爾頓（Laird Hamilton）就觀察到，當一個人在學習新的身體技能時，你會覺得「每一個地方都痠痛」。等到你對這技能非常嫻熟的時候，你幾乎感覺不到任何痛楚。但是他也說了，想要躲開這種痛苦是很自然的事，好讓「自己耽溺在自己擅長的地方[16]」。但是也如他指出的，我們總是可以隨時回到我們擅長的領域去，學習新東西就像是從支援船，跳入深度無可預測的海洋裡一樣。

當我十年前開始全心全意地參加公路自行車競賽時，犯下了各種新手會犯的錯誤。你可能會以為，騎自行車不過就是騎著一輛自行車罷了，但是夾在團隊中或是下山快速前進時，你需要真正的技術。各種讓自己尷尬的場面層出不窮。我費力掙扎著讓鞋子喀嚓地固定在踏板上，摔倒了好幾次，發生這狀況時往往是我停下來等綠燈的時候，因此總是會有人注意到。我第一次參加大型公路競賽時，騎得太靠近另一個選手，自己的輪子摩擦到對方的輪子，突然間就摔倒滾到水溝裡。（我們才在剛開始的路段欸？）某個早春的濕冷雨天，在一場大型多州聯合舉辦的慈善競賽中，我打開自己的禮物袋發現一罐「擦劑」，我弄不清楚是要做什麼的。跟我住旅館同間房的室友在把一小團報紙塞進濕鞋子裡時，順口說：「那是要讓你的腿保暖用的。」「聽起來挺好的。」我說完，就擦上去了。這是一種「介在毒性邊緣[17]」的藥膏，用意就是要赤裸的腿充滿活力。擦完之後，我傻傻地穿上全長的萊卡冬天緊身厚褲。這下子不只是全身溫暖而已，我經歷了六小時猛烈的皮膚脫落，很快便蔓延到下面的區域。

這些所有插曲讓我感到尷尬，甚至是些許疼痛。如果我有個賢明的老師，可以準確地示範正確的方式、避免所有這些錯誤的發生，是不是就會更好呢？或許吧。但是我猜自己對於後來的進步，也就不會感覺如此甜美吧。

更微妙的是，比起我進步的時刻，我犯下的這些錯誤，在我心裡更鮮活地隱現著，這似乎顯得更加重要。當我對抗自己知識和能力的盡頭時，這些時刻就是轉折點。跟在第二章裡阿道夫的實驗室裡那些幼兒一樣，我在進行一項發展中的實驗，錯誤給了我真實的領悟。撐過這些錯誤不僅對解決未來的問題時有用處，也讓我在看見一位新手犯下一些同樣的錯誤時，更有同理心。我也犯過那些錯誤。

本書也絕對不意味著去發掘某些隱藏的天賦，至少不該是那種會為自己的人生方向帶來重大改變的天賦。我喜歡自己的工作，也希望繼續做下去直到自己不能做為止。沒有任何人（包括我自己）曾經納悶過，我可能是個未經發掘的歌手，或是一個停泊在潛力尚未開發的深水保護區的藝術家。我只是想嘗試某些事情，看看會有什麼結果而已。我想要允許自己玩玩，就像是我們做父母的總是不斷提醒自己，自己的孩子需要多嘗試一些東西一樣。我想要我的女兒看到我辛苦努力，看到我成長。

在嘗試把一些事情做得更好之外，我也希望重新喚醒自己想要學習的欲望。我很快也發現到，嘗試新東西的舉動可以有感染性。從事這些愛好的同時，我又產生了其他各種古怪的優先待辦事項。我跑了自己生平第一次的馬拉松，我滑了雪板，我嘗試了航海，被一大堆的術語和設備弄到頭暈目眩，雖然也可能是因為膽怯的關係。也要感謝我女兒對各種事情的熱忱，我似乎每星期都在嘗試些奇怪的新事物（像是室內高空跳傘、攀岩）。經過了幾十年之後，我再次重拾冰上溜冰和滑板的樂趣。在女兒的室外賽季節期間，我花了很多個下午在跳遠，這可是一件自從我開始學長除法（我很快就要需要溫習這技能）之後，再也沒怎麼想過的事情了。

數學家漢明（Richard Hamming）有一次針對科學家和工程師之間的差異，畫了很有趣的對照圖。他寫道[18]：「在科學當中，如果你知道自己在做什麼，你就不應該做這件事。」意思是，科學是要跨出已知的界線外去探索。科學跟實驗和失敗有關，我們沒有必要再多加涉獵那些已經被證明的假設。

然而在工程學當中，漢明寫道：「如果你不知道自己在做什麼，你就不應該做這件事。」工程師被賦予確保事情不會失敗的任務，同時也要保證表現成果達到某種可計量的水準，沒有人想要把車子開上一條還在試驗當中的橋梁。

在我們的生涯中，我們多數時候都是工程師。我們需要交出可以被信賴的能力。身為作家，當出版社請我寫某些東西時，他們會期望我寫出來的東西多少表現了出版社特有的風格，也有適當的篇幅。他們一般而言不會想要什麼激進的實驗，或是異想天開的任性想法。

但是我認為，我們也全都想要當科學家。我們想要胡攪一通，搞砸事情，挑戰極限，就只是為了看看會發生什麼情況。我們想要跳入麻煩當中，而不去太擔心後果的問題。我們想要看看這一個每天在浴室鏡子裡看到的自己，有沒有其他面向的存在。可以說，在我們老去、被外在的世界和自己定義分明的「自我」中安頓下來的時候，那些隱藏起來的自我可說格外重要。作家約翰凱西（John Casey）寫過：「我以前的老師馮內果（Kurt Vonnegut）告訴過我[19]，若要奉承某個人，去奉承他輕微的隱密虛榮心，要比去奉承他主要的成就更有效果。」我們並非總想要透過讓自己出名的事情而更出名。

我已經開始的這些訓練和愛好（如果你堅持，把這稱為興趣也行），就是我的科學。當我在素描時費力地想要理解自己看到了什麼，在嘗試唱出E5的音時盡量讓身體用力，在天候覺得不是很理想的狀況下仍出去衝浪等等時刻，都不是很懂自己在做什麼。不過，我還是盡力做了。

反而往往是我的大腦時常擋在中間阻礙我。唱歌的時候，人們有時候會掙扎著唱出他們平常對話時可以達到的音。這其實是「我在唱歌」的想法阻擋了你自己，而不是力學本身的問題。

無可否認的，所以這些自我探索也有一些縱容式的自利心理的氛圍。但是對於所有這些向內的焦點來說，這些活動反而把我往外面帶了出去。我後來才知道，身為菜鳥新手其中最大的快樂之一，是認識其他的新手。我認識了各式各樣的人，而我在日常生活中可能根本不會跟這些人有交集。我們都缺乏某些技能和願意經歷可能的失敗等共通點，讓我們匯聚在一起。

我認識了如今認為是朋友的人。這一點很重要，因為（特別是男性之間的）友誼似乎會隨著我們年紀漸長而走下坡，儘管這一點也帶來了好處。有時候，像是唱歌或是畫畫等事情，似乎是我們年輕時還會珍惜的事情之一，後來則變得期望這些事情會逐漸淡出生活，直到我們不確定要如何再讓這些事情回到自己的生活當中。

西方文理大學（Occidental College）的社會學家魏德指出，男性的陽剛刻板形象，如好勝性、自我信賴、不願表現出不安全感等，也往往是阻礙友誼發展的因素。菜鳥的角色就是要把自己的社會地位擺到一旁，願意聽別人說話和從別人身上學習，願意表現出自己的不安全感。就游泳的群組看來，我時常發現自己處在被女性占多數的團體當中，這或許不令人意外。女性對於嘗試新事物似乎比較抱持開放的心態，願意讓自己去學習，也較願意幫助和鼓勵同樣身為新手的同伴。《積極心理學》雜誌（*The Journal of Positive Psychology*）是這麼說的[20]：「學習需要謙遜，讓一個人明白自己需要學習某樣事物。」

對我來說，身為父親的角色把我踢出自己職業生涯中期的舒適圈。這把我放到一個微妙的位置上：你既是老師，也是學習者。幾乎每一天，感覺上都像是我都在試著教自己的女兒一些事，像是如何運籃球、點燃一根火柴、或是扔出橄欖球（根本說不上是直覺性的事）。我在很久以前就學過大多數這些事，也不會再多想這些事情，你們或許也是如此。接著，有一天女兒帶了代數問題回家來，我突然間又成為了再次學習者，再次複習自己誤以為仍然知道怎麼做的事情。

你透過孩子的眼睛看著所有這些經驗，但是也往往是透過你自己的眼睛。我家這裡的溜冰場，擠滿了程度和孩子相同的父母，他們拖曳著雙腳移動，因為這些父母親可能自孩提之後就不再怎麼溜冰了。你會很驚訝，自己仍然可以做到很久以前學會的事，技能就跟記憶相同，為身體所容納。

更棒的是，當父母可以和孩子一起學新的事物（像是攀岩場攀爬、做餅乾和玩新遊戲）的時候，你會明白自己和孩子的成長，不需要從一些零和遊戲中相互競爭中獲得。你會體悟到自己不必然一定只能從遠處觀看孩子學習的一路過程，以及理解到自己如此盲目崇拜孩子（以及學習）這件事，並不需要在孩提時代就結束了。

我自己的小小實驗（所有這些我推出去的小船）仍然繼續前進著。我還沒能徹底學會這些技能中任何一樣，自己還在學習著。我們的分享已經來到結束的時刻，現在，該輪到你上場了！

誌謝

大多數在這一路上幫助我的人，他們的研究、指導，或是單純的好人，我都已經在書中提過了，因此在這裡就不再表達我內心對他們的感謝。但是內文中我還是沒能寫下少數人的貢獻。

我要非常感謝約翰霍普金斯大學人腦生理學和刺激實驗室的蓋伯莉雅．坎特雷諾、斐瑞斯．馬瓦思以及馬努爾．安納亞，以及霍普金斯肯尼迪．克里格研究所運動研究中心的萊恩．羅米克。我在阿拉巴馬州的時候，達斯汀．珊德林和巴尼．達頓試著講解如何騎著腳踏車往後行進，他們的報酬是見證我無能到令人吃驚和引人發笑的地步。在克雷斯特德比特，達思帝．戴爾花了許多時間和我討論教人滑雪時的微妙細節。在達拉斯，莎拉．費斯提尼和陳曦，以及德克薩斯大學達拉斯分校生命長壽中心的其他人，協助我了解大腦老化的過程和情況。紐約大學朗格尼醫學中心的露西．諾克里夫－考夫曼引導我了解錯綜複雜的迷走神經。亞利桑納大學的羅伯．葛雷回覆我的提問，而他的「知覺和行為播客節目」在學習動作技能上是無價的參考資源。紐約藝術學院的亞當．克魯斯耐心地領著我了解素描和油畫，海瑟．佩楚里也讓我認識了人的聲音。

透過克諾夫出版社，我有幸和一組人員大致不變的第一流團隊合作，出版了三本書。一如以往，我的編輯安德魯·米勒提供了寶貴的意見，瑪莉絲·戴爾則是不屈不撓地確保每件事情都順利進行，嘉柏麗·布魯克斯從第一天開始就一直幫忙把出書的消息傳出去。也要感謝莎拉·尼斯貝特、英格麗·史丹納、瑪麗亞·美賽、泰勒·柯姆里和權順榮。我要在這裡向傳奇的桑尼·梅塔致意，他是真真實實的勇獅，我很驕傲也很榮幸能夠成為他的社論傳承的一部分。還要感謝長久合作的經紀人和好友柔伊·帕格納曼塔以及她在柔伊·帕格納曼塔經紀公司的同事，潔絲·霍爾和艾莉森·路易斯。關於英國部分，我想要感謝費莉希·布萊恩經紀公司的莎莉·哈洛威，和大西洋出版社的麥克·哈普雷。在出書之間的空檔，也要感謝一些我很喜歡合作的編輯，包括《內幕》雜誌的麥可·羅伯茲、《旅行+休閒》雜誌的芙蘿拉·史達伯、穆菈·艾根、《經濟學人》雜誌的賽門·威利斯以及其他同仁。

最後，要感謝我的女兒希薇，她是熱心的同伴、研究實驗對象和靈感的謬思；謝謝我的妻子揚希·鄧恩，不管是生活中或是寫作上，總是隨時思考另一份草稿，另一種願景。

注釋

前言——精心設計的開局

1 Larry Evans, "Dick Cavett's View of Bobby Fischer," *Chess Daily News*, Aug. 24, 2008, web.chessdailynews.com.

2 See Frank Brady, "The Marshall Chess Club Turns 100," *Chess Life*, Sept. 2015, 2-7.

3 This idea is mentioned in Wolfgang Schneider et al., "Chess Expertise and Memory for Chess Positions in Children and Adults," *Journal of Experimental Child Psychology 56*, no. 3 (1993): 328-49.

4 《應用認知心理學》期刊，有一篇由霍根和摩根合寫的論文〈孩子的西洋棋專長〉，觀察到：「令人驚訝的是，孩子通常並不以理性著稱，卻能在西洋棋巡迴賽與有相同基礎的成人競爭。」Dianne D. Horgan and David Morgan, "Chess Expertise in Children," *Applied Cognitive Psychology 4*, no. 2 (1990): 109-28.

5 This point was made by the DeepMind researcher Matthew Lai in Matthew Sadler and Natasha Regan, *Game Changer* (Alkmaar, Neth.: New in Chess, 2019), 92.

6 See James Somers, "How Artificial-Intelligence Program AlphaZero Mastered Its Games," *New Yorker*, Dec. 3, 2018.

7 Anders Ericsson and Robert Pool, *Peak: Secrets from the New Science of Expertise* (Boston: Houghton Mifflin Harcourt, 2016).

8 For a comprehensive overview of the literature, see Fernand Gobet and Guillermo Campitelli, "Educational Benefits of Chess Instruction: A Critical Review," in *Chess and Education: Selected Essays from the Koltanowski Conference*, ed. T. Redman (Richardson: Chess Program at the University of Texas at Dallas, 2006), 124-43.

9 12 "direction of causality" problem: See, for example, Merim Bilali and Peter McLeod, "How Intellectual Is Chess—a Reply to Howard," *Journal of Biosocial Science 38*, no. 3 (2006): 419-21.

10 在《教育研究評論》期刊中，由薩拉和高博力合寫的論文〈西洋棋指導的益處有轉移到學術和認知層次的技能嗎？〉指出：或許西洋棋只是一種安慰劑，孩子可以從自己參與的其他活動中，透過家長在近距離觀察中鼓勵自己，而獲得類似的效益。Giovanni Sala and Fernand Gobet make this suggestion in their article "Do the Benefits of Chess Instruction Transfer to Academic and Cognitive Skills? A Meta-analysis," *Educational Research Review 18* (May 2016): 46-57.

11 Dianne Horgan, "Chess as a Way to Teach Thinking," Article No. 11 (1987), United States Chess Federation Scholastic Department.

12 See, for example, Lisa Zyga, "Why Men Rank Higher Than Women at Chess (It's Not Biological)," Phys Org.com, Jan. 12, 2009, phys.org.

13 See Hank Rothgerber and Katie Wolsiefer, "A Naturalistic Study of Stereotype Threat in Young Female Chess Players," *Group Processes and Intergroup Relations 17*, no. 1 (2014): 79-90.

第一章——給菜鳥的初學者指南

1 L. A. Paul, "What You Can't Expect When You Are Expecting," *Res Philosophica 92*, no. 2 (2015): 149-70.

2 Joanna Gaines and David C. Schwebel, "Recognition of Home Injury Risks by Novice Parents," *Accident Analysis and Prevention 41*, no. 5 (2009): 1070-74.

3 在《發展科學》期刊中，由拉米瑞茲等人撰寫的論文〈父母親指導六到十個月孩子說話，可在孩子第十四個月時看到進步的成果：隨機控制試驗〉提到：一份研究指出，比起那些沒有接受過如何「好好跟幼兒說話」指導的父母親，有接受過這種指導的父母親，教養幼兒的說話能力更為純熟。「好好跟幼兒說話」是指不說無意義的兒語，而是以較慢的語速清楚說出真實的字眼。See Naja Ferjan Ramírez et al., "Parent Coaching at 6 and 10 Months Improves Language Outcomes at 14 Months: A Randomized Controlled Trial," *Developmental Science* (2018): e12762, doi:10.1111/desc/12762.

4 For a good summary, see Janet Metcalfe, "Learning from Errors," *Annual Review of Psychology 68* (2017): 465-89.

5 Alison Gopnik, Andrew Meltzoff, and Patricia Kuhl, *The Scientist in the Crib* (New York: Harper Perennial, 1996), 196.

6 See Robert Twigger's enjoyable *Micromastery: Learn Small, Learn Fast, and Unlock Your Potential to Achieve Anything* (New York: TarcherPerigree, 2017).

7 I got this phrase from Jesse Itzler.

8 For a discussion, see Eddie Brummelman, "My Child Redeems My Broken Dreams: On Parents Transferring Their Unfulfilled Ambitions onto Their Child," *PLOS One*, June 19, 2013, doi.org/10.1371/journal.poe.0065360.

9 Julia A. Leonard et al., "Infants Make More Attempts to Achieve a Goal When They See Adults Persist," *Science*, Sept. 22, 2017, 1290-94.

10 See "These Archery Mistakes Are Ruining Your Accuracy," Archery Answers, archeryanswers.com, and "9 Common Archery Mistakes and How to Fix Them," The Archery Guide, Nov. 30, 2018, thearcheryguide.com.

11 "5 Annoying Things Beginner Mechanics Do," Agradetools.com, agradetools.com.

12 This example is taken from Larry MacDonald, "Learn from Others' Boating Mistakes," *Ensign*, theensign.org.

13 R. L. Hughson et al., "Heat Injuries in Canadian Mass Participation Runs," *Canadian Medical Association Journal 122*, no. 1 (1980): 1141-42.

14 Christopher Bladin et al., "Australian Snowboard Injury Data Base Study: A Four-Year Prospective Study," *American Journal of Sports Medicine 21*, no. 5 (1993): 701-4.

15 John C. Mayberry et al., "Equestrian Injury Prevention Efforts Need More Attention to Novice Riders," *Journal of Trauma: Injury,*

Infection, and Critical Care 62, no. 3 (2007): 735-39.

16 See Anton Westman and Ulf Björnstig, "Injuries in Swedish Skydiving," *British Journal of Sports Medicine 41*, no. 6 (2007): 356-64.

17 See Krishna G. Seshadri, "The Neuroendocrinology of Love," *Indian Journal of Endocrinology and Metabolism 20*, no. 4 (2016): 558-63.

18 Meredith L. Bombar and Lawrence W. Littig Jr., "Babytalk as a Communication of Intimate Attachment: An Initial Study in Adult Romances and Friendships," *Personal Relationships 3*, issue 2 (June 1996): https://onlinelibrary .wiley.com/doi/abs/10.1111/j.1475-6811.1996.tb00108.x.

19 所謂的「可預測的錯誤」在動作學習是很關鍵的元素。最簡單的說法是，錯誤會暫時抑制大腦釋放多巴胺，不讓自己因為做錯事而獲得獎勵。特別是，錯誤能夠控制大腦的注意力，也是讓我們去學習的重要核心。See R. D. Seidler et al., "Neurocognitive Mechanisms of Error-Based Motor Learning," in *Progress in Motor Control: Neural, Computational, and Dynamic Approaches*, ed. Michael J. Richardson, Michael A. Riley, and Kevin Shockley (New York: Springer, 2013).

20 See Shunryu Suzuki, *Zen Mind, Beginner's Mind: Informal Talks on Zen Meditation and Practice* (Boston: Shambhala, 2011), 1.

21 These thoughts are drawn from an interesting talk, "Cultivate Beginner's Mind," by Myogen Steve Stucky, the former abbot of the San Francisco Zen Center. Talk accessed at sfzc.org.

22 See Norman Rush, *Mating* (New York: Vintage Books, 1992), 337.

23 For an interesting discussion of the evolution of the phrase, see Ben Zimmer, "A Steep 'Learning Curve' for 'Downton Abbey,'" *Vocabulary.com Blog*, Feb. 8, 2013, www.vocabulary.com.

24 J. Kruger and D. Dunning, "Unskilled and Unaware of It," *Journal of Personality and Social Psychology 77*, no. 6 (1999): 1121-34.

25 在鄧寧和桑契斯撰寫的文章〈研究：對於某件事的一知半解讓我們過度自信〉中，兩人精心執行了一項實驗：人們必須辨識出在殭屍大爆發下的受害者。「我們很有信心，對於所有參與者來說，這都會是一種全新的情節狀況。」他們寫道：

「這讓他們所有人都得以用菜鳥的身分學習。」假想中的病人遭受兩種殭屍疾病的其中一種，而這兩種疾病也非常相似，實驗對象必須理解哪個病人染上了哪種疾病。隨著每一次的診斷，實驗對象都會收到自己是否做出正確選擇的回饋。在實驗中，人們隨著診斷的病患數變多，判斷的能力也逐漸增長。但是，比他們的成功診斷率增長更快速的，是他們預估自己成功診斷的信心。受到第一次成功診斷的鼓勵，他們進入了進階菜鳥的「過度自信舒適圈」裡。See David Dunning and Carmen Sanchez, "Research: Learning a Little About Something Makes Us Overconfident," *Harvard Business Review*, March 29, 2018.

26 B. D. Burns, "The Effects of Speed on Skilled Chess Performance," *Psychological Science 15* (July 2004): 442-47.

27 在一項研究裡，身為實驗對象的棋藝大師看見一場棋局，必須找到贏得棋局最快速的方式。其中一條路是實驗對象較為熟悉的走法，但是贏局所需要的時間較長；另一條走法較為新穎，但是贏局需要的時間較短。儘管實驗對象告訴研究人員自己掃視了整個棋盤，眼球追蹤軟體卻顯示：這些棋藝大師沒辦法把目光從自己熟悉的走法中移開。M. Biali et al., "Why Good Thoughts Block Better Ones: The Mechanism of the Pernicious Einstellung (Set) Effect," *Cognition 108*, no. 3 (2008): 652-61.

28 See Katherine Woollett and Eleanor A. Maguire, "The Effect of Navigational Expertise on Wayfinding in New Environments," *Journal ofEnvironmental Psychology 30*, no. 4 (2010): 565-73.

29 無獨有偶，許多關於記憶回溯的研究顯示，當年紀較長的實驗對象把資訊連結到自己「過度熟悉」的回憶時，他們在合併納入新回憶方面的表現較差。比起年紀較輕的實驗對象，年紀較長的實驗對象在試著回憶童話故事《小紅帽》較為新穎的版本時，較有可能把「虛構」的元素加進原有的版本。See Gianfranco Dallas Barba et al., "Confabulation in Healthy Aging Is Related to Interference of Overlearned, Semantically Similar Information on Episodic Memory Recall," *Journal of Clinical and Experimental Neuropsychology 32*, no. 6 (2010): 655-60.

30 在認知試驗的其中一個領域，年紀較長的成年人在檢索「語意記憶」一般性資訊問題時表現特別突出，問題類似：「巴比倫空中花園坐落在哪一個古代城市？」尤其是當這些問題和答案奠基於事實，不是新奇的實驗模式，或者如研究人員描述的「不相關語意」情況下。研究指出，年長者能夠跟年輕人同樣運用「統合」注意力資源，有時候甚至表現得更好……他們會把注意力和努力用來學習事實真相。See Janet Metcalfe et al., "On Teaching Old Dogs New Tricks," *Psychological Science 26*, no. 12 (2015): 1833-42.

31 See J. N. Blanco and V. M. Sloutsky, "Adaptive Flexibility in Category Learning? Young Children Exhibit Smaller Costs of Selective Attention Than Adults," *Developmental Psychology 55*, no. 10 (2019).

32 See, for instance, Christopher G. Lucas et al., "When Children Are Better (or at Least More Open-Minded) Learners Than Adults: Developmental Differences in Learning the Forms of Causal Relationships," *Cognition 131*, no. 2 (2014): 284-99.

33 Michael Wilson, "After a Funeral and Cremation, a Shock: The Woman in the Coffin Wasn't Mom," *New York Times*, March 21, 2016.

34 See "Play Like a Beginner!," Chess.com, April 3, 2016, www.chess.com.

35 Adam Thompson, "Magnus Carlsen, an Unlikely Chess Master," *Financial Times*, Nov. 28, 2014.

36 在測試中，人們必須猜測按哪個開關會導入什麼事件，例如按下 A 按鈕，X 事件就會發生。See K. Janacsek et al., "The Best Time to Acquire New Skills: Age-Related Differences in Implicit Sequence Learning Across Human Life Span," *Developmental Science 15*, no. 4 (2012): 496-505.

37 Virginia B. Penhune, "Sensitive Periods in Human Development: Evidence from Musical Training," *Cortex 47*, no. 9 (2011): 1126-37.

38 See Amy S. Finn et al., "Learning Language with the Wrong Neural Scaffolding: The Cost of Neural Commitment to Sounds," *Frontiers in Systems Neuroscience*, Nov. 12, 2013.

39 See J. S. Johnson and E. L. Newport, "Critical Period Effects in Second Language Learning: The Influence of Maturational State on the Acquisition of English as a Second Language," *Cognitive Psychology 21*, no. 1 (1989): 60-99.

40 Stephen C. Van Hedger et al., "Auditory Working Memory Predicts Individual Differences in Absolute Pitch Learning," *Cognition 140* (July 2015): 95-110.

41 P. R. Huttenlocher, "Synaptic Density in Human Frontal Cortex—Developmental Changes and Effects of Aging," *Brain Research 162*, no. 2 (1979): 195-205.

42 See, for example, Lindsay Oberman and Alvaro Pascual-Leone, "Change in Plasticity Across the Lifespan: Cause of Disease and Target for Intervention," in *Changing Brains: Applying Brain Plasticity to Advance and Recover Human Ability*, ed. Michael M. Merzenich, Mor Nahum, and Thomas M. Van Vleet (Boston: Elsevier, 2013), 92.

43 See David A. Drachman, "Do We Have Brain to Spare?," *Neurology 64*, no. 12 (2005): 2004-5.

44 See Marc Roig et al., "Aging Increases the Susceptibility to Motor Memory Interference and Reduces Off-Line Gains in Motor Skill Learning," *Neurobiology of Aging 35*, no. 8 (2014): 1892-900.

45 Timothy Salthouse, "What and When of Cognitive Aging," *Current Directions in Psychological Science 13*, no. 4 (2004): 140-44.

46 Tiffany Jastrzembski, Neil Charness, and Catherine Vasyukova, "Expertise and Age Effects on Knowledge Activation in Chess," *Psychology and Aging 21*, no. 2 (2006): 401-5.

47 See L. Bezzola et al., "The Effect of Leisure Activity Golf Practice on Motor Imagery: An fMRI Study in Middle Adulthood," *Frontiers in Human Neuroscience 6*, no. 67 (2012).

48 See Joshua K. Hartshorne and Laura T. Germine, "When Does Cognitive Functioning Peak? The Asynchronous Rise and Fall of Different Cognitive Abilities Across the Life Span," *Psychological Science 26*, no. 4 (2015).

49 奇妙的是，專家也會做出類似的快速直覺判斷，不過他們也能夠倚靠豐富的知識。舉例來說，西洋棋世界冠軍卡爾森就曾描述自己是如何時常在腦袋裡快速走一步棋，然後再花好一會時間，確認自己的決定是正確的。

50 See Michael Ramscar et al., "Learning Is Not Decline," *Mental Lexicon 8*, no. 3 (2013): 450-81.

51 See Sala and Gobet, "Do the Benefits of Chess Instruction Transfer to Academic and Cognitive Skills?"

52 See Chen Zhang, Christopher G. Myers, and David Mayer, "To Cope with Stress, Try Learning Something New," *Harvard Business*

Review, Sept. 4, 2018.

53 41 students who studied both science and arts: See Carl Gombrich, "Polymathy, New Generalism, and the Future of Work: A Little Theory and Some Practice from UCL's Arts and Sciences BASc Degree," in Experiences in Liberal Arts and Science Education from America, Europe, and Asia: A Dialog Across Continents, ed. William C. Kirby and Marijk van der Wende (London: Palgrave Macmillan, 2016), 75-89. I was alerted to the research by Robert Twigger's book Micromastery.

54 This is via the work of Robert Root-Bernstein et al. See David Epstein, Range: Why Generalists Triumph in a Specialized World (New York: Riverhead, 2019), 33.

55 See Jimmy Soni, "10,000 Hours with Claude Shannon: How a Genius Thinks, Works, and Lives," Medium, July 20, 2017, medium.com.

56 作者在個人電腦進入美國家庭的序言中使用了這個詞彙，並且把永恆的菜鳥描述成：「一個多年來徹底沉浸在這項科技中根深柢固的看法，卻仍然不曾喪失自己和菜鳥優勢之間連結的人。」Dineh M. Davis, "The Perpetual Novice: An Undervalued Resource in the Age of Experts," *Mind, Culture, and Activity 4*, no. 1 (1997): 42-52.

57 This comes from an interview between Kumar and Knowledge@Wharton, "Want a Job in the Future? Be a Student for Life," Knowledge@Wharton, July 2, 2019, knowledge.wharton.upenn.edu.

58 See, for example, Denise Park et al., "The Impact of Sustained Engagement on Cognitive Function in Older Adults: The Synapse Project," *Psychological Science 25*, no. 1 (2014): 103-12. See also Jan Oltmanns et al., "Don't Lose Your Brain at Work—the Role of Recurrent Novelty at Work in Cognitive and Brain Aging," *Frontiers in Psychology 8*, no. 117 (2017), doi:10.3389/fpsyg.2017.00117.

59 See Winifred Gallagher, *New: Understanding Our Need for Novelty and Change* (New York: Penguin, 2013).

60 See, for example, J. Schomaker, "Unexplored Territory: Beneficial Effects of Novelty on Memory," *Neurobiology of Learning and Memory 161* (May 2019): 46-50.

61 The study, it should be noted, had a very small control group. See Shirley Leanos et al., "The Impact of Learning Multiple Real-World Skills on Cognitive Abilities and Functional Independence in Healthy Older Adults," *Journals of Gerontology: Series B* (2019), doi:10.1093/geronb/gbz084.

62 See Robyn Jorgensen, "Early-Years Swimming: Adding Capital to Young Australians," Aug. 2013, docs.wixstatic.com.

63 See A. Aron et al., "Couples' Shared Participation in Novel and Arousing Activities and Experienced Relationship Quality," *Journal of Personal and Social Psychology 78*, no. 2 (Feb. 2000): 273-84.

64 See Benjamin Chapman et al., "Personality and Longevity: Knowns, Unknowns, and Implications for Public Health and Personalized Medicine," *Journal of Aging Research* (2011), doi:10.4061/2011/759170.

65 Alison Gopnik, "A Manifesto Against 'Parenting,' " *Wall Street Journal*, July 8, 2016.

66 See Redford's fascinating study, *Dilettanti: The Antic and the Antique in Eighteenth-Century England* (Los Angeles: Getty Center, 2008).

67 I took the phrase, which comes from Martin Meissner, from Steven M. Gelber's valuable study, *Hobbies: Leisure and the Culture of Work in America* (New York: Columbia University Press, 1999).

68 Mihaly Csikszentmihalyi, *Flow* (New York: Harper Perennial, 2008), 236.

69 在《刻意練習》一書中，作者艾瑞克森描述道：在一項研究裡，有兩組合唱團（職業和業餘的）分別在練唱之前和之後接受了訪問。業餘的合唱團團員說自己感覺很快活，但是職業的那組卻沒有這種感受。職業組成員就是專注在把工作做好，專心發揮技巧，因為這是一份工作，其他人付錢請他們呈現最好的表演。這並不表示每個人都應該如此，想像你明天就要開始唱歌了，你會想要獲得讓自己開心的體驗，還是你比較渴望賣力地朝完美技巧前進？除非你真正的目標是在卡內基大廳登台唱歌，否則我猜你會選擇讓自己比較開心的體驗。See Susana Juniu et al., "Leisure or Work? Amateur and Professional Musicians' Perception of Rehearsal and Performance," *Journal of Leisure Research 28*, no. 1 (1996): 44-56. For more on amateurs,

see Robert A. Stebbins, "The Amateur: Two Sociological Definitions," *Pacific Sociological Review 20*, no. 4 (1977): 582-606.
70 See George Leonard, *Mastery* (New York: Plume, 1992), 19-20.
71 See Thomas Curran and Andrew P. Hill, "Perfectionism Is Increasing over Time: A Meta-analysis of Birth Cohort Differences from 1989 to 2016," *Psychological Bulletin 145*, no. 4 (2019): 410-29, dx.doi.org/10.1037/bul0000138.
72 See D. E. Hamachek, "Psychodynamics of Normal and Neurotic Perfectionism," *Psychology 15*, no. 1 (1978): 27-33.
73 在現今「極度公開、具表演性的年代中」，我們必須把任何結果的殘局深度內化，使得我們在興趣上的追求「變得過於嚴肅、苛刻，往往在很多場合中升起了自己到底是不是自己口中那種人的疑問，而變得焦慮」。我們不能只想要稍微涉獵藝術，而是注定要竭盡心力成為一個藝術家。See Tim Wu, "In Praise of Mediocrity," *New York Times*, Sept. 19, 2018.
74 George Orwell, "England Your England," in *The Orwell Reader: Fiction, Essays, and Reportage* (New York: Houghton Mifflin Harcourt, 1956), 256.
75 Shellie Karabell, "Steve Jobs: The Incredible Lightness of Beginning Again," *Forbes*, Dec. 10, 2014, www.forbes.com.
76 Winston S. Churchill, *Painting as a Pastime* (London: Unicorn Press, 2013), 15.
77 一份有趣的研究指出，如果人們認為熱情源自於內心，一旦面臨挑戰時，就很可能放棄。但是如果人們認為熱情必須透過培養得來，面對挑戰時，他們似乎就比較願意堅持下去。See Paul O'Keefe et al., "Implicit Theories of Interest: Finding Your Passion or Developing It?," *Association of Psychological Science 29*, no. 10 (2018): 1653-64.
78 See Lauren Sosniak, "From Tyro to Virtuoso: A Long-Term Commitment to Learning," in *Music and Child Development: Proceedings of the 1987 Denver Conference*, ed. Frank L. Wilson and Franz L. Roehmann (St. Louis: MMB Music, 1990).
79 Michael S. Rosenwald, "Are Parents Ruining Youth Sports?," *Washington Post*, Oct. 4, 2015; Peter Witt and Tek Dangi, "Why Children/Youth Drop Out of Sports," *Journal of Park and Recreation Administration 36*, no. 3 (2018): 191-99.
80 See R. W. Howard, "Searching the Real World for Signs of Rising Population Intelligence," *Personality and Individual Differences 30*,

no. 6 (2001): 1039-58.

81 KSNV, "Fake Doctor, Rick Van Thiel, Says He Learned Surgical Procedures on YouTube," News 3 Las Vegas, Oct. 7, 2015, news3lv.com.

82 Maxwell Strachan, "Rubik's Cube Champion on Whether Puzzles and Intelligence Are Linked," *HuffPost*, July 23, 2015, www.huffingtonpost.com.

83 See, for instance, Jonathan Gershuny and Oriel Sullivan, *Where Does It All Go? What We Really Do All Day: Insights from the Center for Time Use Research* (London: Pelican, 2019).

84 The work of Daphné Bavelier and colleagues is most instructive here. See, for example, Daphné Bavelier et al., "Altering Perception: The Case of Action Video Gaming," *Current Opinion in Psychology 29* (March 2019): 168-73.

85 See, for example, Shelly Lundberg, "Sons, Daughters, and Parental Behavior," *Oxford Review of Economic Policy 21*, no. 3 (2005): 340-56; and Kristin Mammen, "Fathers' Time Investments in Children: Do Sons Get More?," *Journal of Population Economics 24*, no. 3 (2011): 839-71.

86 John Marchese, "Tony Bennett at 90: 'I Just Love What I'm Doing,' " *New York Times*, Dec. 14, 2016.

87 See, for example, Tobias Rees, "Being Neurologically Human Today," *American Ethnologist 37*, no. 1 (2010).

88 For a good summary, see the report "The Summit on Creativity and Aging in America," National Endowment for the Arts, Jan. 2016.

第二章——學習如何學習

1 According to a recent study, the average adult in the United States takes 4,774 steps per day. See Tim Althoff et al., "Large-Scale Physical Activity Data Reveal Worldwide Activity Inequality," *Nature*, July 20, 2017, 336-39.

2 See Whitney G. Cole, Scott R. Robinson, and Karen E. Adolph, "Bouts of Steps: The Organization of Infant Exploration," *Developmental Psychobiology 58*, no. 3 (2016): 341-54.

3 See Lana B. Karasik et al., "Carry On: Spontaneous Object Carrying in 13-Month-Old Crawling and Walking Infants," *Developmental Psychology 48*, no. 2 (2012): 389-97.

4 As the developmental psychologist Myrtle McGraw noted, "No other neuromuscular function of the growing infant exhibits greater variations in pattern." Myrtle McGraw, *The Neuromuscular Maturation of the Human Infant* (New York: Columbia University Press, 1945).

5 J. Hoch, J. Rachwani, and K. Adolph, "Where Infants Go: Real-Time Dynamics of Locomotor Exploration in Crawling and Walking Infants," *Child Development* (in press).

6 當阿道夫寫下，「還沒有探索到那些領域的希望，足夠成為慫恿嬰幼兒移動的誘因。」她把這稱為「執行假設」，也就是描述嬰幼兒為特定目標走動的意願，比純粹為走而走的意願還低的另一種說法。See Justine E. Hoch, Sinclaire M. O'Grady, and Karen E. Adolph, "It's the Journey, Not the Destination: Locomotor Exploration in Infants," *Developmental Science*, Aug. 7, 2018, doi:10.1111/desc.12740.

7 See Karen E. Adolph and Scott R. Robinson, "The Road to Walking: What Learning to Walk Tells Us About Development," in *The Oxford Handbook of Developmental Psychology, ed. P. Zelazo* (New York: Oxford University Press, 2013), 15.

8 See Karen E. Adolph et al., "How Do You Learn to Walk? Thousands and Steps and Dozens of Falls per Day," *Psychological Science 23*, no. 11 (2012): 1387-94.

9 這動作比看起來的樣子還要困難。如同阿道夫寫下的，「保持上半身的平衡牽涉到好幾個不明顯的要素，包括身體軀幹的控制、穩定姿勢的取得、補償姿勢晃動，以及或許是最重要的行為變通性。」See Jaya Rachwani, Kasey C. Soska, and Karen E. Adolph, "Behavioral Flexibility in Learning to Sit," *Developmental Psychobiology 59*, no. 8 (2017).

10 研究顯示，嬰幼兒偏愛和他們認為會提供學習活動的人互動。See Katarina Begus, Teodora Gliga, and Victoria Southgate, "Infants Choose Optimal Teachers," *Proceedings of the National Academy of Sciences 113*, no. 44 (2016): 12397-402, doi:10.1073/pnas.1603261113.

11 As one instructor said, being afraid of falling "puts you at higher risk of falling." Christopher F. Schuetze, "Afraid of Falling? For Older Adults, the Dutch Have a Cure," *New York Times*, Jan. 2, 2018.

12 See Adolph et al., "How Do You Learn to Walk?"

13 See K. S. Kretch et al., "Crawling and Walking Infants See the World Differently," *Child Development 85*, no. 4 (2014): 1503-18.

14 See Adolph and Robinson, "Road to Walking," 23.

15 As Adolph notes, this is in itself rewarding. See Karen E. Adolph et al., "Gibson's Theory of Perceptual Learning," in *International Encyclopedia of the Social & Behavioral Sciences*, ed. James D. Wright (Boston: Elsevier, 2015), 10:132.

16 See Joseph J. Campos et al., "Travel Broadens the Mind," *Infancy* 1, no. 2 (2000): 149-219.

17 See Adolph and Robinson, "Road to Walking," 23.

18 走路其實是個媒介，以各種方法來學習這個世界，包括了我們要如何真正的行走在當中。著名的發展理論學者賽倫（Esther Thelen）說道：「我們的身體必須指導大腦。」See Esther Thelen, "The Improvising Infant: Learning About Learning to Move," in *The Developmental Psychologists: Research Adventures Across the Life Span*, ed. M. R. Merrens and G. G. Brannigan (New York: McGraw-Hill, 1996), 31.

19 Esther Thelen, a bit sarcastically, summed up this view as "a little clock inside the baby." She argued that it was the challenge of the task, not this "clock," that propelled development. See ibid., 37.

20 See Jane Clark, "On Becoming Skillful: Patterns and Constraints," *Research Quarterly for Exercise and Sport 66*, no. 3 (1995): 173-83.

21 See, for example, Oskar G. Jenni et al., "Infant Motor Milestones: Poor Predictive Value for Outcome of Healthy Children," Acta Paediatrica 102, no. 4 (2013): e181, doi:10.1111/apa.12129. See also Emma Sumner and Elisabeth Hill, "Are Children Who Walk and Talk Early Geniuses in the Making?," *Conversation*, Feb. 4, 2016.

22 See Michelle Lampl, "Evidence of Saltatory Growth in Infancy," *American Journal of Human Biology 5*, no. 5 (1993): 641-52.

23 See Adolph and Robinson, "Road to Walking," 8.

24 For more on memory and variable practice, see Shailesh S. Kantak et al., "Neural Substrates of Motor Memory Consolidation Depend on Practice Structure," *Nature Neuroscience 13*, no. 8 (2010), doi:10.1038/nn.2596.

25 在一次實驗中，阿道夫和同事把踢足球機器人分成兩組，其中一組接受幼兒走路的路徑選擇來練習，另一組的路徑則沒有那麼多變。結果，利用嬰幼兒路徑的那組踢足球機器人贏了。See Ori Ossmy et al., "Variety Wins: Soccer-Playing Robots and Infant Walking," *Frontiers in Neurorobotics 12*, no. 19 (2018).

26 For more on "motor variability" and its effects on learning, see Howard G. Wu et al., "Temporal Structure of Motor Variability Is Dynamically Regulated and Predicts Motor Learning Ability," *Nature Neuroscience 17*, no. 2 (2014): 312-21.

27 See Lisa Gershkoff-Stowe andEsther Thelen, "U-Shaped Changes in Behavior: A Dynamic Systems Perspective," *Journal of Cognition and Development 5*, no. 1 (2006): 11-36.

28 For a good review of transfer in motor learning, see Richard A. Schmidt and Douglas E. Young, "Transfer of Movement Control in Motor Skill Learning," Research Note 86-37, U.S. Army Research Institute for the Behavioral and Social Sciences, April 1986.

29 As one researcher put it, "Even the most skilled experts cannot skip the essential process of dynamic organization with a new task." See Zheng Yan and Kurt Fischer, "Always Under Construction," *Human Development 45* (2002): 141-60.

30 See Thelen, "Improvising Infant," 39.

第三章——忘掉如何開口唱歌

1 Warren Brodsky, *Driving with Music* (London: Ashgate, 2015), xiv.

2 See Lisa Huisman Koops, "Songs from the Car Seat: Exploring the Early Childhood Music-Making Place of the Family Vehicle," *Journal of Research in Music Education 62*, no. 1 (2014): 52-65.

3 總結這些發現，儘管唱歌的人在開車時顯得興奮激動，在唱歌上會顯得有些吃力，但是在車子裡唱歌的行為似乎並不會在行進帶來太多傷害。See Warren Brodsky, "A Performance Analysis of In-Car Music Engagement as an Indication of Driver Distraction and Risk," *Transportation Research Part F 55* (May 2018): 201-18.

4 Steven Mithen, "The Music Instinct: The Evolutionary Basis of Musicality," *Annals of the New York Academy of Sciences 1169* (July 2009): 3-12.

5 Jing Kang et al., "A Review of the Physiological Effects and Mechanisms of Singing," *Journal of Voice 32*, no. 4 (2018): 390-95.

6 I was talked through the complexities of the vagus nerve by Dr. Lucy Norcliffe-Kaufmann, a professor of neurology at New York University.

7 See Helmut Moog, *The Musical Experience of the Pre-school Child* (London: Schott, 1976), 62.

8 Sandra E. Trehub, Anna M. Unyk, and Laurel J. Trainor, "Adults Identify Infant-Directed Music Across Cultures," *Infant Behavior and Development 16*, no. 2 (1993): 193-211. In another study, babies themselves showed a preference for recordings in which they had been present while their mother sang. See Laurel J. Trainor, "Infant Preferences for Infant-Directed Versus Noninfant-Directed Playsongs and Lullabies," *Infant Behavior and Development 19*, no. 1 (1996): 83-92.

9 M. Patterson et al., "Infant Sensitivity to Perturbations in Adult Infant-Directed Speech During Social Interactions with Mother and Stranger" (poster presented at the Society for Research in Child Development).

10 一個理論指出，微笑是人類演化到不展露牙齒的一種方式（聽起來或許有些激進），也讓我們說話的聲音再提高些，這是一般被視為友善合作的象徵。See John J. Ohala, "The Acoustic Origin of the Smile" (revised version of paper delivered at the hundredth meeting of the Acoustical Society of America, Los Angeles, Nov. 19, 1980). See V. C. Tartter, "Happy Talk: Perceptual and Acoustic Effects of Smiling on Speech," *Perceptual Psychophysics 27*, no. 1 (1980): 24-27. 另一個提高我們說話音階的方式是揚起眉毛，讓我們的眼睛顯得大一些（就跟嬰幼兒一樣），連帶使我們的臉看起來更加親切、友善。確實，當人們以高音唱歌時，神色看起來要比唱低音時顯得更加友善許多。See David Huron and Daniel Shanahan, "Eyebrow Movements and Vocal Pitch Height: Evidence Consistent with an Ethological Signal," *Journal of the Acoustical Society of America 133*, no. 5 (2013): 2947-52. As Huron and Shanahan note, "[John Ohala] suggested that raised eyebrows encourage retraction of the eyelids and draw attention to the eyes—effectively increasing the apparent eye-size-to-head ratio."

11 Takayuki Nakata and Sandra E. Trehub, "Infants' Responsiveness to Maternal Speech and Singing," *Infant Behavior and Development 27*, no. 4 (2004): 455-64.

12 See Colleen T. O'Neill et al., "Infants' Responsiveness to Fathers' Singing," *Music Perception 18*, no. 4 (2001): 409-25.

13 See James Gavin's authoritative, if hardly adulatory, biography, *Deep in a Dream: The Long Night of Chet Baker* (New York: Alfred A. Knopf, 2002), 87.

14 Ibid., 85.

15 Thanks to Ingo Titze for this comment.

16 在訪談過六位聲音老師之後，一位研究人員確認二百六十個暗諭和詞語用來描述喜愛的唱歌技巧。論文中，相較於針對聲音訓練使用想像和暗諭的一些評論，作者指出：「重點是，這份研究顯示了，這些詞語並不是隨機用來採納為暫時性特殊歸類過程的結果，而是被我們從具體化經歷中升起的隱含意象圖示結構給局限……許多針對本書第一章和第二章的評論認為，這些用於錄音室的各種暗諭和想像語言艱深隱晦、近似神話、無法理解且過度主觀，我抱持相反意見。我發現這研究當中使用的詞彙，一點都不令人困惑或是沒有邏輯可言。」See Jennifer Aileen Jestley, "Metaphorical and Non-metaphorical Imagery Use in Vocal Pedagogy: An Investigation of Underlying Cognitive Organisational Constructs" (Ph.D. diss., University of British Columbia, 2011).

17 幾十年前，一位研究人員在加拿大訪問了一群女性，詢問唱歌在她們生活中扮演的角色。她發現：「在社交場合及家庭團聚圍在鋼琴旁唱歌等普遍行為在一九五〇年代就結束了。一九六〇到七〇年間的社交活動，是盛行彈吉他唱歌。到了一九八〇和九〇年間，在社交場合中唱歌已經是件稀奇的事了。」Katharine Smithrim, "Still Singing for Our Lives: Singing in the Everyday Lives of Women Through This Century," in *Sharing the Voices: The Phenomenon of Singing*, ed. B. Roberts (St. John's: Memorial University of Newfoundland, 1998), 224.

18 Thanks to the Smule CEO, Jeff Smith, for this idea.

19 Cathy Lynn Grossman, "Many Church Choirs Are Dying. Here's Why," Religion News Service, Sept. 17, 2014.

20 Jason Bardi, "UCSF Team Describes Neurological Basis for Embarrassment," news release, April 15, 2011, University of California at San Francisco, www.ucsf.edu.

21 Tracey Thorn, *Naked at the Albert Hall* (London: Virago, 2015), vii.

22 探討這題目的研究，真的區別了唱歌時「不正確」（inaccurate）和「不精確」（imprecise）之間的差異。唱歌的不正確指的是「跟歌聲和目標音高的平均差別」，而不精確指的則是「為了製造某個音高而重複嘗試的一致性」。作者寫道：「音調不準的歌聲，往往是出於唱歌時既不正確也不精確的結果。」See Peter Q. Pfordresher et al., "Imprecise Singing Is Widespread," *Journal of the Acoustical Society of America* 128, no. 4 (2010).

23 Karen J. Wise and John A. Sloboda, "Establishing an Empirical Profile of Self-Defined 'Tone Deafness': Perception, Singing Performance, and Self-Assessment," *Musicae Scientiae* 12, no. 1 (2008): 3-26.

24 Graham Welch brings up this idea in his fascinating lecture, "The Benefits of Singing in a Choir" (delivered July 8, 2015, at Gresham

College).

25 Interestingly, a more recently discovered version of the original composition depicts a narrower range of notes. See Tara Anderson, "An Unnoticed 'Happy Birthday' Draft Gives Singers a Simpler Tune," NPR, Sept. 6, 2015, www.npr.org.

26 See Y. Minami, "Some Observations on the Pitch Characteristics of Children's Singing," in *Onchi and Singing Development: A Cross-Cultural Perspective*, ed. Graham Welch and Tadahiro Murao (London: David Fulton, 1994), 18-24.

27 This idea comes from Steven Connor, in his excellent book *Dumbstruck: A Cultural History of Ventriloquism* (Oxford: Oxford University Press, 2001).

28 Taken from the transcript of a TEDxBeaconStreet talk, Rébecca Kleinberger, "Why You Don't Like the Sound of Your Own Voice."

29 在《目瞪口呆》這本引人入勝的書當中，康納提出了一個有趣的現象：「如果一副嗓音無法給人自我憐愛的感覺，或許我們就無法好好享受這副嗓音。」換句話說，當我們不用自我意識去聽自己的嗓音，不僅聲音聽起來比較順耳，也會讓我們感覺更好。Steven Connor, Dumbstruck, 10.

30 See Philip S. Holzman and Clyde Rousey, "The Voice as a Percept," *Journal of Personality and Social Psychology 4*, no. 1 (1966): 79-86.

31 Ibid., 85.

32 For a brief summary, see Susan M. Hughes and Marissa A. Harrison, "I Like My Voice Better: Self-Enhancement Bias in Perceptions of Voice Attractiveness," *Perception 42*, no. 9 (2013): 941-49.

33 See P. McAleer, A. Todorov, and P. Belin, "How Do You Say 'Hello'? Personality Impressions from Brief Novel Voices," *PLOS One 9*, no. 3 (2014), journals .plos.org.

34 See E. Glenn Schellenberg, "Music Lessons Enhance IQ," *Psychological Science 15*, no. 8 (2004), doi.org/10.1111/j.0956-7976.2004.00711.x.

35 See Steven M. Demorest et al., "Singing Ability, Musical Self-Concept, and Future Music Participation," *Journal of Research in Music Education 64*, no. 4 (2017):405-20.

36 See Albert Bandura, "Self-Efficacy," in *Encyclopedia of Human Behavior*, ed. V. S. Ramachandran (San Diego: Academic Press, 1998), 71-81.

37 See S. O'Neill, "The Self-Identity of Young Musicians," in *Musical Identities*, ed. R. MacDonald, D. Hargreaves, and D. Miell (New York: Oxford University Press, 2002).

38 This point is helpfully made by Graham Welch, "We Are Musical," *International Journal of Music Education 23*, no. 117 (2005): 117-20.

39 See Julie Ayotte, Isabelle Peretz, and Krista Hyde, "Congenital Amusia: A Group Study of Adults Afflicted with a Music-Specific Disorder," *Brain 125* (Feb. 2002): 238-51.

40 For a good discussion on William Hung, see Vance Lehmkuhl, "The William Hung Challenge," *Philadelphia Inquirer*, May 4, 2011, www.philly.com.

41 前航太暨太空工業工程師提茲，把注意力轉向我們喉嚨內部同樣錯綜複雜的氣流動力學，執掌「國家語音和語音中心」。他注意到當我們不願努力發出更高或是更響亮的聲音時，我們的聲音機制就有可能會開始萎縮。他指出，這個「不使用就萎縮」的力學有可能大規模的發生。現今，我們說話時嚴重倚賴低頻率、低範圍，也倚靠電子產品增加自己的聲量，這意味著我們幾乎很少讓體內發聲系統自由發揮功能。提茲寫道：「哺乳動物為了因應長距離聲帶溝通，在喉頭做出的加強演化，未來很有可能被翻轉。」Ingo R. Titze, "Human Speech: A Restricted Use of the Mammalian Larynx," *Journal of Voice 31*, no. 2 (2017): 135-41.

42 This idea comes from M. Echternach et al., "Vocal Fold Vibrations at High Soprano Fundamental Frequencies," *Journal of the Acoustical Society of America 133*, no. 2 (2013): 82-87.

43 See Adam Rubin et al., "Laryngeal Hyperfunction During Whispering: Reality or Myth?," *Journal of Voice 20*, no. 1 (2006): 121-27.

44 My interview with Ingo Titze.

45 See Michael Belyk et al., "Poor Neuro-motor Tuning of the Human Larynx: A Comparison of Sung and Whistled Pitch Imitation," *Royal Society Open Science*, April 1, 2018.

46 即使是職業歌手都也無法跟樂器演奏者一樣精確地擊中音階。See P. Q. Pfordresher and S. Brown, "Vocal Mistuning Reveals the Origin of Musical Scales," *Journal of Cognitive Psychology 29*, no. 1 (2017): 35-52. 奇妙的是，我們也期待這種情形發生。哈欽斯（Sean Hutchins）發現，聽到一個人唱歌稍微走音，和一件樂器稍微走音時，我們比較不會注意到人犯下的錯誤。他把這情形稱為「發聲慷慨效應」（vocal generosity effect）。See Sean Hutchins, Catherine Roquet, and Isabelle Peretz, "The Vocal Generosity Effect: How Bad Can Your Singing Be?," *Music Perception 20*, no. 2 (2012): 147-59.

47 W. Timothy Gallwey, *The Inner Game of Tennis* (New York: Random House, 1997), 74.

48 See Dena Murry, *Vocal Technique: A Guide to Finding Your Real Voice* (New York: Musicians Institute Press, 2002), 20.

49 For a good summary, see Martin S. Remland, *Nonverbal Communication in Everyday Life* (New York: Sage Books, 2016).

50 目標要在不干擾也不過度思考的前提下，用最經濟的方式移動最多的空氣。聲樂教師蘭佩蒂寫道：「我們說話的時候，那股動能氣勢持續被抑制；我們唱歌的時候，就絕不會出現這現象。」"momentum is constantly arrested; in singing, never." Giovanni Battista Lamperti, *Vocal Wisdom* (New York: Taplinger, 1931), 47.

51 William D. Leyerle, *Vocal Development Through Organic Imagery* (Geneseo, N.Y.: Leyerle, 1986), 75.

52 See "Whisper, Talk, Sing: How the Voice Works," Kindermusik, April 28, 2016, www.kindermusik.com.

53 See Matthias R. Mehl et al., "Are Women Really More Talkative Than Men?," *Science*, July 6, 2007, 82.

54 See Daniel E. Callan et al., "Song and Speech: Brain Regions Involved with Perception and Covert Production," *NeuroImage 31*, no. 3 (2006): 1327-42.

55 In one early study, people asked to bite down on a measuring device gave up only because their teeth began to hurt. See "The Power of the Human Jaw," *Scientific American*, Dec. 2, 1911.

56 See T. M. G. J. Van Eijden, J. A. M. Korfage, and P. Brugman, "Architecture of the Human Jaw-Closing and Jaw-Opening Muscles," *Anatomical Record 248*, no. 3 (1997):464-74.

57 See Michael Bloch, *F.M.: The Life of Frederick Matthias Alexander* (New York: Little, Brown, 2004), 34.

58 See F. Matthias Alexander, *The Alexander Technique: The Essential Writings of F. Matthias Alexander* (New York: Lyle Stuart, 1980), 4.

59 For an excellent discussion of "technique change" in the realm of motor skills, see Rob Gray's *Perception Action* podcast, episode 14, 2015, perceptionaction.com/14-2.

60 For a good account of the various critiques, see Jeff Sullivan, "Batting Practice Is Probably a Waste of Everyone's Time," *The Hardball Times*, tht.fangraphs.com.

61 For more on straw phonation, see Ingo Titze, "Voice Training and Therapy with a Semi-occluded Vocal Tract: Rationale and Scientific Underpinnings," *Journal of Speech, Language, and Hearing Research 49*, no. 2 (2006): 448-59.

62 I came across this idea in Anne Kapf's wonderful book *The Human Voice* (New York: Simon & Schuster, 2006).

63 Hollis Dann, "Some Essentials of Choral Singing," *Music Educators Journal 24*, no. 1 (1937): 27.

64 Ian Bostridge, *A Singer's Notebook* (London: Faber and Faber, 2012).

第四章——做就對了

1 Alice Parker, interview by Krista Tippett, "Singing Is the Most Companionable of Arts," *On Being*, Dec. 6, 2016, onbeing.org.

2 For a good survey of the acoustical qualities of choirs, see Sten Ternström, "Physical and Acoustic Factors That Interact with the

Singer to Produce the Choral Sound," *Journal of Voice 5*, no. 2 (1991): 128-43.

3 Charlene Ryan, "An Investigation into the Choral Singer's Experience of Music Performance Anxiety," *Journal of Research in Music Education 57*, no. 2 (2009): 108-26.

4 研究指出，文獻的目標並未確定「合唱音樂圈缺乏男性」這一個被世人普遍接受的理由」。See K. Elpus, "National Estimates of Male and Female Enrolment in American High School Choirs, Bands, and Orchestras," *Music Education Research 17*, no. 1 (2015): 88-102.

5 For a good roundup, see Charles F. Bond et al., "Social Facilitation: A Meta-analysis of 241 Studies," *Psychological Bulletin 94*, no. 2 (1983): 265-92.

6 See S. J. Karau, "Social Loafing (and Facilitation)," in *Encyclopedia of Human Behavior* (Amsterdam: Elsevier, 2012), 486-92.

7 See Cindy Bell, "Update on Community Choirs and Singing in the United States," *International Journal of Research in Choral Singing 2*, no. 1 (2004).

8 See "Number of UK Choirs at All-Time High," M, July 13, 2017, www.m-magazine.co.uk.

9 See "Sing and They Will Come," *Economist*, March 4, 2014.

10 See Ali Colvin, "Community Choirs Growing as Members Reap Health Benefits," ABC News, June 17, 2016, www.abc.net.au.

11 See www.skane.com/en/choirs-a-national-pastime.

12 See L. M. Parsons et al., "Simultaneous Dual-fMRI, Sparse Temporal Scanning of Human Duetters at 1.5 and 3 Tesla." Conference paper presented at the Annual Meeting of the Society for Neuroscience, Jan. 2009.

13 See Gunter Kreutz, "Does Singing Facilitate Social Bonding?," *Music and Medicine 6*, no. 2 (2014).

14 See R. N. Christina Grape et al., "Choir Singing and Fibrinogen: VEGF, Cholecystokinin, and Motilin in IBS Patients," *Medical Hypotheses 72*, no. 2 (2009): 223-55.

15 A psychologist who worked on a special post-Katrina "Hurricane Choir" project told me it was "one of the most genuine engagements with a community in my history."

16 舉例來說，一份由皮爾斯和其同事執行的研究發現，那些參加歌唱課和其他課程的實驗對象在七個月後都回覆，自己的身心更加健康。而且只要課程中可以與人交際，什麼名目的活動課程似乎都沒有關係。愈是覺得自己跟社會有所連結，回報身心健康的實驗對象人數就愈多。See Eiluned Pearce et al., "Is Group Singing Special? Health, Well-Being, and Social Bonds in Community-Based Adult Education Classes," *Journal of Community Applied Psychology 26*, no. 6 (2016): 518-33.

17 For this idea, I drew upon a paper by Daniel Weinstein et al., "Singing and Social Bonding: Changes in Connectivity and Pain Threshold as a Function of Group Size," Evolution and Human Behavior 37, no. 2 (2016): 152-58.

18 該研究有一項警告，個人加入其他新近成立的活動群組（例如手工藝和創意寫作課）時，會先在自己個別的主題上努力。如作者注記的：「這表示這項研究並沒有把唱歌本身物理行為的群組效應，從想要共同創作音樂小組積極性的存在中區別開來。」See Eiluned Pearce et al., "The Ice-Breaker Effect: Singing Mediates Fast Social Bonding," *Royal Society Open Science*, Sept. 29, 2015.

19 See Björn Vickhoff et al., "Music Structure Determines Heart Rate Variability of Singers," *Frontiers in Psychology 4*, no. 334 (2013).

20 One study, for example, found that in twenty-four patients with Broca's aphasia twenty-one had the "capacity to sing in some degree." See A. Yamadori et al., "Preservation of Singing in Broca's Aphasia," *Journal of Neurology, Neurosurgery, and Psychiatry 40*, no. 3 (1977): 221-24.

21 Oliver Sacks, *Musicophilia* (New York: Vintage Books, 2007), 240.

22 See Benjamin Stahl, "Facing the Music: Three Issues in Current Research on Singing and Aphasia," *Frontiers in Psychology*, Sept. 23, 2014.

23 See Steven Tonkinson, "The Lombard Effect in Choral Singing," *Journal of Voice 8*, no. 1 (1994): 24-29.

24 See Sharon Hansen et al., "On the Voice: Choral Directors Are from Mars and Voice Teachers Are from Venus," *Choral Journal 52*, no. 9 (2012): 51-58.

25 See, for example, Dallas Draper, "The Solo Voice as Applied to Choral Singing," *Choral Journal 12*, no. 9 (1972).

26 See Michael J. Bonshor, "Confidence and Choral Configuration: The Affective Impact of Situational and Acoustic Factors in Amateur Choirs," *Psychology of Music 45*, no. 5 (2017), doi.org/10.1177/0305735616669996.

第五章——資深菜鳥的痛苦和喜悅

1 I got this quotation from Jamail Yogis, *Saltwater Buddha: A Surfer's Quest to Find Zen on the Sea* (New York: Simon & Schuster, 2009), 128.

2 Hubert Dreyfus and Stuart Dreyfus, *Mind over Machine* (New York: Free Press, 1988), 21.

3 Peter Heller, *Kook* (New York: Free Press, 2010), 268.

4 Allan Weisbecker, *In Search of Captain Zero* (New York: TarcherPerigree, 2002), 3.

5 See, for example, Ryan Pittsinger et al., "The Effect of a Single Bout of Surfing on Exercise-Induced Affect," *International Journal of Exercise Science 10*, no. 7 (2017): 989-99, as well as Jamie Marshall et al., " 'When I Go There, I Feel Like I Can Be Myself': Exploring Programme Theory Within the Wave Project Surf Therapy Intervention," *International Journal of Environmental Research in Public Health 16*, no. 12 (2019).

6 See Amitha Kalaichandran, "Catching Waves for Well-Being," *New York Times*, Aug. 8, 2019.

7 See A. Mendez-Villanueva et al., "Activity Profile of World-Class Professional Surfers During Competition: A Case Study," *Journal of Strength Conditioning Research 20*, no. 3 (2006).

8 See Barbara Oakley, *A Mind for Numbers: How to Excel at Math and Science* (New York: Penguin, 2014), 101.

9 See Chak Fu Lam et al., "The Impact of Feedback Frequency on Learning and Task Performance: Challenging the 'More Is Better' Assumption," *Organizational Behavior and Human Decision Processes 116*, no. 2 (2011): 217-28. For a good discussion of the effects of feedback on learning and performance, see Richard A. Schmidt, "Frequent Augmented Feedback Can Degrade Learning: Evidence and Intrepretations," in *Tutorials in Motor Neuroscience*, ed. J. Requin and G. E. Stelmach, NATO ASI Series (Series D: Behavioral and Social Sciences), Vol. 62 (Dordrecht: Springer, 1991).

10 William Finnegan, *Barbarian Days: A Surfing Life* (New York: Penguin Press, 2015), 123.

11 See Andrew Nathanson et al., "Surfing Injuries," *American Journal of Emergency Medicine 20*, no. 3 (2002): 155-60.

12 The figure comes from Matt Warshaw, *The History of Surfing* (New York: Chronicle Books, 2011), 477.

13 Robert Rider makes this point in a paper that treats surfing as a "common-pool resource problem," and suggests that simple surf etiquette helps mitigate the problem. See Robert Rider, "Hangin' Ten: The Common-Pool Resource Problem of Surfing," *Public Choice 97*, no. 1-2 (1998): 49-64.

14 For a discussion, see Daniel Nazer, "The Tragedy of the Surfers' Commons," *Deakin Law Review 9*, no. 2 (2004): 655-713.

15 根據一個稱為「靜眼」（quiet eye）的學說，在菁英競技運動中，知道自己要看向哪裡，以及要看多久時間似乎是非常重要的。人體運動學家維克斯在數十年前提出了這項理論，背後的想法很簡單：在任務中表現最棒的人能夠比其他人更快速專注凝視關鍵目標，維持的時間也比其他人長。在籃球比賽中，優秀的三分球射手比其他選手更早就注視著籃框，維持的時間也較長。維克斯指出，像格雷茨基、梅西等超級球星，他們的身材或是速度無法解釋自身的成功時，視野的想像或可提供一種解釋。凝視現象仍屬於神祕區塊，但是似乎刺激了腦部增加活動量，來幫助運用「視覺眼肌運動網絡由上而下控制身體的活動」。換句話說，我們的眼睛策劃著我們身體的動作。See Joan N. Vickers et al., "Quiet Eye Training Improves Accuracy in Basketball Field Goal Shooting," *Progress in Brain Research 234* (Jan. 2017): 1-12.

16 See "Using Eye Tracking to Analyze Surfers' Gaze Patterns," Tobii Pro, www.tobiipro.com.

17 Warshaw, *History of Surfing*, 13.

18 See Lisa Kindelberg Hagan et al., "Mothers' and Fathers' Socialization of Preschoolers' Physical Risk Taking," *Journal of Applied Developmental Psychology 28*, no. 1 (2007): 2-14.

19 David Foster Wallace, *Infinite Jest* (New York: Back Bay Books, 2006), 116.

20 James Dickey, *Deliverance* (New York: Delta Books, 2004), 5.

第六章——**我們是怎麼學做事的**

1 See Edgar James Swift, "Studies in the Psychology and Physiology of Learning," *American Journal of Psychology 14*, no. 2 (1903): 201-51. Swift himself refers to a similar, earlier study, on telegraphy; see William Bryan and Noble Harter, "Studies in the Physiology and Psychology of the Telegraphic Language," *Psychological Review 4*, no. 1 (1897): 27-53.

2 在一項研究當中，高爾夫選手被要求把球打進一個周遭有許多大洞的小洞裡（目的是讓這個洞看起來小一些），或是把球打進一個周遭有其他小洞的洞裡（目的是讓這個洞看起來大一些）。我們可以猜想到，必須把球打進看起來較大球洞的高爾夫選手表現會比較好一些。但是在後來的測試中，所有的高爾夫選手都要把球打進開口大小正常的洞裡，這次先前要把球打進較大洞的選手表現，再度比必須把球打進較小洞裡的選手來得更好。這是因為這些選手在先前把球打進看似較容易的球洞過程中，學習得較好。研究也發現，當選手把高爾夫球打進洞裡之後，會認為這個高爾夫球洞比平常的還要大。尺寸大上一點的目標會增強選手的自信心，選手有信心的表現，也使得他們眼中的目標尺寸變大了。See Guillaume Chauvel et al., "Visual Illusions Can Facilitate Sport Skill Learning," *Psychonomic Bulletin and Review 22*, no. 3 (2015): 717-21.

3 David Jones, "The Stability of the Bicycle," *Physics Today*, Sept. 2006, 51-56.

4 Wright wrote, "I have asked dozens of bicycle riders how they turn to the left. I have never found a single person who stated all the facts correctly when first asked." Quotation comes via Kark J. Åström et al., "Bicycle Dynamics and Control," *IEEE Control Systems Magazine*, Aug. 2005.

5 正如哲學家萊爾在他頗具影響力的演說中如此形容：「知道怎麼做的知識，沒辦法光靠東一點、西一點的片段知識累積而成。」這著名的學說也引起了相當有趣的回應。有論文指出，萊爾在陳述文字和隱含意味之間的區別，並不如其他人的理論來得更確鑿。舉個簡單的例子，一個人可以毫無疑問學習如何用鐵鎚釘釘子，但是如果事先有人教導他應該用哪隻手才適當，那麼他就可以更有效率地完成這任務。其他研究也顯示，當人們在操作新奇的工具時，如果能先看到是如何使用的，不光只靠感覺，就能學習使用得更好。Jason Stanley and John W. Krakauer, "Motor Skill Depends on Knowledge of Facts," *Frontiers in Human Neuroscience*, Aug. 29, 2013. See Mohsen Sadeghi et al., "The Visual Geometry of a Tool Modulates Generalization During Adaptation," *Nature Scientific Reports*, Feb. 25, 2019.

6 Jerome Bruner, *The Culture of Education* (Cambridge, Mass.: Harvard University Press, 1996), 152.

7 The theory is credited to the movement scientist Rich Masters. See, for example, R. S. W. Masters et al., " 'Reinvestment': A Dimension of Personality Implicated in Skill Breakdown Under Pressure," *Personality and Individual Differences* 14, no. 5 (1993): 655-66.

8 幫助中風的病患學習如何走路的一個方法，是讓病患戴上有接合腰帶裝置的跑步機。這個不尋常的裝置會讓一隻腳動得比另一隻腳還要快。中風病患以這樣奇特的方式走路時，會下意識去學著抵消他們軀幹從跑步機上落下來的力量。有天早上在巴爾的摩肯尼迪克里格研究所裡，我在約翰霍普金斯大學人腦生理學和刺激實驗室，就看到這樣的場景。在這裡研究人體運動的人體運動科學家羅尼克告訴我，中風病患只需要戴上接合式腰帶，在跑步機上走路就行了，他也讓我有機會做同樣的事情。當你一隻腳前進的速度比另一隻腳快三倍，走起路來就沒那麼容易了。儘管我走起來明顯一跛一跛的，但後來也逐漸適應了。萊恩說：「當病患從跑步機下來之後，跑步機造成的跛腳現象抵消了他們自身的跛腳情況，因此他們現在走路的姿態反而更加對稱了一些。」也就是說，跑步機加快「再次學習過程」的速度。萊恩認為，當一個病患走路時，他的大腦在某種意識層面（以及潛意識的很大層面）上，開始預測他站在跑步機上發生的狀況。等到病患從跑步機下來之後，明明知道自己已經不在跑步機上，但是大腦仍然預測，他需要以這種奇特的方式走路。這就是康復療程真正的好處，即使你已經從跑步機下來了，但是這情況仍然繼續維持著。Rich Masters, "The Epic Story of Implicit Motor Learning," Sept. 24, 2015, www.youtube.com.

9 Researchers call this process "credit assignment": Was the error your fault or something in the environment?

10 See Sarah-Jayne Blakemore, Daniel Wolpert, and Chris Firth, "Central Cancellation of Self-Produced Tickle Sensation," *Nature Neuroscience* 1 (Nov. 1998): 635-40.

11 See A. A. M. Van Santvoord and Peter J. Beek, "Phasing and the Pickup of Optical Information in Cascade Juggling," *Ecological Psychology* 6, no. 4 (1994): 239-63.

12 This is a common occurrence with novices. As one study noted, "The novice is not giving him or herself adequate time to sustain the structure of the pattern." See Pamela S. Haibach et al., "Coordination Changes in the Early Stages of Learning to Cascade Juggle," *Human Movement Science* 23, no. 2 (2004): 185-206.

13 但為什麼會如此呢？一個理論指出，這就跟當高爾夫選手成功把球推進洞裡或是足球選手把球踢進網裡一樣，出色的表現可能會改變一個人的時間感。在一項研究中，研究人員提供一些人較大的拍子，讓他們去玩電子遊戲機「乓」。毫無懸念的，他們表現得很好。有爭論指出，也因為實驗對象的好表現，回報球行進的速度似乎變得比較緩慢。或許在我成功拋接三顆球後，回顧的時候，就覺得這些球的速度似乎變慢了些。Jessica K. Witt and Mila Sugovic, "Performance and Goal Influence Perceived Speed," *Perception* 39, no. 10 (2010): 1341-53.

14 一項觀察菜鳥射手和專家射手的研究發現，菜鳥在整個瞄準過程中，不斷把注意力放在目標上；專家射手則會在接近自己真要扣下扳機的時候，才會把注意力瞄準目標。這些研究作者寫道：「專家級射手比較能夠及時分派大腦皮質資源。」See

M. Doppelmayr et al., "Frontal Midline Theta in the Pre-shot Phase of Rifle Shooting: Differences Between Experts and Novices," *Neuropsychologia 46*, no. 5 (2008): 1463-67.

15 思路在準備動作行為時，會促使大腦「在執行某樣動作之前，讓知覺的資訊取得容量極大化」。如此一來，即使外在環境的某些部分改變了，我們也較能夠調整動作，刺激知覺來取得更多的時間反應。See Nobuhiro Hagura et al., "Ready Steady Slow: Action Preparation Slows the Subjective Passage of Time," *Proceedings of the Royal Society B 279*, no. 1746 (2012): 4399-406.

16 See Peter J. Beek and Arthur Lewbel, "The Science of Juggling," *Scientific American*, Nov. 1995, 94.

17 See William H. Edwards, *Motor Learning and Control* (New York: Cengage Learning, 2010), 48.

18 This figure comes from Clark, "On Becoming Skillful."

19 See Cláudia Tarragô Candotti et al., "Cocontraction and Economy of Triathletes and Cyclists at Different Cadences During Cycling Motion," *Journal of Electromyography and Kinesiology 19*, no. 5 (2009): 915-21.

20 For a discussion, see Julie Duque et al., "Physiological Markers of Motor Inhibition During Human Behavior," *Trends in Neuroscience 40*, no. 4 (2017): 219-36.

21 As MIT's Howard Austin argued, juggling "has nothing to do with muscles, neural pathways in the usual sense, or feedback." See Howard Austin, "A Computational View of the Skill of Juggling," Artificial Intelligence Memo No. 330, LOGO Memo No. 17, 1974, 8.

22 Thanks to UCLA professor of psychology Jesse Rissman for a version of this idea.

23 See Jonathan Rowson, *The Moves That Matter: A Chess Grandmaster on the Game of Life* (New York: Bloomsbury, 2019), 109.

24 根據一項研究，我們如果需要刺激腦部，行為觀察網絡需要一項被觀察活動的「運動心理表象」，不只是簡單的「視覺直觀表象」。如研究者所寫：「我們把大腦對於看見某項行為的反應表現出來，不只是倚靠看見這行為的前次視覺知識和經驗，也包括了執行該行為的先前運動體驗。」See Beatriz Calvo-Merino et al., "Seeing or Doing? Influence of Visual Motor

Familiarity in Action Observation," *Current Biology 16*, no. 19 (2006), doi.org/10.1016/j.cub.2006.07.065.

25 For a review, see Daniel M. Smith, "Neurophysiology of Action Anticipation in Athletes: A Systematic Review," *Neuroscience and Biobehavioral Reviews 60* (Jan. 2016): 115-20.

26 This example comes from Giacomo Rizzolatti and Corrado Sinigaglia, "Curious Book on Mirror Neurons and Their Myth," review of *The Myth of Mirror Neurons: The Real Neuroscience of Communication and Cognition*, by Gregory Hickock, *American Journal of Psychology 128*, no. 4 (2015).

27 Maxime Trempe et al., "Observation Learning Versus Physical Practice Leads to Different Consolidation Outcomes in a Movement Timing Task," *Experimental Brain Research 209*, no. 2 (2011): 181-92.

28 See Matthias J. Gruber et al., "States of Curiosity Modulate Hippocampus-Dependent Learning via the Dopaminergic Circuit," *Neuron 84*, no. 2 (2014), doi:doi.org/10.1016 /j.neuron.2014.08.060. The study showed, interestingly, that people who expressed higher curiosity about an answer to a question were also better at remembering "incidental" material presented during that "curious state" than during less curious states.

29 作者在另一份論文中記錄：關於這種心理的確實機制如何，尚不清楚。舉例來說，期待自己去教導他人的實驗對象，和那些不期待自己去教導他人的實驗對象相比，兩組最後得出的腦電圖結果沒什麼不同。他們猜測，或許期望自己會教導人的心理可以啟動大腦的方式，沒辦法透過腦電圖看出來。「預期自己去教導他人的心理，可能會增加學習者獲得技能的興趣，因而增加中腦和海馬體區塊相互連結的可能。」See Marcos Daou, Keith R. Lohse, and Matthew W. Miller, "Expecting to Teach Enhances Motor Learning and Information Processing During Practice," *Human Movement Science 49* (Oct. 2016): 336-45. See Marcos Daou, Keith R. Lohse, and Matthew W. Miller, "Does Practicing a Skill with the Expectation of Teaching Alter Motor Preparatory Cortical Dynamics?" *International Journal of Psychophysiology 127* (Feb. 2018): 1-19.

30 Hassan Rohbanfard and Luc Proteau, "Learning Through Observation: A Combination of Expert and Novice Models Favor Learning,"

Experimental Brain Research 215, no. 3-4 (2011): 183-97.

31 Daniel R. Lametti and Kate E. Watkins, "Cognitive Neuroscience: The Neural Basis of Motor Learning by Observing," *Current Biology 26*, no. 7 (2016): R288-R290.

32 See Spencer J. Hayes, Derek Ashford, and Simon J. Bennett, "Goal-Directed Imitation: The Means to an End," *Acta Psychologica 127*, no. 2 (2008): 407-15.

33 See Rokhsareh Badami et al., "Feedback About More Accurate Versus Less Accurate Trials: Differential Effects on Self-Confidence and Activation," *Research Quarterly for Exercise and Sport 83*, no. 2 (2012): 196-203.

34 Richard Hoffer, *Something in the Air: American Passion and Defiance in the 1968 Mexico City Olympics* (New York: Free Press, 2009), 74.

35 See Joenna Driemeyer et al., "Changes in Gray Matter Induced by Learning—Revisited," PLOS One 3, no. 7 (2008), journals.plos.org.

36 研究人員指出，撇開灰質和白質區的「空間接近性」展現出和訓練相關的改變，卻沒有發現實驗對象的灰質區和白質區大範圍的改變，彼此有任何密切的相關性。他們猜測這暗示了，不管在灰質和白質區背後有什麼過程造成了改變，都是各自獨立的。See Jan Scholz et al., "Training Induces Changes in White Matter Architecture," *Nature Neuroscience 12*, no. 11 (2009): 1370-71. See also Bimal Lakhani et al., "Motor Skill Acquisition Promotes Human Brain Myelin Plasticity," *Neural Plasticity*, April 2016, 1-7.

37 Metaphor courtesy of "Intelligence in Men and Women Is a Gray and White Matter," *ScienceDaily*, Jan. 22, 2005, www.sciencedaily.com.

38 在動物實驗中，發現學習可以引起「突觸新生」，這是新長出來的神經連結，神經在這裡不斷重複著久經練習的活動，來提升「血管新生」或是大腦裡新血管的形成，好來幫助處理「代謝負載量」。See James E. Black et al., "Learning Causes

Synaptogenesis, Whereas Motor Activity Causes Angiogenesis, in Cerebellar Cortex of Adult Rats," *Proceedings of the National Academy of Sciences 87*, no. 14 (1990): 5568-72.

39 This point is made in Driemeyer et al., "Changes in Gray Matter Induced by Learning—Revisited."

40 As for exactly how this reshuffling happens, or by how much, the process is still not entirely clear. For a comprehensive review of training-induced plasticity studies, see Cibu Thomas and Chris Baker, "Teaching an Adult Brain New Tricks: A Critical Review of Evidence for Training-Dependent Plasticity in Humans," *NeuroImage 73* (June 2013): 225-36.

41 For a good discussion of plasticity in the face of skills learning, see Elisabeth Wenger et al., "Expansion and Renormalization of Human Brain Structure During Skill Acquisition," *Trends in Cognitive Sciences 21*, no. 12 (2017): 930-39.

42 See Yuko Morita et al., "Napping After Complex Motor Learning Enhances Juggling Performance," *Sleep Science 9*, no. 2 (2016): 112-16.

43 See, for example, Marlene Bönstrup et al., "A Rapid Form of Offline Consolidation in Skill Learning," *Current Biology 29*, no. 8 (2019): 1346-51.

44 See Jessica Hamzelou, "Learning to Juggle Grows Brain Networks for Good," *New Scientist*, Oct. 11, 2009.

45 Jon Gertner, quoted in Jimmy Soni and Rob Goodman, *A Mind at Play: How Claude Shannon Invented the Information Age* (New York: Simon & Schuster, 2017), 249.

46 Janina Boyke et al., "Training-Induced rain Structure Changes in the Elderly," *Journal of Neuroscience 28*, no. 28 (2008): 7031-35.

47 See, for instance, Rachael D. Seidler, "Older Adults Can Learn to Learn New Motor Skills," *Behavioral Brain Research 183*, no. 1 (2007): 118-22.

第七章——改變看待萬物的態度

1 Quoted in Aymer Vallance, *William Morris, His Art, His Writings, and His Public Life: A Record* (London: George Bell & Sons, 1897), 251.

2 See Annalisa Merelli, "Google's Most-Searched 'How-To' Questions Capture All the Magic and Struggle of Being Human," *Quartz*, Sept. 2, 2017, qz.com.

3 Jessica Davis, "Drawing's Demise: U-Shaped Development in Graphic Symbolization," Harvard Project Zero, Harvard Graduate School of Education (paper presented at SRCD Biennial Meeting, New Orleans, March 1993).

4 Howard Gardner, *Artful Scribbles: The Significance of Children's Drawings* (New York: Basic Books, 1980), 148.

5 Angela Anning, "Learning to Draw and Drawing to Learn," *International Journal of Art and Design Education 18*, no. 2 (1999): 163-72.

6 Gardner, *Artful Scribbles*, 143.

7 Maureen Cox notes that drawing, in the earlier part of the twentieth century, appeared "as a timetabled subject in the school curriculum, although it was actually available mainly to boys while girls were doing needlework." Not surprisingly, boys were often found to be better drawers. See Cox, *Children's Drawings of the Human Figure* (New York: Psychology Press, 1993), 3.

8 Baldassare Castiglione, *The Book of the Courtier* (London: Penguin Books, 2004), 97.

9 Ann Bermingham, *Learning to Draw: Studies in the Cultural History of a Polite and Useful Art* (London: Paul Mellon Centre for British Art, 2000), ix.

10 See Myra A. Fernandes et al., "The Surprisingly Powerful Influence of Drawing on Memory," *Current Directions in Psychological Science 27*, no. 5 (2018): 302-8.

11 Churchill, *Painting as a Pastime*, 25.

12 Betty Edwards, *Drawing on the Right Side of the Brain* (New York: TarcherPerigree, 2012), xiv.

13 See M. S. Gazzaniga, J. E. Bogen, and R. W. Sperry, "Observations on Visual Perception After Disconnexion of the Cerebral Hemispheres in Man," *Brain 88*, pt. 2 (June 1965): 221-36.

14 在《左腦右腦》一書中，施普林格和多伊奇注意到，沒有任何認知任務只跟大腦某個半球相關，也幾乎沒有任何理由相信「在素描時，左半球會去干擾右半球」的說法。作者指出：「左半球往往會捲入像是細節確認等活動當中，其中捲入上下顛倒素描練習的程度，甚至可能比右半球還要明顯。」Sally P. Springer and Georg Deutsch, *Left Brain, Right Brain: Perspectives from Cognitive Neuroscience* (New York: W. H. Freeman, 1997), 301.

15 Chris McManus, *Right Hand, Left Hand: The Origins of Asymmetry in Brains, Bodies, Atoms, and Cultures* (Cambridge, Mass.: Harvard University Press, 2004), 298.

16 See, for example, Jared Nielsen et al., "An Evaluation of the Left-Brain vs. Right-Brain Hypothesis with Resting State Functional Connectivity Magnetic Resource Imaging," *PLOS One 8*, no. 8 (2013), doi.org/10.1371/journal.pone.0071275. On learning styles, see Paul A. Kirschner, "Stop Propagating the Learning Styles Myth," *Computers and Education 106* (March 2017): 166-71.

17 For a good review, see Dahlia W. Zaidel, "Split-Brain, the Right Hemisphere, and Art: Fact and Fiction," *Progress in Brain Research 204* (2013): 3-17.

18 R. W. Sperry, "Some Effects of Disconnecting the Cerebral Hemispheres," *Science 217* (Sept. 1982): 1223-26.

19 E. I. Schiferl, "Both Sides Now: Visualizing and Drawing with the Right and Left Hemispheres of the Brain," *Studies in Art Education 50*, no. 1 (2008): 67-82.

20 In his classic 1917 book, *The Practice and Science of Drawing*, for instance, Harold Speed suggested, as Edwards would later, that when we draw, we rely less on sight than on "the mental idea of the objective world." Harold Speed, The Practice and Science of Drawing (New York: Dover, 1972), 47.

21 People have debated whether an "innocent eye"—another way, really, of saying "beginner's mind"—is actually possible, whether some concept always intrudes. For a discussion, see Erik Forrest, "The 'Innocent Eye' and Recent Changes in Art Education," *Journal of Aesthetic Education 19*, no. 4 (1985): 103-14.

22 John Ruskin, *The Elements of Drawing* (New York: Dover, 1971), 27.

23 Quotation retrieved from National Gallery of Art, www.nga.gov.

24 See L. Carmichael et al., "An Experimental Study of the Effect of Language on the Reproduction of Visually Perceived Form," *Journal of Experimental Psychology 15*, no. 1 (1932): 73-86.

25 See, for example, Justin Ostrofsky, Heather Nehl, and Kelly Mannion, "The Effect of Object Interpretation on the Appearance of Drawings of Ambiguous Figures," *Psychology of Aesthetics, Creativity, and the Arts 11*, no. 1 (2017): 99-108.

26 Edwards, *Drawing on the Right Side of the Brain*, 169.

27 Dale J. Cohen and Susan Bennett, "Why Can't Most People Draw What They See?," *Journal of Experimental Psychology: Human Perception and Performance 23*, no. 3 (1997): 609-21.

28 Monica Lee, "When Is an Object Not an Object? The Effect of 'Meaning' upon the Copying of Line Drawings," *British Journal of Psychology 80*, no. 1 (1989): 15-37.

29 Quoted in Frederick Frank, *Zen Seeing, Zen Drawing* (New York: Bantam Books, 1993), 114.

30 Peter Steinhart, *The Undressed Art* (New York: Vintage Books, 2004), 55.

31 John Sloan, *John Sloan on Drawing and Painting: The Gist of Art* (New York: Dover, 2010), 110.

32 For an excellent account of what the painter David Hockney called the "destruction of drawing" in modern art schools, see Jacob Will, "What Happened to Art Schools?," *Politeia* (2018), www.politeia.co.uk.

33 Jacob Bernstein, "Downtown Art School That Warhol Started Raises Its Celebrity Profile," *New York Times*, April 26, 2017.

34 Jeremy Deller, *Iggy Pop Life Class* (London: Heni, 2016), 12.

35 See Justin Ostrofsky et al., "Why Do Non-artists Draw Eyes too Far up the Head? How Vertical Eye Drawing Errors Relate to Schematic Knowledge, Pseudoneglect, and Context-Based Perceptual Biases," *Psychology of Aesthetics, Creativity, and the Arts 10*, no. 3 (2016): 332-43. The authors note that "despite its prevalence, the basis of this bias is currently not well understood." One partial factor that has been noted is that when drawings of people include depictions of hair, the scalp line is often implicitly taken as the top of the head. When research subjects drew bald people, the error, while still present, was not as great.

36 See Dale J. Cohen, "Look Little, Look Often: The Influence of Gaze Frequency on Drawing Accuracy," *Perception and Psychophysics 67*, no. 6 (2005): 997-1009.

第八章——我學到了什麼

1 See Nancy L. Chase, Xuemei Sui, and Steven N. Blair, "Swimming and All-Cause Mortality Risk Compared with Running, Walking, and Sedentary Habits in Men," *International Journal of Aquatic Research and Education 2*, no. 3 (2008): 213-23.

2 See Weina Liu et al., "Swimming Exercise Reverses CUMS-Induced Changes in Depression-Like Behaviors and Hippocampal Plasticity-Related Proteins," *Journal of Affective Disorders 227* (Feb. 2018): 126-35.

3 This idea was popularized by Terry Laughlin in his influential book, *Total Immersion: The Revolutionary Way to Swim Better, Faster, and Easier* (New York: Simon & Schuster, 2004), 2.

4 Terry McLaughlin, "Inside-Out Breathing," *CrossFit Journal*, Dec. 1, 2005, journal.crossfit.com.

5 Seneca, *On the Shortness of Life* (New York: Penguin Books, 2005), 16.

6 Studies have shown that, on average, technique is more important than strength in terms of swimming velocity. See R. Havriluk,

"Performance Level Differences in Swimming: Relative Contributions of Strength and Technique," in *Biomechanics in Swimming XI*, ed. Per-Ludvik Kjendiie, Robert Keig Stallman, and Jan Cabri (Oslo: Norwegian School of Sport Science, 2010).

7 Laughlin, *Total Immersion*, 17.

8 See Michael Norton et al., "The IKEA Effect: When Labor Leads to Love," *Journal of Consumer Psychology 22*, no. 3 (2012): 453-60.

9 In his excellent book *Hands*, John Napier writes, "S. L. Washburn of Berkeley has emphasized that increase in brain size (a somewhat crude but useful method of estimating the overall capability of the brain in terms of motor and tactile functions, skill, memory, and foresight—all of which take up brain space) is more likely to have followed than preceded tool-making, so that a positive feed-back became established." See John Napier, Hands (Princeton, N.J.: Princeton University Press, 1980), 101.

10 The anthropologist Mary Marzke is particularly associated with this line of argument. See, for example, Mary W. Marzke, "Tool Making, Hand Morphology, and Fossil Hominins," *Philosophical Transactions of the Royal Society B: Biological Sciences 368*, no. 1630 (2013): 1-8. Also see Sara Reardon, "Stone Tools Helped Shape Human Hands," *New Scientist*, April 10, 2013.

11 See Kelly Lambert, *Lifting Depression* (New York: Basic Books, 2010), 28. See also Kelly G. Lambert, "Rising Rates of Depression in Today's Society: Consideration of the Roles of Effort-Based Rewards and Enhanced Resilience in Day-to-Day Functioning," *Neuroscience and Biobehavioral Reviews 30*, no. 4 (2006): 497-510.

12 By one account, less than 5 percent of young people in the United States were in an apprentice program. See Tamar Jacoby, "Why Germany Is So Much Better at Training Its Workers," *Atlantic*, Oct. 16, 2014.

13 See Kelly Lambert, "Depressingly Easy," *Scientific American Mind*, Aug. 2009.

14 See Paul A. O'Keefe et al., "Implicit Theories of Interest: Finding Your Passion or Developing It?," *Association for Psychological Science 29*, no. 10 (2018): 1653-64.

15 See Daniel J. Boorstin, *The Image* (New York: Vintage Books, 1992), 85.

16 "Laird Hamilton on Being a Beginner and Mixing Things Up," The Mullet, Oct. 5, 2015, www.distressedmullet.com.

17 This useful descriptor is courtesy of Jeff Stewart, "The Dos and Don'ts of Embrocation," Competitive Cyclist, April 21, 2014, www.competitivecyclist.com.

18 See Richard Hamming, *The Art of Doing Science and Engineering* (Amsterdam: Gordon and Breach, 2005), 5.

19 John Casey, *Room for Improvement: A Life in Sport* (New York: Vintage, 2012), 177.

20 See Elizabeth J. Krumrei-Mancuso et al., "Links Between Intellectual Humility and Acquiring Knowledge," *Journal of Positive Psychology*, Feb. 14, 2019.

學以自用：管他考試升學工作升遷，這次我只為自己而學！／湯姆．范德比爾特（Tom Vanderbilt）著；劉嘉路譯 -- 第一版 -- 臺北市：親子天下，2021.12
368 面；14.8×21 公分 --（學習與教育；229）
譯自：Beginners: The Joy and Transformative Power of Lifelong Learning
ISBN 978-626-305-157-7（平裝）

1. 心理學　2. 自我實現

177.2　　110019537

學習與教育 229

學以自用

管他考試升學工作升遷，這次我只為自己而學！

Beginners: The Joy and Transformative Power of Lifelong Learning

作者／湯姆・范德比爾特（Tom Vanderbilt）
譯者／劉嘉路

責任編輯／楊逸竹、Amadeus Chiu（特約）
文字校對／魏秋綢
封面設計／ Ancy Pi
內頁設計／連紫吟、曹任華
行銷企劃／林靈姝

天下雜誌群創辦人／殷允芃
董事長兼執行長／何琦瑜
媒體產品事業群
總經理／游玉雪
總監／李佩芬
版權專員／何晨瑋、黃微真

出版者／親子天下股份有限公司
地址／台北市 104 建國北路一段 96 號 4 樓
電話／（02）2509-2800　傳真／（02）2509-2462
網址／ www.parenting.com.tw
讀者服務專線／（02）2662-0332 週一～週五 09:00~17:30
讀者服務傳真／（02）2662-6048
客服信箱／ bill@cw.com.tw
法律顧問／台英國際商務法律事務所・羅明通律師
製版印刷／中原造像股份有限公司
總經銷／大和圖書有限公司　電話／（02）8990-2588

出版日期／ 2021 年 12 月第一版第一次印行
定　價／ 480 元
書　號／ BKEE0229P
ISBN ／ 978-626-305-157-7（平裝）